同舟·同心

——建黨百年中的香江傳奇 下冊

百年同舟同心，百年恰是風華正茂。

中國共產黨建黨百年，沿路曾有曲折，逐漸步向康莊，

香港也在這條中國人自己走出來的道路上，

一步一腳印地留下自己的足跡。

不論是香港政商界風雲人物、藝文界知名人士，

還是在百年歷程中曾貢獻自己力量的工人、教育家、老兵，都從自身經歷，

折射出香港與中國共產黨百年不凡征程的精彩片段，

留下一頁頁值得回味的香江傳奇。

大公報出版有限公司

慶祝中國共產黨成立100周年
The 100th Anniversary of the Founding of
The Communist Party of China

目錄

第三章　同行者系列

第四章　建黨百年與香港

第二章　見證者系列（續）

從一窮二白到今日的繁榮富強，中國共產黨領導的改革開放為國家發展帶來偉大轉折，香港各界人士一同與祖國摸着石頭過河，探索着與祖國一起騰飛發展的道路。對於今日的祖國，他們感嘆中帶着自豪：只有共產黨帶領才能取得這樣的成就，人民的生活才會真正變得美好。

蔡冠深：

聚民心辦大事
推進民族復興

中國共產黨領導國家走向繁榮富強，推進中華民族復興偉大事業。「科教興國」是其中一個重要篇章，時至今日，國家的科研成就舉世矚目。對此，全國政協常委、香港新華集團主席蔡冠深在接受香港文匯報專訪時深感欣慰，他說：「中國人的聰明才智不比外國人差，而且特別刻苦耐勞，有了共產黨的領導，就能夠凝聚民心，集全國之力去辦大事。中華民族的偉大復興，實在是勢所必然。」

與歸國院士聊心路 響應黨的召喚共建新中國

蔡冠深：聚民心辦大事 推進民族復興

中國共產黨領導國家走向繁榮富強，推進中華民族偉興偉大事業。「科教興國」，其中一個重要範疇，時至今日，國家的科研成就舉世矚目。對此，全國政協常委、香港新華集團主席蔡冠深五日在接受香港文匯報專訪時深感欣慰，他說：「中國人的聰明才智不比外國人差，而且特別到苦耐勞，有了共產黨的領導，就能夠凝聚民心，集全國之力去做大事。中華民族的偉大復興，實在是勢所必然。

●香港文匯報記者
沈清麗、歐陽文倩

蔡冠深對國家教育與科研事業的支持，要從其父親耶耶有說起。「改革開放一開始，我父親就想着回鄉協助政府推動中僑中。父親的想法影響我，只有下一代有好知識，國家才有希望。」

難忘老華僑積極捐獻建校

「為此，父親不滿足於出錢出力，而是帶着20歲左右的我，到美國、西洋洲、南洋去找機遇，告訴他們國家改革開放了，大家應該回鄉建功，把一度在僑居的華僑中華投靠資金。」蔡冠深說，「捐款的是先富起來，相信國家是如有了希望，希望能夠凝聚一分力。」

另一件令他難忘的事，是那中國成立之初百廢待興，但在國外生活富裕的鄉下還是毅然三度冒大風頭寒家庭困難回國。上個世紀八九十年代、蔡冠深曾與多位歸國人士打，「都他們的治奉、了解他們的經歷。大去同鄉一家之口的精神鼓舞着華的心和深情。大家在本人都很清楚，十分感佩。」

他知做若地說到、後來他任中科院院士的造詣聽院士、連繫黨「中國居里夫人」的何澤慧院士等。當年在他的停逗鼓舞子、事業如日中天。他們倆竭盡一切例嗎，當然也是認同中國共產黨、願意與中國共產黨一起同共濟、建設祖國。

領贈年金感謝老院士貢獻

於是，蔡冠深及其家族應了設立多個獎學金，捐款團國。「蔡冠深中國科學院院士（梁樹培金）於1995年設立，每年向30萬以上的資深院士頒國百金，感激他們為祖國科學的貢獻與付出的大貢獻，認同專業協。」蔡冠深承支持向地和通惠京南大學以至中小學、幼兒園的學與科研無線實。

近年中國科研力量量勢非可觀，在西方一些國家限制和控制我國多項先進技術和西方的限制出口是因只的。「中國從產業的長城發展到建國技和執行了自主要的舉世，是今日中國人以海外幾乎的興行力不以的40年間因著了個人花上百年實現的聚業——這世理更多為中國經濟需民主發展在上與的關係路。」

他又指、在全球本新冠疫情持續下、只有中國在如約因病成控持續領導，只有中國實現中GDP的正增長。因此此是國路難最有歷史意義意義下等國趨向一致、齊心協力、走好自己的發展已是。

領中總放眼世界 發揮最大能量

回望蔡冠深早年出任香港中華總商會會長的輝煌，蔡冠深表示己認真理了深厚的見聞的教導、團結支援愛戴的工商界同仁。因應是總港出會百萬元的中聯、提升着120年歷史的中總港會力、盆合發力人心、提升全球世界的中總、從而發揮出中總的最大能量、凝聚國家和世界。

蔡冠深於2017年促成立了粵港澳大灣區企業家聯盟、得到中央各省的指導和全國工商聯、盆盟會、工

●蔡冠深近日接受香港文匯報專訪，表示中國人的聰明才智不比外國人差，而且特別到苦耐勞，有了共產黨的領導，就能凝聚民心，集全國之力去做大事，中華民族的偉大復興，是勢所必然。 香港文匯報記者 攝

團結業界獻力 致力培育後進

●蔡冠深率中外企業家考察大灣區城市之一的肇慶。 資料圖片

談到自己承擔的社會公職，蔡冠深表示出於國家的信任和賦予的擔當，擔任了越來越多的社會職務，包括出任中國澳——香港「一帶一路」工商專業委員會港方主席、粵港澳大灣區企業家聯盟主席、世世界華任交太熊合是服盟會貿商理事中華中國香港港市。蔡冠深說、這些是他不忘初心，回饋社會最重要的方式。

領中總放眼世界 發揮最大能量

姻鄉的支持，並與粵港澳三地政府密切互動。二十位主席團成員中，有十多位全國人大代表及全國政協委員，也包括了大灣區從傳統到硬科技的優秀企業家群濟六大商會會長人大等。

他表示，哪裏是在年輕就的魯門中，企業家聯盟仍成功進行了首屆大灣創傳進青年企業的的評選、獎勵三百位傑出青年企業家，代表了十多家獨角獸企業的青年最先進的成功企業。今年的第二屆評選正在全力籌辦。同時，粵港澳大灣區企業家聯盟望返名數首屆評選出十多項出大出生項目，預算11月份舉行，屆時都是為國家、香港貢獻和新一代的力作。

此外，多年來、蔡冠深積極組合國家推動民間外交，在大力推動香港與更密集的自貿易格的、推動香港市加入區域全面經濟伴關係（RCEP）等貿貿銀聯盟、被稱為「聯盟」、「聯盟先生」、由於他的貢獻，他亦被中國外交部駐港特派公署授予「外交之友」稱號。

國家與港如父子 黨是成功領路人

香港回歸，是中華民族邁向百年輝煌的大事。蔡冠深表示，世界上選得有哪個國家的軌道變能存相思維聯維、可以允許在一國兩制度的兩種社會制度，就算在香港最為動盪的日子，中國共產黨依然對這

港市民的安全及整體利益為首要、堅定不移推動愛「一國兩制」，堅定穩定實質與崛起的的重大利折。

祖國斥巨資建東深供水工程惠港

回想思上世紀六十年代，香港全水得國生日品和賦重不足，「那時候4天才供應小的的水，還小隊又都要去街口排隊、很水時隔」，富裕攜塞經濟水準是當時難一，那中外然這停付實飽受來水供水工斷國、「三條供水、保障了香港八成的用水和九成以上的聯經濟命大繁品產運、「中國共產黨是香能心你更大成功的關入和給果大約」。

蔡冠深深記、在「一國兩制」事業中，國家與香港就像是如父子親般，香港的成就是國家的成功。香港超越香港的「國家所函、香港所受」、「一國兩制」事業是繁榮興業、香港未來的動命脈、首先選是香港人國家發展的大家。

「香港以來黨的是堅實的，如今早已轉型成為信

GDP百分之九十以上的現代服務業，這是香港的優勢，尤其是國家傳統關向國際營金融藝社瀚前輸金融、香港正處在變與能中下和的交匯點上。一方面令力融入香港大灣區建設，另一方面連應著黨「一帶一路」發展，就能與祖祖內面與未去的這闊人地、共同邁進。

對於有西方學者誤會強稱「一國兩制」已死，蔡冠深深說其實完全不符事實。「1997年我有人這話香港己死，但到了今天香港仍繁榮穩定」，蔡冠深說，「中國共產黨是香能心的更大成功的關路人和樹木如何」。

短短過心的社會裏，正如香港中聯辦王任聯隊要的講見的日在一個嚴嚴上的說：「沒有漸沒比中國共產黨堅望回報「一國兩制」的情信，沒有漸沒比中國共產黨更有更堅守「一國兩制」的初心。」

蔡冠深表示：「我們這一代人目睹見香港回歸祖國、親見中國共產黨黨領導港的繁起、為國家的改革開放、民族富興作出貢獻的的睞，真是萬分榮幸，一定要更加努力，絕不負此生！」

●蔡冠深在疫情期間持續為國家攝奔引資奔走。 資料圖片

●蔡冠深早年看望「中國居里夫人」何澤慧。 資料圖片

跟着國家走 一定不會錯

蔡冠深親眼目睹了中國人如何內的國家的領導下看得更如國家上到富富之路。「上世紀五六十年代，他隨着祖國家回中山深面前深塗就、小的的深塗就「令中系統、硬如的企業、貧式、變榮恆灰、飯焦飽、誠心隊、鄉嚴開都非常繁榮、瑪湖能信令。蔡冠深里北上投資、得盆出台、公司組起臨深面是合作出出海組合、不日海組合、從珠一帶的小洪村已魂盛一時城中深深。他塗深、「共產黨的政黨令人人有好源，人人能就去出出路、超多是我組所的做的好好、這是我組所的事實，是做的事實。」

蔡冠深表示：「中國人，曾經剩剩打盤得得實，現是睫睡目而的一定就對，隨着國內中探踵、小的一些都就隨着一定的7個9件有神。帶給幫鄉親的的一袋又一袋母親和老先師鄉好的物新便嫩等、誠皮還信一的生喜、一生過裡令意麼都是」。

「那9件甚都、飲飯不忌、一袋是一袋飯就、一分面一袋是一分畫菜、飯飯鄉、肉隊睡飽得、又都只等者盡油喚色色的素的沙式、生還還還是一個真的時。」

國家實行改革開放、蔡冠深成為第一批北上投資的證例、蔡家親和的眾多位於水洋生意、北上的就較只不隨總級盡門的的就就就成的先的昂盛的盡。

諸珠海由漁村到築洋房

他說、滄桑水頭小、、由於海海域深感盛、我家我的時感覺是實的同地內、村我代深到這是級別比開為道深道域、幾我新聞子上找就裡就找起海域民、用漁漂就漂便便淪實、一間的新大都系不太懂、同締代易就就是級城裡都就的、技漂屋易似、懷恍感的小評的、「共產黨的政黨令人人有都的、人人能高蓮高過新見的工門事

蔡冠深眾心我國開提深際事的有、40年來時時盡盡率盈都暴下聚、的現雲氣、不加今也及黨看愛公心能、想新想、40多年來、深說盛家越就雲塗我、都用實門大勞經自翻翻發實潤勞能們、細就小評的門、懷恍的小評的、「共產業的政黨令人人有都的、人人能高富——端是我國盡所見怎事了。」

蔡冠深於上國開始提家深接事的、40年來時時盡盡率就都就暴下聚、就就新現氣新的時事工深、我如就就新看愛能盛小公心、提新盛想、40多年來盡說盡盡家就昆就就是地門新盡新盡、都沒沒盈盡門就、提盡就新沒、就就就昆盛、都都盈盈就就、一個事就點難就多大了子去。就能我就聞也盡國就、也就再門過昆盡我、塗塗新西南、門嘯也、事就深的大就實、盛就東、深昆盛內地地到我過盛都就盡睡大就、一就嘩地、是就就盈就發新就就發盡問向內向陸際的的問門」。

因及他就成功能盈新、抱可看懷事下「所說實過都就事、個難怎：國家領雲引向方向走、一定不會出路、因為這就我偏過」。

蔡冠深對國家教育與科學事業的支持，要從其父親蔡繼有說起，「改革開放一開始，我父親就想着回鄉協助政府復辦中山僑中。父親的想法很簡單，只有下一代學好知識，國家才有希望。」

難忘老華僑積極捐獻建校

「為此，父親不滿足於出錢出力，而是帶着 20 歲左右的我，到美國、南洋去找鄉親，告訴他們國家改革開放了，孩子們又能好好讀書了。大家應該出錢出力，把一度停辦的華僑中學復辦起來。」蔡冠深說，「最難忘的是在夏威夷，一位老華僑趕到機場，把幾千塊美金交給父親說，我相信你，相信國家又重新有了希望，希望能為家鄉出一份力。」

另一件令他難忘的事，是新中國成立之初百廢待興，但在國外生活條件優厚的錢學森、錢三強等一大批科學家紛紛回國。上個世紀八九十年代，蔡冠深曾與很多 80 歲以上的院士聊天，「聽他們的故事，了解他們排除萬難，矢志回到一窮二白的祖國報效中華的心路軌跡，真是令我熱血沸騰，十分感動。」

他如數家珍地談到，後來出任中科院院長的盧嘉錫院士、被譽為「中國居里夫人」的何澤慧院士等等，當年在海外的待遇都非常好，事業如日中天。他們甘願放棄一切回國，當然也是認可中國共產黨，願意與中國共產黨一起同舟共濟，建設新中國。

頒贈年金感謝老院士貢獻

於是，蔡冠深及其家族除了設立多個獎助學金、捐資辦學，「蔡冠深中國科學院院士榮譽基金會」於 1995 年成立，每年向 80 歲以上的資深院士頒贈榮譽年金，感謝他們為祖國科學事業的巨大貢獻，提倡尊重知識、尊重人才的社會風氣。同時，蔡冠深亦支持內地和港澳多所大學以至中小學、幼兒園的開辦、科研和教學。

近年中國科研力量發展勢不可當，但西方一些國家卻因此而刻意打壓遏制中國。蔡冠深認為西方政客的這種做法只是徒勞：「中國共產黨的長遠發展戰略和執行力可說是舉世無雙，加上全國人民以及海外炎黃子孫的共同努力，才在 40 年間做到了別人花上百年實現的進步，令國家發生翻天覆地的變化。」

蔡冠深接受香港文匯報專訪，表示中國人的聰明才智不比外國人差，且特別刻苦耐勞，有了共產黨的領導，就能凝聚民心，集全國之力去辦大事，中華民族的偉大復興，是勢所必然。

他又指，去年全球在新冠疫情肆虐下，只有中國在短時間內成功控制疫情，只有中國實現 GDP 的正增長，因此他認為最重要是要在共產黨領導下團結一致，齊心協力，走好自己的發展之路。

國家與港如父子　黨是成功領路人

香港回歸，是中華民族洗雪百年屈辱的大事。蔡冠深表示，世界上還沒有哪個國家的執政黨會有如此襟懷和智慧，可以允許在一國之內實行兩種社會制度。就算在香港黑暴最猖獗的日子，中國共產黨依然以香港市民的安全及整體利益為首要，堅定不移地維護「一國兩制」，堅定穩妥地實現由亂及治的重大轉折。

祖國斥巨資建東深供水工程惠港

回想起上世紀六十年代，香港食水和糧副食品都嚴重不足。「那時 4 天才供幾小時的水，連小朋友都要去街口排隊，提水回家。」當時國家經濟本身也很困難，但中央仍然投巨資興建東深供水工程，開通「三趟快車」，保障了香港八成的用水和九成以上的鮮活冷凍食品供應。「中國共產黨領導下，內地為香港做了很多好事，照顧香港真的不遺餘力，這些歷史大多數香港人都如數家珍，我們的確要感恩祖國。」

蔡冠深在疫情期間持續為國家招商引資奔走。

蔡冠深認為，在「一國兩制」事業中，國家與香港就像是父子關係，香港的成功就是國家的成功。香港越能夠發揮出「國家所需，香港所長」的優勢，「一國兩制」事業就會越興旺。香港未來的出路，首先就是要融入國家發展大局。

「香港以前靠的是製造業，如今早已轉型成為佔 GDP 百分之九十以上的現代服務業，這是香港的優勢。尤其是國家推動國內國際雙循環的經濟發展新格局，香港正處在雙循環 8 字形的交匯點上，一方面全力融入粵港澳大灣區建設，另一方面推動參與『一帶一路』發展，就能開拓出前所未有的廣闊天地，再鑄輝煌。」

對於有西方學者及政客聲稱「一國兩制」已死，蔡冠深批評這種說法完全不符事實。「1997 年就有人說過香港已死，但到了今天香港仍然繁榮穩定。」蔡冠深深信，「中國共產黨是香港走向更大成功的領路人和根本保障。」

這種信心的來源，正如香港中聯辦主任駱惠寧近日在一個論壇上所言：「沒有誰比中國共產黨更深切懂得『一國兩制』的價值，沒有誰比中國共產黨更執着堅守『一國兩制』的初心。」

蔡冠深表示：「我們這一代人親眼看到香港回歸祖國，又親自參與了香港在『一國兩制』下，為國家改革開放、民族振興作出獨特貢獻的過程，真是萬分榮幸，一定要更加努力，才能不負此生！」

團結業界獻力　致力培育後進

談到自己承擔的社會公職，蔡冠深表示由於國家的信任和同業的推舉，擔任了越來越多的社會職務，包括出任中國內地——香港「一帶一路」工商專業委員會港方主席、粵港澳大灣區企業家聯盟主席，也曾擔任亞太經合組織商貿諮詢理事會中國香港代表。蔡冠深說，這也是他不忘初心、回報國家、回饋香港的重要方式。

領中總放眼世界　發揮最大能量

回顧先後 8 年出任香港中華總商會會長的經歷，蔡冠深表示自己認真遵照習近平主席會見時的教導，團結愛國愛港的工商界同人，因應國家和香港發展的要求，把有 120 年歷史的中總的定位，逐步從「香港的中總」，提升到「國家的中總」，再提升到今天放眼全球的「世界的中總」，從而發揮出中總的最大能量，服務國家和世界華商。

蔡冠深於 2017 年底成立了粵港澳大灣區企業家聯盟，得到中央部委的指導和全國工商聯、貿促會、工經聯的支持，並與粵港澳三地政府密切互動。

蔡冠深率中外企業家考察大灣區城市之一的肇慶。

二百多位主席團成員中，有六十多位全國人大代表及全國政協委員，也包括了大灣區從傳統到創新科技的優秀企業和香港六大商會負責人等。

他表示，哪怕是在去年嚴峻的疫情中，企業家聯盟仍成功進行了首屆大灣區傑出青年企業家的評選，選出 78 位傑出青年企業家，代表了十多家獨角獸和更多的前景亮麗的成功企業。今年的第二屆評選正在全力籌備。同時，粵港澳大灣區企業家聯盟還冠名贊助了首屆香港十大傑出大專生選舉，預定 11 月份舉行。這都是為國家、香港培養年輕一代的工作，值得全力以赴。

此外，多年來，蔡冠深積極配合國家推動民間外交，並大力推動香港與東盟簽署自由貿易條約、推動香港爭取加入區域全面經濟夥伴協定（RCEP）等經貿組織，被稱為香港的「東盟先生」、「帶路先生」。由於他的貢獻，他亦被中國外交部駐港特派員公署授予「外交之友」稱號。

跟着國家走　一定不會錯

蔡冠深親眼目睹了中國人如何在國家的領導下從貧窮走上致富之路。上世紀六十年代，他隨着母親回中山探親，小小的身軀竟穿了 9 件衣褲，連同帶去的一袋又一袋麵包皮、飯焦乾、豬皮膠，鄉親們都爭着要。國家實行改革開放，蔡冠深北上投資，得益於「補償貿易」政策出台，公司租船給珠海漁民合作出海捕魚，不出幾年，珠海一帶的小漁村已築起一幢幢小洋房。蔡冠深說：「共產黨的政策令人人有盼頭，人人能致富，這都是我親眼所見的事實。」

蔡冠深表示：「中國人曾經窮到什麼程度，我是親眼目睹的。」年幼的他隨着母親回中山探親，小小的身軀竟穿了 9 件衣褲。帶給鄉親們的是一袋又一袋母親平時收集並曬好的麵包皮、飯焦乾、豬皮膠，大家都爭着要。「那 9 件衣褲，脫到不能再脫，一一分給大家。那個時候，內地滿街的人都只穿草綠色或藍色的衣服，生活環境真的很差。」

國家實行改革開放，蔡冠深成為第一批北上投資的港商。蔡家當時從事的是水產生意，北上的路程只不過是從澳門的六號碼頭到珠海的「灣仔公社」，也就是現在大名鼎鼎的橫琴。

蔡冠深早年看望「中國居里夫人」何澤慧。

睹珠海由漁村到築洋房

他說，港澳水域小，一出香港海域就是廣東的境內，因此香港漁民經常被罰錢，後來我們出錢造船租給珠海的漁民，用漁獲來慢慢償還。一開始大家都不太懂，但補償貿易就是這樣做起來的。沒幾年，漁民們就把錢全部還給我們了，還建起了一棟棟的小洋房。「共產黨的政策令人人有盼頭，人人能致富。這是我親眼所見的事實。」

蔡冠深 25 歲開始接掌新華集團，40 年來將新華從最早旗下單一的海產業，到如今成為業務多元的跨國企業。他回顧道，40 多年來，新華的業務發展可以說是緊緊跟隨國家的發展戰略，「國家需要什麼我們就做什麼，國家提倡什麼我們就去研究、發展什麼。從海產、地產、金融、基建、傳媒影視，高新科技、教育培訓、環保大健康，可以說是一步一個腳印地走到了今天。就連我們集團在內地的布局，也可以看到國家發展的軌跡，從最早的廣東、東北、華東地區總部，到西南、川渝、西北總部，正是國家發展從沿海向內陸推進的路向。」

問及他成功的秘訣，他笑着回答：「所依靠的就是一個信念：跟着國家指引的方向走，一定不會出錯。因為共產黨的眼光，一定比我們長遠。」

（原載香港文匯報 2021 年 6 月 29 日 A8 版，記者沈清麗、歐陽文倩）

曾憲梓生前教子⋯

永當愛國者

「中國能夠有今天，全靠共產黨的領導。如果不是共產黨建立了新中國，我讀不了書，更何談有做企業家的知識和能力。」曾憲梓生前曾說。

「改革先鋒」曾憲梓一生都在為國為港奉獻。黑暴亂港期間，他更不顧年事已高、身體虛弱，通過多種方式譴責違法暴亂行為，支持止暴制亂的正義行動，堅定維護國家安全。全國政協委員、金利來集團主席曾智明，追憶父親生前的大事小事，其中凝聚着對國家民族的深情厚意、對中國共產黨的感恩之心。曾智明說：「父親生前常教導我們，無論身在何處，都要做一個堅定的愛國者。一直以來，父親愛國愛港的立場從未改變，他孜孜不倦地為支持『一國兩制』事業，為國家建設和香港繁榮穩定而努力。」

敬佩中國共產黨為人民謀幸福
曾憲梓生前教子：永當愛國者

▲曾憲梓曾多次參觀北京航天城期間，緊抱著神舟飛船，地指從講解員口對對祖國航天敬業的解放。

「中國能夠有今天，全靠共產黨的領導。如果不是共產黨建立了新中國，我講不了，更何談有做企業家的知識和能力。」曾憲梓生前曾說。

「改革先鋒」的曾憲梓一生都在為國海奉獻：黑暴亂港期間，他更不顧身事己有，身體厲語，通過多種方式譴責違法暴亂行為，支持止暴制亂的正義行動，堅定維護國家安全。身為全國政協委員、金利來集團主席的曾智明，追憶父親生前的大事小事，其中凝聚著對國家民族的深情厚誼、對中國共產黨的感恩之心，一直深深觸動著他。曾智明說：「父親生前常教導我們，無論身在何處，都要做一個堅定的愛國者。」一直以來，父親愛國愛港的立場從未改變，他孜孜不倦地為支持「一國兩制」事業，為國家建設和香港繁榮穩定而努力。

大公報記者 蔣學璋（文）受訪者（圖）

上世紀三十年代，曾憲梓出生在廣東梅州一個貧困家庭。1940年中華人民共和國成立後，年僅15歲的他因家境貧困已輟學在家。幸運的是，還堅他幸運的土改工作隊幹部，讓畢曾憲梓通過知識改變命運，並安排他入讀當地中學。在經家助學金的資助下，曾憲梓完成了中學及大學學業，他立下決心，將來要成有了本事，一定要對好報答黨的恩情。

歷年捐款超過12億元

從中山大學畢業後，曾憲梓輾轉去到泰國、香港等地，不辭辛勞地艱苦創業，並欣然獲了第一桶金。當時，他開始關注內地的發展，並在國家改革開放和現代化建設中貢獻力量。「中共能夠有今天，全靠共產黨的領導。如果不是共產黨建立了新中國，我講不了，更何談有做企業家的知識經驗。至此於們，也只能繼續在困的狀態，過着物質匱乏上苟若無奈的日子。我要把往生造福家的財富努力回饋社會，今後只要讓國家建設、發展有需要，我將都要盡力去盡好公的義務。」追隨父親年前的教悔，曾智明還清楚。

曾憲梓本屬是這樣說的，更是全身心也是這樣做的。自上世紀70年代末開始，曾憲梓用畢國家捐近1400萬元、累計全額捐過12億元，支捐助北京教育、支撐科技事業、教育和最人航天事業。2018年12月18日，中共中央、國務院授予曾憲梓「改革先鋒」稱號。

父親樹立愛國者典範

薰和撮愛似了曾憲梓憶高欠缺身體欠缺的時候，接他回內地治療，給予了他又一次新生。曾智明說：「父親定常感受國家和黨的關懷，生前值生退國家和黨的關懷，都給全身心投入到新中國」這些取「做了一個字都是屬自人民的心傷。沒有共產黨就沒有新中國，更沒有我這個商人的今天！」

父親生前常有善良的「曾憲梓生前像念念」起立一做身立愛國者的型的型，一直以來，父親愛國愛港的立場從未改變，他孜孜不倦地為支持「一國兩制」事業，為國家建設和香港繁榮穩定而努力。曾智明表示，父親2019年9月去世時，正值黑暴亂港，市民忍不暇喜的時候，難然身罹己病、身體虛弱，父親仍然通過多種方式，譴責違法暴行的正義行動，堅定維護國家安全。「父親的言行，不僅樹立了愛國者的典範，也為我們的家族，開新了良好的家風。」

追憶父親生前的大小事，其中凝聚著的對國家民族的深情厚誼、對中國共產黨的感恩之心，一直深深觸動着他對國家發展的看法，曾憲梓一次又一次激勵着自己。曾智明在一次受訪時說，隨着各人走向國家發展大的路，繼承父親的榮光之路，繼父業報的最佳途徑。曾港在社會的繁榮穩定貢獻了量的新生力量，只事那少，不屈解隊！

▲二○○九年，曾憲梓曾智明父子一同到井崗山並合影。

曾智明銘記父訓
為兩地建言獻策

心繫家國

「過去100多年，中國人經歷過淪落，因為國門一打，香港就割出去了，上海做了有些多的相井。落後就要捱打，我越受恐深。青年學生一定要記住，沒有國家的強大，你永遠只能是二等公民，越至是列！要認識中國，要對中國有信心，要記住「我是中國人，我要奉獻」這是青年學子的責任。」在母校中山大學的一次演講中，曾憲梓對着這些心長地對中山大學子說。

勉新一代多了解國家

率承學子的前進，一直奉動着曾憲梓的心。在父親的言傳身教影響下，發現勞動家與心奇年的成長和發展，更希望多體力行去為個一代的互動交流盡全力量。2016年，曾智明在父親的鼓勵下，發起成立了行動型擔當角領的新一屆唯謝驅開，愛的趣在任來著了行谷家的青年海圍活的員，直接不來認青年，在特協鼓勵「香港青人得香港青年要懂得多重資助計劃」的助力下，「網絡型塑領域12個青青團體、前往深圳、吳宗、廣州、珠海等地展開的集中，曾智明表示，明透智兩將密切治家際團體、個

人的相關情況，分析香港青年就業過程中遇到的實際問題，期望提供有力的倡議數據，為各地政府日後解近相關政策提出數據。

在中國共產黨成立百年的重大歷史時刻，曾智明懷着激動的心情如「追溯歷史」、「勇於實踐」、「繼往未來」十二個字與港青少享感身說法，引領全面了解歷史，洞悉應產發展規律，早輸人才能高正途實現，朝慢時代使命，開拓盡門能做好。香港青少年長達150多年的拋別的或途，一定要怎高許識人群中傷身真懂，中國特色身主義人高中國建築不復神，感對形生，缺乏認同態，這就需要對第一代人去去內地多看看，實地感受內地改革開站40年的成就，覺相信一香港人的生活一段時期，你們一定會能思想、認識上的轉變，對國家的認同不斷加强會有利對全面、客觀的認識。」時代構造國家，親一位尊者都要臨未來計劃計盡培育他的學年投身塑盡立認識，成為天青足了，實現夢想，改隨立助了讓總不懂凌取、虛度一生了甚至還面臨勉、落入難途，為免國家史海淡了作為越又人，曾智明提成年一輪一代大醫賽試大體面，品牛學院立志我體的大復興、全人類的福祉貢獻正能量。

▲國家載人航天事業是曾憲梓大力支持的重點項目之一，更剩立基金作出捐款，圖為曾憲梓（左五）和曾智明（右一）與神舟五號、六號、七號航天英雄合影。

▲二○○八年，曾憲梓（左五）、曾智明（右三）、曾智綿（左四）向局金牌運動員代表張怡寧、郭晶晶、鄒凱、馬琳、林丹等頒交體育基金獎金支票。

▲曾憲梓一生熱心教育事業，多次作出捐贈，曾智明（右二）和曾智綿（左一）向二○一九年度優秀大學生捧發獎學金時的合照。

投身灣區建設
融入國家發展

把握機遇

香港國安法實施一年，特區經濟、民生等涉步從昆慶重整生正軌，國家又力推動和港澳大灣區建發，更為香港的長期繁榮穩定，創造了良好的機遇。曾智明說，積極投身粵區建設，是香港深城家發展建設的正融入國家發展大的最佳途徑之一。

曾智明說：放眼整個灣内，機遇處處，各只要找到「富地所需」，香港所長」的結合點，定能挖掘無限空間。曾智明以香港金的茶餐廳、商店轉換盤區為例，「例如在港經營的茶餐廳、商店經能營發展内内地市場，粉信德營賴發更少競人好機市遇。如果品牌跨得好，未來香港餐店發展至11個城市也絕非不可能。」

鼓勵兒子實地感受國家進步

言行身教

在教育子女的過程中，曾憲梓時常以身作，培養他們獨立面對的思考能力。要求他們付出實際的經歷人民，累增他識別分辨是非的能力，並懂得處理問題及面對的解決之道。

「父親從沒有過以我們選撲形象，但會有更願地地通過做事思考方式，讓我等尊重多重解、多贓粹。注意培養觀題分析的能力，引導我對站得更高、看得更遠、想得更深。」曾智明說，曾憲梓毛主席《矛盾論》的題及教海，歎對子女一日晚提點。曾智明說，中國共產黨全心全意為人民謀福業毛澤東主席作為第一代領導人，成功抓住了當時中國社會的主要矛盾，為工農階級做求解放衝門止，，受到了廣大人民的支持和擁護和支持。歷史在人民探索和奮鬥中總結了我們黨的經驗，鞏固色的解釋結問令人民又越越了歷史悠久的中華文明璀璨的歷史痕跡。「父親時常講解前我影響很久，現時常視察自己，要結而。更高能更讀的對外暖氣大勢，注意結止重本易本結本觀大局，並結一些屬潮的表產現象所不逃離。」他表示，自己努力做到懷得成以不得此名那，面對他許不良心理又能結味訴結清清晰晰的。

共產黨帶領人民創造歷史

重踐論

你是曾憲梓生前經常閱讀的書籍，他用其中的名句「想要知認識才的滋味，就要親口嘗一下」鼓勵曾多去實地感受國家進步。

「要做學富貴亦要中學成績亦是曾智聯，前以富時係味係較躍的向內心工作，從基層做起，一步一腳印，熱思產品從生產到銷售的各個環節，開拓事業思路，深入實地體驗，感受國家進步。

▲曾憲梓（中排左五）、曾智明（中排右四）與歷屆二○○年教育基金的優秀大學生合影。

▲曾智明表示，父親送子女教育，中，從沒有強迫他們過於些，但會通過關事、講故等等方式，讓他們理解其中的道理。

上世紀三十年代，曾憲梓出生在廣東梅州一個貧困家庭。1949 年中華人民共和國成立時，年僅 15 歲的他因家境貧困已輟學在家，幸運的是，進駐他家的土改工作隊幹部，鼓勵曾憲梓通過知識改變命運，並安排他入讀當地中學。在國家助學金的資助下，曾憲梓完成了中學及大學學業，他暗下決心，將來學成有了本事，一定要好好報答黨的恩情。

歷年捐款超過12億元

從中山大學畢業後，曾憲梓輾轉去到泰國、香港等地，不辭辛勞地艱苦創業，終於收穫了第一桶金，這時，他開始關注內地的發展，並在國家改革開放和現代化建設中貢獻力量。「中國能夠有今天，全靠共產黨的領導。如果不是共產黨建立了新中國，我讀不了書，更何談有做企業家的知識和能力。至於你們，也只能繼續在貧困的家鄉，過着勉強能吃上兩口飯的苦日子。我要把做生意積累的財富努力回饋社會，今後只要是國家建設、發展有需要，我們都要盡力去盡好公民的義務。」追憶父親生前的教誨，曾智明歷歷在目。

曾憲梓不單是這樣說的，更是全身心也這樣做的。自上世紀 70 年代末開始，曾憲梓用實際行動支持國家公益事業，歷年捐資逾 1400 項次，累計金額超過 12 億元，先後創立多個基金，重點支持國家教育、體育和載人航天事業。2018 年 12 月 18 日，中共中央、國務院授予曾憲梓「改革先鋒」的稱號。

父親樹立愛國者典範

黨和國家給了曾憲梓很高的榮譽，更在他身體欠佳的時候，接他回內地治療，給予了他又一次新生。曾智明認為，父親非常感恩黨和國家的關懷，生前逢年過節或參與社團活動時，都飽含深情地唱起《沒有共產黨就沒有新中國》這首歌，父親發自肺腑地說：「這首歌的歌詞寫得太好了，每一個字都是來自人民的心聲，沒有共產黨就沒有新中國，更沒有我這個窮苦人的今天！」

「父親生前常教導我們，無論身在何處，都要做一個堅定的愛國者。一直以來，父親愛國愛港的立場從未改變，他孜孜不倦地為支持『一國兩制』事業，為國家建設和香港繁榮穩定而努力。」曾智明表示，父親 2019 年 9 月去世前，正是黑暴亂港、市民苦不堪言的時候，雖然年事已高、身體虛弱，父親依然通

2009 年 9 月，曾憲梓曾智明父子一同到訪井岡山並合影。

過多種方式，譴責違法暴亂行為，支持止暴制亂的正義行動，堅定維護國家安全。「父親的言行，不僅樹立了愛國者的典範，也為我們的家族，開創了良好的家風。」

追憶父親生前的大事小事，其中凝聚的對國家民族的深情厚誼、對中國共產黨的感恩之心，一直深深觸動着曾智明。他說，要沿着父親開闢的道路，繼承父親的畢生心血，為兩地青年交流、香港社會的繁榮穩定貢獻子輩的新生力量，只爭朝夕，不負韶華！

曾智明銘記父訓　為兩地建言獻策

「過去 100 多年，中國一直貧窮落後，因為弱，人家一打，香港就割出去了，上海就有了那麼多的租界。落後就要捱打，我感受很深。青年學生一定要記住，沒有國家的強大，你永遠只能是二等公民，甚至是狗！要認識中國，要對中國有信心，要記住『我是中國人，我要奉獻』，這是青年學生的責任。」在母校中山大學的一次演講中，曾憲梓如是語重心長地對中山大的學子說。

籲新一代多了解國家

莘莘學子的前途，一直牽動着曾憲梓的心。在父親的言傳身教潛移默化的影響中，曾智明亦非常關心青年的成長和發展，更希望身體力行為兩地年輕一代的互動交流發光發熱。2016 年，曾智明在父親的鼓勵下，發起成立了行動型智庫組織——明匯智庫，廣納逾百位來自各行各業的青年兼職研究員，圍繞本港經濟、民生、青年就業創業等議題展開探討。在特區政府「粵港澳大灣區青年創業資助計劃」的助力下，明匯智庫組織 12 個港青團隊，前往深圳、東莞、廣州、珠海等地展開創業，曾智明表示，明匯智庫將密切追蹤團隊、個人的相關情況，分析港青灣區創業過程中遇到的實際問題，期望提供有力的個案數據，為各地政府日後制定相關政策建言獻策。

在中國共產黨成立百年的重大歷史時刻，曾智明懷着激動的心情以「認識歷史」、「勇於實踐」、「擁抱未來」十二個字與港青分享並共勉。他認為，只有全面了解歷史，洞察歷史發展規律，年輕人才能真正認識現狀，明確時代使命，開啟奮鬥新征程。香港遭受長達 150 多年的殖民統治，一定程度上導致部分港人對中國共產黨、中國特色社會主義以及中國國情不認識，感到陌生，缺乏認同感，「這就需要年輕一代主動去內地多看看，實地感受改革開放 40 年的成就，我相信，香港的年輕人只要在內地多生活一段時間，他們一定會有思想、認識上的轉變，對百年大黨的不朽功績會有相對全面、客觀的認識。」

時代機遇當前，每一位港青都面臨未來扮演什麼樣角色的思考和抉擇：是

國家載人航天事業是曾憲梓大力支持的重點項目之一，更創立基金作出捐款。圖為曾憲梓（左五）和曾智明（右一）與神舟五號、六號、七號航天英雄合影。

站立潮頭，成為弄潮兒，實現理想，收穫成功？還是不思進取，虛度一生？甚至逆潮而動，落入歧途，乃至被歷史淘汰？作為過來人，曾智明祝福年輕一代大膽嘗試大膽闖，為中華民族的偉大復興、全人類的福祉貢獻正能量。

投身灣區建設　融入國家發展

　　香港國安法實施一年，特區經濟、民生等逐步從黑暴衝擊中重回正軌，國家大力推動粵港澳大灣區建設，更為香港的長期繁榮穩定，創造了良好的環境。曾智明認為，積極投身灣區建設，是香港搭乘國家經濟建設的快車、融入國家發展大局的最佳途徑之一。

　　曾智明說，放眼整個灣區，空間廣闊，機遇處處，港企只要找到「當地所需，香港所長」的結合點，定能挖掘出新路子、新商機，「例如在本港經營的茶餐廳，將店舖增設到灣區內地城市，相信總營業額至少擴大好幾倍。如果品牌做得好，未來將連鎖店發展至 11 個城市也並非不可能。」

鼓勵兒子實地感受國家進步

在教育子女的過程中，曾憲梓時常引經據典，培養後輩將理論付諸實踐的能力，要求他們注意抓主要矛盾、看問題本質，鼓勵他們無懼艱辛、磨練自我。

「父親從沒有強迫我們讀某些書，但會有意識地通過聊天、講故事等方式，讓我們理解其中的道理。父親總是囑咐我們多實踐、多觀察，注重培養我們觀察分析的能力，引導我們站得更高、看得更遠、抓得更準。」曾智明說，父親曾用毛主席《矛盾論》的觀點來教育、啟發子女。一日晚飯後，父親感慨，中國共產黨全心全意為人民謀幸福，毛澤東主席作為第一代領導核心，成功抓住了當時中國社會的主要矛盾，為工農階級翻身求解放奮鬥不止，受到了廣大人民的真心擁護和支持。歷史在人民探索和奮鬥中造就了中國共產黨，中國共產黨團結帶領人民又造就了歷史悠久的中華文明新的歷史輝煌。「父親的諄諄教誨對我影響很大，我時常提醒自己，要站在更高層面把握國內外發展大勢，

曾智明表示，父親在子女教育中，從沒有強迫他們讀某些書，但會通過聊天、講故事等方式，讓他們理解其中的道理。

曾憲梓一生熱心教育事業，多次作出捐贈。曾智明（右二）和曾智雄（左一）向2019年度優秀大學生頒發獎學金時的合照。

注意抓主要矛盾，看問題本質，不被一些膚淺的表面現象所迷惑。」他表示，自己努力做到獲得成功不得意忘形，面對挫折不灰心喪氣，始終保持頭腦清醒。

共產黨帶領人民創造歷史

《實踐論》亦是曾憲梓生前經常翻閱的書籍，他用其中的名句「想要知道梨子的滋味，就要親口嘗一嘗」，鼓勵當年從海外學成歸來的曾智明，前往當時條件比較艱苦的內地工作，從基層做起，一步一腳印，熟悉產品從生產到銷售的每一個環節，開拓事業思路，深入實地體驗，感受國家進步。

曾憲梓、曾智明和獲得 2004 年教育基金獎的優秀大學生合影。

（原載大公報 2021 年 6 月 30 日 A10，記者龔學鳴）

林建岳：

啟發港青識黨
壯大愛國力量

在全國政協常委、香港麗新集團董事會主席林建岳心目中，中國共產黨和中央政府始終關心人民福祉，亦是香港的堅強後盾。在文化領域參與頗深的他認為，電影是軟文化交流的最佳平台和渠道之一，因此，他多年來參與投資製作多部描寫黨和國家光輝偉業的電影作品。他在接受香港文匯報專訪時，表示希望透過電影讓更多人，尤其是香港年輕人更加深入、直觀地了解中國共產黨，增強對國情、中國歷史的認識，加強愛國主義教育，壯大香港的愛國愛港力量，讓「一國兩制」偉大事業薪火相傳。

投資電影展現中共偉業　軟文化交流增強傳播國情

林建岳：啟發港青識黨 壯大愛國力量

慶祝中國共產黨成立100周年
特別報道

在全國政協常委、香港麗新集團董事會主席林建岳心目中，中國共產黨和中央政府始終關心人民福祉，亦是香港的堅強後盾。在文化領域參與頗深的他認為，電影是把軟文化交流的最佳平台和渠道之一，因此，他多年來參與投資製作多部描寫黨和國家光輝偉業的電影作品，他近日在接受香港文匯報專訪時，表示希望透過電影讓更多人，尤其是香港年輕人更加深入、直觀地了解中國共產黨，增強對國情、中國歷史的認識，加強愛國主義教育，壯大香港的愛國愛港力量，讓「一國兩制」偉大事業薪火相傳。

● 香港文匯報記者 柴婧、陳靜兒

掃碼看片

林建岳多年來抓住發展機遇，積極投入國家和香港建設，他很早的就嗅敏地曾以CEPA形式，與內地中影集團和上影集團組成合資公司，在兩地文化合作上積順發展火花，已親歷帶來不少優勢在高。但在承襲發展的過程中，他對中國共產黨，以及國家與香港的關係都有了更深入的認識。

在林建岳看來，「中國共產黨和中央政府始終是香港的堅強後盾」，他說。香港回歸祖國24年來，內地先後提供着對CEPA簽定、推出「滬港通」、「深港通」等，為香港經濟注入活水，更為香港市分類增了豐富的機遇與活力。林建岳認為，內地和國家各方面的開放與支持，令香港始終保持「國際金融、航運、貿易中心的地位。

中央總在關鍵時刻施援香港

在「一國兩制」下，中央總在關鍵時刻向香港伸出援手。林建岳說，「每當香港發展遇到困難，中央政府都必定全力支持，使我們總能獲得迅速援助」。舉例而言，「新冠疫情在港爆發後，中央政府全力支持香港抗疫，除了保障物資生活物資穩定供應，還支持疏出了支援隊協助香港開展大規模普及社區檢測計劃，援建方艙醫院，更積極協調各方落實能一保行中疫苗足夠的疫苗。他感謝，「中國共產黨和中央的始終關心、保障人民福祉」。

放眼祖國內地、控制新冠疫情的成效領先全球。經濟復甦發展，都展現出中國共產黨奮發的新國能力。「人們常說『只有中國共產黨才能領導中國』，只有中國共產黨才能領導中國」，我過在這次抗緊疫情不禁充分展現了中國的治理優勢和領導力量，也讓我們清楚的對了，中國共產黨是有能力、有資格的執政黨！」林建岳說。

不過，由於種種複雜的原因，令部分港人對中國共產黨望之卻步。林建岳認為，電影是軟文化交流的最佳渠道，能夠將中國文化及產業有和成就、潤物細無聲地向香港市民開放。

他曾經帶領集團投資多部由劉偉強執導的《建國大業》、《建軍大業》等多部描寫黨和國家歷史的電影作品，亦慶幸能夠多行行香港首映禮或國慶成立一百周年，他也多與投資的《1921》這部片正是慶祝中國共產黨第一次召開全國代表大會的歷史時刻。

盼告增年輕人對中國歷史認識

林建岳認為，希望透過電影讓香港市民、特別是年輕一代，對共產黨成立奮發的奮鬥歷程有更加直觀的認識，加深對中國歷史的認識，加強愛國主義教育，壯大香港的愛國愛港力量。

林建岳道，香港社會一些人對中國共產黨存在偏

嘆國教嚴重滯後　冀事實消除偏見

曾經中國共產黨有着複雜的原因，有的人對黨持有抗拒。林建岳認為，這與過去對殖民時期的教育有關，殖民時期香港市民學習西方歷史較多，長期用西方意識形態去影響港人洗腦，全面打壓從愛國愛港的教育，他認為應當讓香港社會全面認識國情，讓港人多了解祖國在共產黨領導下的「中國之治」，用事實淘汰部分港人對共產黨的偏見。

林建岳道，香港社會一些人對中國共產黨存在偏見、是由於港英時期，英國政府推行「疏離中國、親近英國」的「殖民疏化教」，長期用西方意識形態影響港人洗腦，加上新時代香港通識教育的教育、營造的分化中共產黨的意識偏風。對港人的政治心理影響甚深。

正、不少市民尤其是一些青少年學生，對中國共產黨的領導和國家主體的社會主義制度缺乏認識，「不但缺乏必要的正確認識，而且充滿偏見應有的尊重態度，以致深度分裂甚至對立的取態。」

他認為，現在是時候推動全港社會全面、全面認識國情，讓人能夠多了解祖國在共產黨的領導下，創造了讓國蹟連社會進步、造福民眾的「中國之治」，以事實改變部分港人對中共產黨的偏見。

● 林建岳近日接受香港文匯報專訪時表示，希望透過電影讓更多人，尤其是香港年輕人更加深入、直觀地了解中國共產黨。圖為他親吻父親林百欣的銅像合照。
香港文匯報記者 攝

● 林百欣先生前與小學生親切交流。
受訪者供圖

銘記父親叮囑　關心群眾疾苦

林建岳多年來不遺餘力投身內地和香港發展，離不開父親林百欣的影響。林百欣是香港著名實業家和慈善家，麗新集團創始人，更是家喻戶曉的愛國愛港人士。到家鄉人民情真意切，為祖國慈善和香港所做、在林建岳眼中，父親是慈祥家長和事業上取得成功的人、也深深記住父親的叮囑和諄諄教誨，「將心比己的關懷、人生苦短、我珍惜每一分每一秒，對人做有意的事——讓人做有意的人生，時刻關心群眾疾苦，人生就會充實起來。」

捐助水利　回饋桑梓

林建岳道，父親眼見當時內地不少地方較為貧困，便積極為內地發展建設出力，同時也成就自己的事業。早在改革開放初期，林百欣已先後在上海、廣州等地投資多個項目，一方面以實際的行動回饋桑梓，也積極捐款支持教育、醫療、公益、慈善等事業。

除了熱心捐助，林百欣在香港回歸前擔任香港事務顧問（港事顧問），為維護香港的穩定繁榮作出貢獻。林建岳道，父親捐建多筆善款，一方面實質關心祖國發展，支持他的信心。可以說是擔當了中央和香港社會之間的溝通橋樑。

林百欣的功的項目影響內地和香港發展，林建岳道，父親常說「知識是力量，知識就是財富」，慈幼師生在數學和學業上不斷進步，越過知識改變命運，希望他們將來學在所成回饋國家和社會。「父親也是香港心繫家國的一份子，可以為祖國貢獻自己的力量是他最大的心願。2001年父親回出順所得悉能獲一些成就份存在水泵問題，當地住村200戶高齡的他，多次到祖國各都探究民眾在住工作，支持當地的水利工程資源開源節流的軟質供水劑，支持當地的水電工會」。

中央出手止亂 護港繁榮穩定

近年來香港不斷受到政治衝擊，直到中央出手一套「組合拳」，訂立香港國安法和完善香港選舉制度後，才令香港逐回到正軌、社會實施良心、香港重奪機會的人起起跑線。「正如林建岳所言，他認為香港近年深陷政治泥沼的困境之中，社會層層起受到衝擊，全面落實「愛國者治港」原則，既是為了殿護香港的國家安全和繁榮穩定，也是回應香港選選民意、能可以得到中央更大的信任和支持，更好地參與國家「十四五」規劃和融入國際發展機遇，既有麗商機會，又成就香港，更可造福香港市民。

從本法「抬中」到修例風波、再到攬炒派攬鬧暴亂的手法、香港社會一度深陷政治內鬥風波。林建岳道，香港近年深陷政治泥沼的困境之中，最重衝擊香港的社會穩定，也導致各種深層次問題爆炸延續。市民只對各種深層次問題爆炸積累，不穿但見到香港社會付出入內的實、不能自拔。

他分析道，任何政治決議都要付出的最沉重的代價，就是難以推動社會向前發展。中央出手立亂香港繁榮安法、並完善香港選舉制度，為香港締造了一個長期穩定的發展環境。他說，結底穩護維國家安全和香港的繁榮穩定，也同時呼應香港的主流民意。香港通會落實「愛國者治港」原則，可以得到中央更大的信任和支持，更好地參與國家「十四五」規劃和融入國際發展機遇，既有麗商機，又成就香港，更可造福香港市民。

「愛國者治港」利參與國家發展

在「一國兩制」下，香港共產黨和中央是香港政治的靠山和堅強後盾，中央出手正亂香港繁榮安法，並完善香港選舉制度，林建岳道，香港位可以背靠祖國，是粵大灣區的重要節點，還是香港可以依託的一個長期穩定的發展環境。他說，結底穩護維國家安全和香港的繁榮穩定，也同時呼應香港的主流民意。香港通會落實「愛國者治港」原則，可以得到中央更大的信任和支持，更好地參與國家「十四五」規劃和融入國際發展機遇，既有麗商機，又成就香港，更可造福香港市民。

● 林建岳一向熱衷於電影業的發展，過去曾經投資拍攝過《建國大業》、《建軍大業》等諸多人口、票房商業化的作品。
香港文匯報記者 攝

賀黨百年大片 《1921》亮點多

電影《1921》重現了中國共產黨第一次召開全國代表大會，從一次嘗試到開創歷史的時刻。這部偉的青春格調結合劇烈化，國際視角多多領袖影像致敬，打造慶祝建黨100周年的第一大片。

1921年的上海，租界城立，局勢緊張。來自五湖四海的熱血青年，穿越各種國勢下的凍凝密密鬥和阻礙，135位來自五湖四海的中國共產黨首屆代表大會人，對於個新興看起來，是一群年人的心血彙聚湯底，是為了改變中國的初心，最終沉澱為改變中國人起點的方向，始終沒改變中國人民求新求光變的追求。

更以時代精神喚起當代青年共鳴，全面認識國情，讓人能夠多了解祖國在共產黨的領導下，創造了讓國蹟連社會進步、造福民眾的「中國之治」，以事實改變部分港人對中共產黨的偏見。

林建岳多年來抓住發展機遇，積極投入國家和香港建設，他領導的麗新集團曾以 CEPA 形式，與內地中影集團和上影集團組成合資公司，在兩地文化合作上頻頻迸發火花，為觀眾帶來不少優秀作品。而在事業發展的過程中，他對中國共產黨，以及國家與香港的關係都有了更深入的認識。

在林建岳看來，「中國共產黨和中央政府始終是香港的堅強後盾。」他說，香港回歸祖國 24 年來，兩地先後透過簽訂 CEPA 協定、推出「滬港通」、「深港通」等，為香港經濟注入活水，香港亦充分發揮了雙向開放的橋樑作用，積極推動內地和國際資本雙向流動，長期保持了國際金融、航運、貿易中心地位。

中央總在關鍵時刻施援香港

在「一國兩制」下，中央總在關鍵時刻向香港伸出援手。林建岳說，「每當香港發展遇到困難，中央政府都必定全力支持，使我們能夠盡快渡過難關，邁步向前。」新冠疫情在港爆發後，中央政府全力支持香港抗疫，除了保障供港生活物資穩定供應，還及時派出支援隊協助香港開展大規模普及社區檢測計劃、援建方艙醫院，更積極協調為香港預留充足的疫苗。他盛讚：「中國共產黨和中央政府始終牽掛、保障人民福祉。」

放眼祖國內地，控制新冠疫情的成效領先全球，經濟復甦強勁，都展現出中國共產黨卓越的治國能力。「人們常說『只有中國共產黨才能救中國，只有中國共產黨才能領導中國』，我認為這次抗擊疫情不僅充分展現了中國的制度優勢和領導力量，更讓我們清楚看到，中國共產黨是有能力、有擔當的執政黨。」林建岳說道。

不過，由於種種複雜的原因，令部分港人對中國共產黨缺乏認識。林建岳認為，電影是軟文化交流的最佳渠道，能夠將中國文化及建黨百年成就、將中國的歷史與前景傳播開去。

他曾經帶領集團投資及參與聯合製作《建國大業》、《建軍大業》等多部描寫黨和國家歷史的電影巨作，近期為慶祝中國共產黨成立一百周年，他又參與投資拍攝，並負責香港及海外發行電影《1921》，該影片重現了中國共產黨第一次召開全國代表大會的歷史時刻。

林建岳接受香港文匯報專訪時表示，希望透過電影讓更多人，尤其是香港年輕人更加深入、直觀地了解中國共產黨。圖為他與父親林百欣的銅像合照。

盼增年輕人對中國歷史認識

　　林建岳坦言，希望通過電影讓香港市民、特別是年輕一代，對共產黨成立發展的艱辛歷程有更加直觀的認識，增強他們對國情和中國歷史的認識，加強愛國主義教育，壯大香港的愛國愛港力量。

嘆國教嚴重滯後　冀事實消除偏見

　　縱使中國共產黨有千般好、萬般好，但仍有人對黨持有偏見。林建岳分析，這與港英時期英國營造污名化共產黨的輿論環境、長期用西方意識形態對港人洗腦，全面打壓愛國教育有關，也源於香港回歸後國民教育嚴重滯後。他認為，現在是時候推動香港社會全面客觀認識祖國，讓港人多了解祖國在共產黨領導

下，創造了讓國際社會羨慕、造福民眾的「中國之治」，用事實改變部分港人對共產黨的偏見。

林建岳說，香港社會一些人對中國共產黨存在偏見，是由於港英時期，英國政府推行「疏離中國、親近英國」的「殖民奴化教育」，長期用西方意識形態對港人洗腦，加上全面打壓香港學校的愛國教育，營造污名化共產黨的輿論環境，對港人的政治心理影響頗深。

港英洗腦營造偏見遺禍

除此以外，林建岳認為，香港回歸後，國民教育嚴重滯後亦是關鍵原因。他說，香港社會原有的「反共」意識未能得到必要而有效的遏止和匡正，不少市民尤其是一些青少年學生，對中國共產黨的領導和國家主體的社會主義制度缺乏認識，「不但缺乏必要的正確認識，而且未能確立應有的尊重態度，以致採取分割甚至對立的取態。」

他認為，現在是時候推動香港社會客觀、全面認識祖國，讓港人能夠多了解國家在共產黨的領導下，創造了讓國際社會羨慕、造福民眾的「中國之治」，以事實改變部分港人對共產黨的偏見。

中央出手止亂 護港繁榮穩定

近年來香港不斷受到政治衝擊，直到中央出手一套「組合拳」，訂立香港國安法和完善選舉制度後，才令香港逐步回歸正軌。社會開始反思，香港未來應何去何從？林建岳坦言，希望香港可以「家和萬事興」。他認為，香港近年深陷於泛政治化的泥沼之中，社會穩定受到衝擊，全面落實「愛國者治港」原則，既是為了維護香港的國家安全和繁榮穩定，也是回應香港主流民意，並可以得到中央更大的信任和支持，更好地參與國家「十四五」規劃和國內國際雙循環，既貢獻國家，又成就香港，更可造福香港市民。

從非法「佔中」到修例風波，再到攬炒派企圖顛覆政權的非法「35+初選」，整個社會被令人壓抑的政治氛圍籠罩。林建岳說，香港近年深陷於泛政治化泥

沼之中，嚴重衝擊香港的社會穩定，也導致各種深層次問題徹底暴露出來，且一直未能有效解決。市民對於香港嚴重的政治對立和亂象已經忍無可忍，不希望見到香港社會陷入內鬥撕裂，不能自拔。

他分享道，任何政治及選舉制度的最終目的，都應該是推動社會向前發展，讓人民安居樂業，增強人民的幸福感，而香港是著名的國際金融中心，更加需要一個穩定的社會環境。

「愛國者治港」利參與國家發展

在「一國兩制」下，中國共產黨總是在香港的危難時刻及時伸出援手。中央出手訂立香港國安法，並完善香港選舉制度，林建岳指，這就是要結束香港的政治亂象，為香港創造一個長期穩定的發展環境。他說，這既維護國家安全和香港的繁榮穩定，也回應了香港的主流民意。而香港全面落實「愛國者治港」原則，可以得到中央更大的信任和支持，更好地參與國家「十四五」規劃和國內國際雙循環，既貢獻國家，又成就香港，更可造福香港市民。

銘記父親叮囑　關心群眾疾苦

林建岳多年來不遺餘力投身內地和香港發展，離不開父親林百欣的影響。林百欣是香港著名實業家和慈善家、麗新集團創始人，更是家喻戶曉的愛國愛港人士，對家鄉人民情真意切，為祖國發展竭盡所能。在林建岳眼中，父親心繫國家桑梓，事業上取得成功後不忘回饋社會，不求回報。他深深記得父親曾經講過，「時光如白駒過隙，人生苦短，要珍惜時機，多做對國家、對大眾有益的好事……一個人要過充實的人生。時刻關心群眾疾苦，人生就會充實起來。」

捐助水利　回饋桑梓

林建岳說，父親眼見當時內地不少地方較為貧困，便積極為內地發展建設出力，同時也成就自己的事業。早在改革開放初期，林百欣已先後在上海、廣

林百欣生前與小學生親切交流。

州等地投資十多個項目，總投資額逾百億元，事業上取得成功後亦不忘回饋社
會，積極捐款支持教育、醫療、公益、慈善等事業。

　　林百欣捐助的項目很多都與教育相關。林建岳說，父親常說「知識就是力
量，知識就是財富」，鼓勵師生在教學和學業上不斷進步，通過知識改變命運，
希望他們將來學有所成回報國家和社會。「父親亦非常關心家鄉民眾的生活，
可以為家鄉貢獻自己的力量是他最大的心願，2001 年父親回汕期間得知潮陽一
些地區仍存在飲水難問題，當時已經 87 歲高齡的他，多次赴潮陽井都察看民
眾食用水情況，並慷慨捐款支援興建潮陽井都百欣寶珠水廠，支持當地的水改
工程。」

　　除了熱心捐助，林百欣在香港回歸前還擔任香港事務顧問（港事顧問），
為推動香港回歸實現平穩過渡出謀獻策。林建岳說，父親擔任港事顧問時，一
方面要向中央反映香港社會當時的情況和不同界別的民情民意，另一方面要幫
助民眾多認識國家和「一國兩制」，增強市民對香港回歸祖國後前景的信心，
可以說是擔當了中央和香港社會之間的溝通橋樑。

林建岳一向熱衷於電影業的發展，過去曾經投資拍攝《建國大業》、《建軍大業》等膾炙人口、票房高企的作品。

賀黨百年大片《1921》亮點多

電影《1921》重現了中國共產黨第一次召開全國代表大會，這一波瀾壯闊的歷史時刻，以獨有的青春格調結合諜戰元素、國際視角等多個精彩看點，打造慶祝建黨 100 周年第一大片。

1921 年的上海，租界林立，局勢劍拔弩張，來自五湖四海的熱血青年，突破各股國際勢力的嚴密監控和追蹤，13 位來自五湖四海的年輕人志同道合，齊聚上海，參加中國共產黨第一次全國代表大會，見證了中國共產黨成立。這激盪人心的「第一次」，給中國革命指明了前進的方向，給災難深重的中國人民帶來了光明和希望。

該片講述在傳播馬克思主義的道路上，儘管共產黨人年齡不同、出身各異，但面臨共同的時代重任，他們志同道合，薪火相傳，開闢了中國革命的新篇章。

（原載香港文匯報 2021 年 7 月 5 日 A10 版，記者柴婧、陳靜兒）

伍淑清：

中共民心所向
領導國家富強

說起伍淑清，人們或會聯想到「美心集團」，還有「美心集團」在國家改革開放初期在內地創辦的中國第一家合資企業。正是有了改革開放，讓伍淑清有機會接觸到內地，懷着一顆中國心為國家發展獻力。在中國共產黨迎來百年華誕之際，年逾古稀的伍淑清接受香港文匯報專訪時表示：「經過長年接觸內地，自己了解到中國共產黨有一種堅定的信仰、理想、方向。一代又一代的領導人傳承着中國共產黨為人民謀幸福的精神，這種精神在歷經百年發展中更趨成熟。所以才說，中國共產黨代表中國人民，中國人民支持中國共產黨。」

讚黨堅定為民謀福祉精神　歷經百年發展更趨成熟

慶祝中國共產黨成立100周年
特別報道

伍淑清：中共民心所向領導國家富強

提起伍淑清，人們或會聯想到「美心集團」，還有「美心集團」，是在國家改革開放時期在內地創辦的中國第一家合資企業。正是有了改革開放，讓伍淑清有機會接觸到內地，憑着一顆中國心為國家發展獻力。在中國共產黨迎來百年華誕之際，年逾古稀的伍淑清近日接受香港文匯報專訪時表示：「經過長年接觸內地、自己了解到中國共產黨有一種堅定的信仰、理想、方向。一代又一代的領導人傳承着中國共產黨為人民謀幸福的精神，這種精神亦隨着百年發展中更趨成熟。所以說，中國共產黨代表中國人民，中國人民支持中國共產黨。」

●香港文匯報
記者 沈清麗

[QR code]
掃碼看影片

伍淑清1948年在香港出生，年輕時負責美貌業。第一次接觸內地已是1978年，她回憶當年情景說：「我剛好奇，我問了內地賓館的經理，說香港窮早年大量的照明，而那時來水都供應。用了近八個小時的照明燈光，當地已是難，到處一片漆黑，沒有電力供應，感覺很落後。」

改革開放北上 洽談航空食品

1978年至，國家開始實行改革開放。1979年1月1日，中美兩國政府決定建立中美貿易機構，而就在方年秦公派在航空配對、中國民航局招收測試決定。美心集團剛剛人員洽談接洽，伍淑清答應對內地飯食品。

伍淑清回憶這次與中國民航局的合作：「那不了的事就一定要做好，因為航空配餐對中美貿易很重要，有機上配餐很機的條必做。」

難忘郭公魅力 講話簡潔明瞭

有了這次合作伍淑清心參與國家改革開放。她第一次接觸到的中共領導人正是改革機切的副總理鄧小平先生。伍淑清憶述，「1984年6月，鄧小平先生在北京會見香港工商界話會歡迎香港旅英人士。我也由飯前地位的聯示，鄧小平先生講話簡潔明瞭，令人印象深刻。」

1988年伍淑清進入全國政協，做過3屆委員，3屆常委。在長達30年的政協生涯中，令她感覺深入了解中國及產業界中所面對的發展前機遇。「中共國每人都脚踏實地、懇心、誠實、講話懇切、明瞭，到位、很值得佩告。」

正因為伍淑清接觸中共，伍淑清很有底氣，無論在信息澄：「我對中國共產黨的了解，都是從長期的會合作得出的認識，中國共產黨作為執政黨，之所以不僅於中國的政策，在於共產黨的執政理念能夠為每一代領導人傳承延繼。從毛澤東思想、鄧小平理論，『三個代表』重要思想、科學發展觀，到如今的習近平新時代中國特色社會主義思想，這段思想在不斷傳承發展中精進完善。」

她說：「共產黨執政上，始終把人民利益放在首位。代表著全體中國人民的利益。正是一代又一代領導人都是為民謀幸福，才得到了中國人民的支持。中國共產黨就領導國家不斷繁榮、繁榮富強。」

如今，中國共產黨迎來百年華誕，領導國家實現偉大復興、走成功小康社會。回望中國共產黨發展歷程思想和方向，已是培育更好有希望。有話為的年華誕，以擁有愛國心、抱有中國夢、共同實現偉大願景。

●伍淑清　　香港文匯報記者 攝

[照片說明文字]

●伍淑清曾獲得「2019年感動中國人物」榮譽。圖為她在頒獎禮。　資料圖片

民間外交使者　講好「中國故事」

西方媒體對中國共產黨有諸多抹黑，令一些人會因為無知而對中國產生反感、抵制。伍淑清自1978年起，就已經開始對外宣傳中國的故事。她笑說：「我很早就開始對外講好『中國故事』了，通過香港平台和香港人的交流方式，幫助外國人一步了解中國共產黨和中國的真實情況。」

伍淑清作為世界貿易中心協會香港會榮譽理事會，多年來在此平台上積極宣傳推介工作，幫助更多外國人到中國走走看看。體驗社會情況。於是創辦1976年4月1日。伍淑清首次接觸世界貿易中心協會開始的，地正在配發機會去香港世界貿易中心的職業。這是很重要的機會。她即是以非常之機為，在世界貿易部主任兼務。而1976年7月1日年代表國來述的開了個國部。

ndeed 「從1978年開始，我已經現地這樣說，但是，不是你一切要一句話如把大講講，而是先要讓別人了解這人為何抵制的原因，再用他們的能理解的方式去推介中國。」解釋。

關於「講好」伍淑清依依堅持不解地既說工作。她說，「我們做中國人，首先要有中國心，才有中國夢。有了一顆堅定的中國心，即使別人如何對待你，如何取火，你都能自強不息，充分裝備自己。」

勉青年早日北上　灣區覓人生路向

伍淑清在香港成立辦推廣香港中華青年歷史文化教育基金，每年帶領1,000名參與北上認識國情，至少七日有餘團，約1萬名學生到內地交流。思忆香港年輕人的未來，她說，香港應要緊隨香港發展，以港融入國家發展融入大灣區。中央提供很多優惠政策和推展拓展事業。「如果我用生意不做，我會感快到大灣區、學習任麼標準。」這樣才有知道内地的市場價值。

伍淑清續說，期望香港青年趕緊把握粵港澳生活的紅利，充分落實中央政策和合作機會、領悟得到深圳成立。「現在大灣區的企業需要有經驗、有條件的人才能把粵港連通去外國，前利締企業也能利用香港平台走很國際。」

企業家發展空間大

她強調內地市場近近三年欠急需人才，香港人要盡快把握機會，充分利用中央綜合的各種關系政策。她認為三十歲的香港青年企業家不為考慮到大灣區創業。香港的市場接接1億人、空間有大，是企業家創業企業空間得機遇。「我覺得三四十歲的人都進合到大灣區做企業，因為不那失敗，才是去開始企業就是成功，失敗就又重新來。但能對香港很越搭把握機會而發起

●伍淑清勉勵青年要快到大灣區學習。圖為寄參參與「大灣區青年就業計劃」的畢業生。　資料圖片

灣區覓人生路向

空間。」

她說認、灣區亦不能只偏重於青年創業，亦有很多人都可以到灣區找到各企業、做設計等等各行各業的人士。

德輔例自己認識一個在香港浸會大學修讀翻譯的孩子，因為香港需要翻譯的人才有限，所以她早早就到大灣區、馬上找到心儀的工作；亦有一個在大學讀中藥牌的孩子，之後他要到到廣東大學有史京大學修讀碩士專業士，再到到深圳到在此京大學修讀士，這些人都成為在大灣區找到人生的定位。

中文家書寄母意　家教薰陶不忘本

伍淑清的父親伍沾德對她極為推崇的，是當年的家國情懷，起她愛國愛港、起她愛，都是從德生。世父的家國是身體力行、言傳身教的。伍淑清憶記兒少時，父親便從母親對她說：「為什麼哭？——因為家庭很窮的女兒了！」伍淑清道，「這是母愛的偉大，相機是母親、愛國、只因我們中國人。」

在遙遠土生土長的伍淑清，對爭的記憶對流暢層，來自北上的中共愛國講德愛國教育一段歷史。有日本老師講以本學生到台灣做父母、憑後拒海岸到到一部分，而對日感很可。「我在教學參歷史日認為學習只到1911年，我後來自己讀書，才知道1911年到1943年的歷史才是源完整的。戰後的歷史例中挑人，我當時就對自己說，身為一個愛國士。

對於生於香港「愛國香法」孩子，她深表贊同。她認為香港時間的愛國德情懷的認同要是從很多港，才是源更有香港的情同才有真正的中國的心。伍淑清認為，『做為一個港心才有香港的情同志，有我身香港的心裡，才不能專看顧家，縱口時要做出公作。」

個人職公僕北上體會國情

對於愛國教育的培養，她認為的，培養愛國者的培養。她認是香港時均兒女，她是一名香港時的公務局。，過去將時，美國政府得時，曾的全，對美國外都的許多士生活。在香港回歸開始，自己曾經誠懇公務給人識誠的，比如到北京大學保洽事大學生的經。那三年關節、之後回過國時起的作自一班人熟悉，在到接處發件到這個結各大約。世界的的時代候件時有人要的問候、如都在給起如給局入、是一人國子們正十年輕的工作，以保育，那樣的他的面讓很多，後所自己的心態不同。

談到貧寒子弟人的愛國教育，伍淑清都過了無數次深刻國教育的要緊性。她憶連生在美育時例的，到千年大季、去學習輕人的思維，自己增長得知識的生活。在香港回歸開始，自己曾經是做公務給人識誠，是從中回來好了那感謝那，在到接各身分意不因而都的的們，更重看國的人比如於比如人重看一班人都的的心。。那受益得的結束的面。

愛國才能全心全意愛事業

她提到工生命的神愛與負身自生那誠政設際發表。她，「很多內地科學家自我的愛國心。這是時代中國環境的重圍，只有熱愛國家，才能充心全意為國，愛事業。」同此，香港必須營造出愛國的環境和氛圍，多栽家庭的工作。「讓課家長先生意識，講求長期培根國情教育才重要，家教才能達到好的效果。」

伍淑清 1948 年在香港出生，年輕時負笈英美留學，第一次接觸內地已是1978 年。她回憶當年情景說：「我很好奇，我到了內地會看到什麼？」從香港一早坐火車到羅湖，再經廣州乘搭飛機，用了近八個小時終於到達成都，「當地已是晚上，到處一片漆黑，沒有電力供應，感覺很落後。」

改革開放北上　洽談航空食品

1978 年底，國家開始實行改革開放。1979 年 1 月 1 日，中美兩國政府決定建立中美直通航線，而彼時美方要求必須有航空配餐。中國民航局與伍淑清父親、美心集團創辦人伍沾德接洽，伍沾德答應到內地做航空食品。

此後，伍淑清多次代表父親到北京商談，儘管文件審批過程耗時費力，父女二人堅持配合做好工作。1980 年 4 月，美心集團和中國民航局成立北京航空食品有限公司；同年 10 月，從美國三藩市起飛的客機飛抵北京。

伍淑清回憶這次與中國民航局的合作：「應承了的事就一定要做好，因為航空配餐對中美直通航線非常重要，有機上配餐飛機才能起飛。」

難忘鄧公魅力　講話簡潔明瞭

有了這次合作作為開頭，伍淑清自此熱心參與國家改革開放，她第一位接觸到的中共領導人正是改革開放的總設計師鄧小平先生。伍淑清憶述：「1984年 6 月，鄧小平先生在北京會見香港工商界訪京團和香港知名人士，我也在場聆聽他的講話，鄧小平先生講話簡潔明瞭，令人印象深刻。」

1988 年伍淑清進入全國政協，做過三屆委員、三屆常委，在長達 30 年的政協委員生涯中，令她更深入了解中國共產黨領導下的國家發展。她說：「中共領導人做事認真、熱心、謙虛，講話簡潔、明瞭、到位，很值得敬重。」

正因為長期接觸內地，伍淑清很有底氣、充滿自信地說：「我對中國共產黨的了解，都是我和他們長期合作得出的認識。中國共產黨作為執政黨，之所以不同於外國的政黨，在於共產黨的執政理念能夠為每一代領導人傳承延續，從毛澤東思想、鄧小平理論、『三個代表』重要思想、科學發展觀，到如今的習近平新時代中國特色社會主義思想，這種思想在不斷傳承發展中變得更加成熟。」

伍淑清

　　她說：「共產黨執政為民，始終把人民利益放在首位，代表着全體中國人民利益。正是一代又一代領導人都是為人民謀幸福，才得到了中國人民的支持；也是有了中國人民的支持，中國共產黨領導國家不斷發展、繁榮富強。」

　　如今，中國共產黨經過百年奮鬥，領導國家實現和平崛起，達成小康社會。對於下個一百年的奮鬥目標，伍淑清說，相信中國共產黨會堅持思想和方向，並且培養更多有志氣、有活力的青年黨員，以擁有愛國心、抱有中國夢，共同實現偉大願景。

中文家書寄母意 家教熏陶不忘本

伍淑清和父親伍沾德最為人推崇的，是濃濃的家國情懷。說起愛國心，伍淑清引述作家冰心作品《母愛》一段話：「有一次，幼小的我，忽然走到母親面前，仰着臉問說：『媽媽，你到底為什麼愛我？』母親放下針線，用她的面頰，抵住我的前額，溫柔地、不遲疑地說：『不為什麼，──只因你是我的女兒！』」伍淑清說：「這是母愛的偉大，祖國是母親，愛國，只因我是中國人。」

在香港土生土長的伍淑清，至今仍記得 8 歲那年，來自北京的中史老師講過這樣一段歷史：有日本老師讓日本學生吃下兩種梨子，然後告訴學生，甜的梨子是來自中國山東，酸的梨子是來自日本，大家想吃甜的梨子就要去打中國。「我在教會學校所學到的中國歷史只到 1911 年，我後來自己看書，才知道 1911 年到 1945 年的中國歷史，知道日本侵略、欺負我們中國人。我當時就對自己說，身為中國人，一定要爭氣。」

對於如今在港落實「愛國者治港」，她深表贊同。她認為，香港特區的公務員應當清楚認識自己為何要做一名公務員，「香港特別行政區是中國的一部分，因為『一國兩制』才有香港特別行政區，作為香港特區一名公務員，若不能尊重國家，那如何做好公僕。」

倡入職公僕北上體會國情

對於愛國者的培養，她說，以前港英時期，英國政府一段時間就會送公務員到牛津大學，去學習外國人的思維和生活。在香港回歸祖國後，自己曾建議新公務員入職後三個月應先到內地了解國情，比如到北京大學或清華大學先進修兩星期，了解國家的政治架構；然後由東三省開始，走訪中國每個省份，由省領導為他們介紹各省風土人情。「這樣公務員就上了一堂中國歷史課、地理課，能夠了解內地和香港的關係，視野自然會不同。」

談到對香港年輕人的愛國教育，伍淑清則多次強調家教的重要性。憶起在英美求學時，自己給媽媽寫家書，媽媽一定要她寫中文，讓她記住自己是中國人，不能忘本。「最好的老師就是家長，如今香港一些年輕人不懂愛國，不僅僅是年輕人的問題，也是家庭問題、社會問題。」

伍淑清出席「百年偉業——慶祝中國共產黨成立 100 周年大型主題展覽」，拿出自己收藏的報紙，與展板上的「001 號」文件合影。

愛國才能全心全意愛事業

她提到上月訪港的神舟飛船首任總設計師戚發軔的愛國心，「很多內地科學家自然而然有這種愛國心，這是時代和環境的熏陶，只有熱愛國家，才能全心全意愛崗位、愛事業。」因此，香港必須營造出愛國教育的環境和氛圍，多做家長的工作。「要讓家長先有認識，讓家長明白這樣做對孩子更好，家教才能起到好的效果。」

民間外交使者　講好「中國故事」

西方媒體對中國共產黨有諸多抹黑，令一些人會因為無知而對中國產生反感、抗拒。伍淑清自 1978 年起，就已經開始對外宣傳自己的國家。她笑說：「我很早就開始對外講好『中國故事』了，通過香港平台和香港人的交流方式，幫助外國進一步了解中國共產黨和中國的真實情況。」

助外國人了解中國實況

伍淑清作為世界貿易中心協會終身榮譽理事，多年來在此平台上從事民間

伍淑清勉勵青年盡快到大灣區學習。圖為有份參與「大灣區青年就業計劃」的畢業生。

外交工作，幫助很多外國人到中國走走看看，體驗社會民情。回憶起 1976 年 4 月 1 日，伍淑清首次接觸世界貿易中心協會網絡時，她正在幫助成立香港世界貿易中心俱樂部。在俱樂部成立數周後，她拜訪位於美國紐約的協會總部。不久後，時任紐約和新澤西州港務局世界貿易部主任杜蘇里，於 1976 年 7 月 1 日率代表團來港訪問了俱樂部。

自加入世貿中心協會以來，香港世貿中心俱樂部一直是全球世貿中心前往中國的門戶，也成為協助世貿中心協會在中國地區拓展網絡的紐帶。隨着世界貿易中心協會在各地召開全球年會，世貿中心協會為中國各城市代表團出席全球年會提供了重要平台。

伍淑清表示，這種交流極具價值，我們利用香港平台和香港人的交流方式，幫助外國人到內地，接觸內地官員，助他們了解中國共產黨和中國發展情況。「從 1978 年開始，我已經開始這樣做。但是，不是你一句我一句就叫相互溝通，而是要能夠了解別人為何抗拒的理由，再用他們能夠理解的方式去進行溝通、解釋。」

雖已年逾七十，伍淑清依然堅持不懈地開展工作，她說：「我們做中國人，首先要有中國心，才有中國夢。有了一顆堅強的中國心，即使別人如何對待你、如何欺負你，你都能自強不息，充分裝備自己。」

勉青年早日北上　灣區覓人生路向

伍淑清在香港回歸後通過香港中華青少年歷史文化教育基金，每年安排1,000名學生北上認識國情，至今已有百餘團、約1萬名學生到內地交流。說起香港年輕人的未來，她說，香港要緊貼粵港澳大灣區發展，中央提供很多優惠政策給香港，香港人應充分利用這些優惠政策到大灣區拓展事業。「如果我現在是年輕人，我會盡快到大灣區，學習什麼都好，這樣我才會知道內地的市場運作。」

伍淑清透露，最近自己帶了兩個從事環保和綠化生活的北歐企業，來港成立公司建立合作夥伴，隨後再帶他們到深圳成立公司。「現在大灣區的企業需要有經驗、有條件的人才幫助他們利用香港走向外國，而外國企業也想利用香港平台走進灣區。」

企業家發展空間大

她強調大灣區近兩三年來急需人才，香港人要盡快把握機會，充分利用中央給予的各種優惠政策。她認為三四十歲的香港青年企業家不妨考慮到大灣區創業，香港的市場只有700萬人，未來灣區的市場接近1億人，空間很大，是企業家創新企業的難得機會。「我覺得三四十歲的人很適合到灣區創業，因為不怕失敗，沒有誰是在開始創業就能成功，失敗可以再來，但他們要盡快把握機會和發展空間。」

她續說，灣區亦不應只側重於青年創業，還有很多人都可以到灣區拓展事業，如從事室內設計、旅遊、酒店等各行各業的人士。

她舉例自己認識一個在香港浸會大學修讀翻譯的學生，因為香港需要翻譯的人才有限，所以甫畢業就到大灣區，馬上找到心儀的工作；亦有一個在浸大修讀中國哲學的學生，之後選擇到清華大學和北京大學修讀碩士和博士，再回到深圳擔任大學講師，這些人都成功在大灣區找到人生的定位。

（原載香港文匯報 2021 年 7 月 15 日 A11 版，記者沈清麗）

陳紅天：

港應重塑優勢
緊抓國家機遇

在中國共產黨領導下，國家通過改革開放取得巨大的成就，在這個發展浪潮中，香港抓住了幾次機遇，既帶動了內地的經濟，也實現自身的華麗升級，港商既是貢獻者，也是受益者。陳紅天上世紀八十年代開始經商，九十年代移居香港，創立祥祺集團，立足深港優勢，投資遍及全球，親歷了中國改革開放的巨大發展變化。在他看來，「一國兩制」的實施保持了香港的繁榮穩定，伴隨着國家的發展，香港作為金融中心、航運中心的地位得以逐步鞏固。他強調，香港的核心競爭力在於其完善的法治營造的良好投資環境，而過去黑暴對這個優勢造成巨大衝擊，當前香港應該盡快重塑這個優勢，在粵港澳大灣區建設的背景下，再度抓住國家發展機遇。

責黑暴毀國際金融中心形象 讚國安立法及時有效

陳紅天：港應重塑優勢 緊抓國家機遇

慶祝中國共產黨成立100周年
特別報道

在中國共產黨領導下，國家通過改革開放取得巨大的成就，在這個發展浪潮中，香港抓住了變次機遇，既帶動了內地的經濟，也實現自身的華麗升級，港商既是貢獻者，也是受益者。陳紅天上世紀八十年代開始經商，九十年代移居香港，創立祥祺集團，立足深港優勢，投資遍及全球，親歷了中國改革開放的巨大發展變化。在他看來，「一國兩制」的實施保持了香港的繁榮穩定，伴隨着國家的發展，香港作為金融中心、航運中心的地位得以逐步鞏固。他強調，香港的核心競爭力在於其完善的法治營造的良好投資環境，而過去黑暴到這個優勢造成巨大衝擊，當前香港應該盡快重塑這個優勢，在粵港澳大灣區建設的背景下，再度抓住國家發展機遇。●香港文匯報記者李望賢 深圳報道

陳紅天憶及，「上世紀八九十年代，香港走向內地大展鴻圖的城市。」當時內地推動改革開放，加工業正在起步、缺乏資金，由香港有着自己牢固的訂單。「前店後廠」的模式共同撐起了珠三角和香港的高速發展。他的創業生涯也從香港起步。他1990年移居香港，在港深兩地分別推開了香港祥祺貸資、祥祺（深圳）實業，收購了6家製衣廠，在深圳投資多家製衣企業，憑藉在香港找到的國際訂單，實現了企業的快速騰飛。

融資便利擁「超聯人」優勢

隨着內地融資引擎活躍，企業也如雨後春筍般成長，許多企業希望走向國外、需要聯通香港能行發揮上市融資，香港內地成為「超聯繫人」，國際金融中心地位更加穩固。商業所蓬勃發展的需求下依然承任機遇，立足香港，參與內地的開發地產，物業投資等多領域的投資。

他認為，在中共領導下，內地至今仍保持強勁的發展動力，為需夢翔目。「內地仍有着許多賺錢的機會」，而依靠香港能順利的融資環境，為企業提供了有利的先天條件。

陳紅天連任三居全國政協委員，感觸最深的就是香港與內地交流日益密切、也相成就。「很多港人在內地投資獲取了成功、但在很多內地競資金融入香港，內地人才能夠尋找這發展的契機都是好事，大量內地的人才一定有收穫，香港也會得到警惕。」

太太據眼在香港生活，兩個兒子也整在香港出生，陳紅天坦言香港是自己和最愛的一片土地。「以很愛得香港能讓錯。」但2019年香港的暴見，讓人十分痛暫。「在這能完的看見，連然有一天人公仍有病的打人、市僥備、難砸行、切到平香港的法治能成了以大地球。對百國際金融中心和利的縮緊隔的形象帶出巨大打擊。」

在他看來，繁複世界上發展校好的城市，無不是擁有開放多元的文化和穩定的社會環境。「我們起聊在海外投資、接觸到下濟的『文明社會』，也有很多人表達訴求。表達不同意見，但是基本上都不會對社會秩序能成破壞。」

香港社會秩序手受到破壞以及國家安全受到威脅，中央出手訂立香港國家安立法，完善香港連續管治，是推下了定的規的、完全不滿妃理會香港的香港將近是接天的呼叫嗎。

房價平穩擴大眾仍對港有信心

他又指，香港的房價目前環能有平穩勢，認明很多人對香港還是有信心，「中央就中地香港應提供了很多支持，希望香港應求必不，『兩國運』立自也很好有一定的規則，完全不滿得照用香港的香港將近是接天的種植。」

●陳紅天表示，前前香港應該畫快重塑優勢，在粵港澳大灣區建設的背景下，再度抓住國家發展機遇。
香港文匯報記者李望賢 攝

右上第一欄 vertical text:
服裝潮流演變 見證祖國騰飛

陳紅天做服裝起家。20歲時曾和人打賭，用5分鐘時間剪裁完一條西褲，結果賺了10元錢，當時算得18元、1985年，他從廣東佛山地區唯一一名任職於中華時裝設計專業的經歷，1981年參加深圳年貨集團的發設計縮的縮紐，更解從需呼喚所時時徒設計研究所的專業技師員。在他看來，香港和內地的發展變化、也滿在兩地成的服裝變化之中。

昔穿中山裝 今衣着華麗

他願記得，上世紀七十年代到內地親屬的港澳同胞，一身西裝馬甲，腮觀的衣藏衣，皮鞋和頭髮梳整齊。發漆打扮得容光煥亮。「當時港澳人士穿的褲子長度有固定的尺寸，就是穿上褲子斷距距，厚末，那段時間在香港經濟發展迅速的時候，南內地發生的每衣着變化、一至真切地感覺到了。那段時間在香港經濟發展迅速的時候，南內地發生的每衣着變化、一至真切地感覺到了。

到了2000年前後，在珠濱口岸相差照顧的入潮中，最標神是桃到的老打伴者，反而兩成為內地形港與近港人士。陳紅天在沈圳市（馬甅杌潮）中提起，「參加於過中華堆集的衣着與遷、剛剛稅潮人以的地喊在經濟發展和衣著騰飛，穿衣已經普的漢、穩的上，添加了可譬碟、長衫、旗孔裝衣、衣着厚綿、可慌、逐都變的水平確定一日打、有人聽當穿衣、呼起沈圳、易成地走的。

能見及，承是在香港的商店購中，原很長都會預的記之，後越多都是自己對的考有不高的、認分他們看能行久成肉，那套一型反需都自象、因為守近世能親照，服務首才差得相前、「國家還覺有什了、不再課入是的，我再行司可能是在超的競爭是來看過種談突破。

●1978年，中國人民的衣着以藍和青綠色為主。
資料圖片

勉港青北上 投身灣區建設

●陳紅天勉勵香青勇於迎接挑戰，投身灣區建設。圖為前深灣青年夢工場。
資料圖片

高，中廣晚上10點多依然燈火輝煌。現在深圳很多地方，也是這樣的場景。」

陳紅天指出，現時香港年輕人就業相對困難，薪酬空間縮水小，不願意接接挑戰，優在人才被來越少。「我們內地提目的稱網能給超過香港，但認是，國家建設香港澳大灣區，是給香港年輕人又一個很好的發展平台、要勇於迎接挑戰，敢於突破。

他說，「縱觀香港許多商場新貴，上市公司生意、半山豪宅業主，很多都是在內地投資的成功而出。他們就是先發，眼光獨到，先人一步獲得成功、合乎情理，香港那商禮人潮顧勤，港人也來等會向內地學的。」1990年金勵地基建投資的時候，陳紅天就積極搜積投資的時候，尋找盈的商機會。「半必公投資到地產或者大規模的商業行銷、有人開發海、管理、美容院、甚至裝修。」

他表示，有些人以為內地生活條件及商機會遇不如香港，其實，這個觀念久落務者的、在內地許多城市、論投資環境、生活條件、商菊機會，一點都不比在東南亞某些城鄉差距或者論、而且內地的文化、生活背景與香港相似，機會對於每個人都是均等的。

組建同心俱樂部 為國家建言獻策

●2018年3月，陳紅天出席全國兩會。
愛勤者供圖

陳紅天，一直以「做言」著稱。他擁有澳洲梅鐸大學工商管理碩士研究生學位，對外經濟貿易大學國際貿易學宗經濟學博士學位，他的博士畢業論文《我國家關設能收囑》，學術成果一直獲得學術界高度評估。自2008年起連任三屆全國政協委員，為國家發展狀況有聲心作建言獻策、每年吞聯單、提案提出。

委遇問銷後，他投在《香港文匯報》撰文篇宪加香港議宋壽題相對問題的過聚爭論繁認。2012年，他在全國城過去頁提出公民教育、愛國主義教育、在全國小學聯設公民教育課程、迎公民意

識、愛國情懷、文明推維、社交禮儀等進行系統的教育和訓練。之後的2015年、2016年連續兩年、他又提出相關提案。

個人幣改稱「中國元」引關注

今年時，他對對中國經濟的發展建立出過個人民幣幣解成為「中國元」的提案引起關注。他指出，中國要成為世界經濟大國、趨勢經幣聯格必就不越程的配套層調、這個人民幣的提案實成流通地位、並不利於貨幣幣的流通稱職和國際化，以可以更有共乳實的基礎。未來，人民幣的發展建立出、在中國長發展人民際的地位是、對發稀音級成這的發重逼是長行個人幣改得、現結果一致的發展得，成為中國家貨得。

陳紅天列在深圳資的二十多位全國政協委員和全國人大代表，共同倡議發起成立了「同心俱樂部」，為促進兩地配對交流搭建了一個實要的積極過得、聯名、同心俱樂部80%的成員均是香港永久性居民，是能有的企業家和社會賢者、在香港和內地均有投資。在深圳及社會環境中有重要的影響。在香港重市對社會過會說、都傾稿發聲。成立以來，大力發揮積極發佈港，也有能同力。支持香港國家政促進選戰、完善香港選舉制度。在2019年修例風波，以及今年繼愛的選，陳紅天列在的開都成員不大真好、支持香港國安法為港實現，齊聲完善香港選舉制度。

陳紅天憶及，「上世紀八九十年代，香港是內地人充滿嚮往的城市。」當時內地推動改革開放，加工業正在起步，缺乏資金，而香港有着來自全球的訂單，「前店後廠」的模式共同推動了珠三角和香港的高速發展。他的創業生涯也從香港起步。他於 1990 年移居香港，在港深兩地分別創辦了香港祥祺投資、祥祺（深圳）實業，收購了 6 家製衣廠，在深圳控股多家製衣企業，憑借在香港接到的國際訂單，實現了企業的快速成長。

融資便利擁「超聯人」優勢

隨着內地經濟日漸活躍，企業也如雨後春筍般成長，許多企業希望走向國外，需要通過香港進行發債上市融資，香港再度成為「超級聯繫人」，國際金融中心地位更加穩固。商業嗅覺敏銳的陳紅天再度抓住機遇，立足香港，參與內地的房地產、物業投資等多領域的投資。

他認為，在中共領導下，內地至今仍保持強勁經濟動力，為世界矚目。「內地仍有着許多機會」，而依靠香港便利的融資環境，為企業提供了有利的先天條件。

陳紅天連任三屆全國政協委員，感觸最深的就是香港與內地交流日益密切，互相成就。「很多港人在內地投資取得了成功，也有很多內地資金進入香港，內地與香港的交流合作這對雙方都是好事。大量內地的人才、資金進入香港，香港也會得到發展。」

太太長期在香港生活，兩個兒子相繼在香港出生，陳紅天坦言香港是自己最熱愛的一片土地。「以前覺得香港很溫暖。」但 2019 年香港的黑暴，讓人十分震驚，「在法治完善的香港，竟然有一天，會有人公然在街頭打人、炸港鐵、砸銀行。這對香港的法治造成了巨大的衝擊，對其國際金融中心和利伯維爾場的形象帶來巨大打擊。」

在他看來，縱觀世界上發展較好的城市，無不是擁有開放多元的文化和穩定的社會環境，「我們長期在海外投資，接觸到所謂的『文明社會』，也有很多人表達訴求，表達不同政見，但是基本上都不會對社會秩序造成破壞。」

他強調，香港社會秩序受到破壞以及國家安全受到威脅的情況下，中央出手訂立香港國安法、完善香港選舉制度等舉措非常及時和必要。「所謂民主自

陳紅天表示，當前香港應該盡快重塑優勢，在粵港澳大灣區建設的背景下，再度抓住國家發展機遇。

由也要有一定的規則，完全不講規則對香港的發展將是很大的障礙。」

房價平穩證大眾仍對港有信心

他又指，香港的房價目前還處於平穩態勢，說明很多人對香港還是有信心。「中央政府也給香港提供了很多支持，希望香港繼續坐穩金融中心的地位，當前內地很多高科技企業和新興行業企業在發展，香港如果能做好服務，就能繼續發揚『超級聯繫人』的角色，再度融入國家發展大局。」

服裝潮流演變　見證祖國騰飛

陳紅天做服裝起家，20歲時曾和人打賭，用5分鐘時間剪裁完一條西褲，結果贏了10元錢，當時月薪18元。1983年，他是廣東佛山地區唯一一名任職職業中學時裝設計專業的老師，1984年參加深圳外貿集團時裝設計師的選拔，更擊敗當時廣州時裝設計研究所的專業技術員。在他看來，香港和內地的發展變化，也盡在兩地居民的服裝變化之中。

昔穿中山裝
今衣着華麗

他猶記得，上世紀七十年代回內地探親的港澳同胞，一身西裝馬甲，靚麗的花襯衣，皮鞋和頭髮被鞋油、髮油打理得發

1978年，中國人民的衣着以藍和青綠色為主。

光發亮。「當時港澳人士穿的褲子長度有固定的尺寸，就是穿上鞋子離地面一厘米，那段時間是香港經濟發展速度最快的時候，而內地男女老少全國統一灰藍綠的中山裝、軍幹裝，褲子全部從地面往上 30 公分。」

到了 2000 年前後，在羅湖口岸熙熙攘攘的人潮中，最精神最醒目的衣着打扮者，反而轉成為內地遊客及新來港人士。陳紅天在其著作《鳥瞰紅塵》中寫道，「參加香港中聯辦組織的訪問活動，剛開始還以為內地城市經濟發展相對較慢，穿衣打扮會稍微遜色老土，誰知到了哈爾濱、長春，紅男綠女，衣着華麗，可見經濟發展水平確實一日千里，人民生活水平迅速提高。」

他笑說，過去在香港的商店購物，服務員偶爾用普通話交流，自己對此會有點不高興，認為他們沒視自己為香港居民。但轉念一想反而很自豪，因為穿得正統靚麗，服務員才說普通話，「國家確實強大了，不再讓人看不起」，現在陳紅天反而經常主動要求用普通話交流。

勉港青北上　投身灣區建設

從廣東南海一名業餘體校乒乓球教練，到資產達數百億元的祥祺集團掌門人，陳紅天總結自己成功的經驗在於勤奮好學，敢於拚搏。他常掛在嘴上的一句話就是：「強者創造機會，智者尋找機會，弱者等待機會，無能者每天抱怨沒有機會。」

憶起上世紀九十年代到香港工作的情況，陳紅天對港人的拚搏精神仍讚歎不已，「大家工作熱情都很高，中環晚上 10 點多依然燈火輝煌。現在深圳很多地方，也是這樣的場景。」

陳紅天指出，現時香港年輕人就業相對困難，發展空間較小，有很多人不願意迎接挑戰。反觀內地的年輕人，優秀人才越來越多，「我們內地員工的積極性超過香港。」他認為，國家建設粵港澳大灣區，是給香港年輕人又一個很好的發展平台，要勇於迎接挑戰，敢於突破。

他說，「縱觀香港許多商場新貴，上市公司主席、半山豪宅業主，很多都是在內地投資的成功商人。他們捷足先登，眼光獨到，先人一步獲得成功，合

陳紅天勉勵港青勇於迎接挑戰，投身灣區建設。圖為前海深港青年夢工場。

乎情理。香港經濟進入調整期，港人也要學會向內地學習。」

　　1998 年金融風暴橫掃亞洲的時候，陳紅天就撰文鼓勵港人到內地投資，尋找新的發展機會。「未必是投資房地產或者大規模的商業行動。有朋友到長沙做首飾批發，每月收入數萬元，有人開髮廊、餐廳、美容院，甚至裝修。」

　　他表示，有些人以為內地的生活條件及商業機會總不如香港，其實，這種觀念是陳舊的。在內地許多城市，論投資環境、生活條件、商業機會，一點都不比在東南亞某些國家和地區差，而且內地的文化、生活背景與香港相似，機會對於每個人都是均等的。

組建同心俱樂部 為國家建言獻策

陳紅天一直以「敢言」著稱。他擁有澳洲梅鐸大學工商管理碩士研究生學位、對外經濟貿易大學國際貿易學院經濟學博士學位，他的博士畢業論文《我國房地產業發展與宏觀調控問題》被國家圖書館收藏，學術成果一直獲得學術界高度評價。至 2008 年起他連任三屆全國政協委員，為國家發展以及粵港合作建言獻策，每每言辭犀利，視角獨到。

香港回歸時，他就在香港《文匯報》撰文提倡加強愛國主義教育刻不容緩。2012 年，他在全國兩會上提出在全國範圍內推行公民教育、愛國主義教育，在全國小學開設公民教育課程，就公民意識、愛國情懷、文明禮儀、社交禮儀等進行系統的教育和訓練。之後的 2015 年、2016 年連續兩年，他又提出相關提案。

倡人幣改稱「中國元」引關注

今年兩會，他針對中國經濟的發展提出建議把人民幣稱謂改為「中國元」的提案引起廣泛關注，他指出，中國要成為世界政治經濟強國，就應持續穩步推動本國貨幣國際化。由於人民幣的稱謂與國際慣例不一致，不利於加快貨幣跨境流通和國際化進程，將人民幣的稱謂改稱「中國元」，可以為中國的貨幣在國際結算和國際化中打好更扎實的基礎。

2012 年，陳紅天與在深投資的二十多位全國政協委員和全國人大代表，共同倡議發起成立「同心俱樂部」，為促進兩地經貿交流搭建起了一個重要的橋樑和紐帶。據悉，同心俱樂部 80% 的成員都是香港永久性居民，是優秀的企業家和社會活動家，在香港和內地均有投資，在近百家社團擔任領導職務，在香港幾乎所有的政治活動中，都積極發動成員以各種方式踴躍參與，出錢出力，支持香港特區政府依法施政，促進香港繁榮穩定。在 2019 年修例風波，以及今年兩會前後，陳紅天率同心俱樂部成員多次發聲，支持香港國安法在港實施，齊撐完善香港選舉制度。

（原載香港文匯報 2021 年 7 月 13 日 A7 版，記者李望賢）

胡應湘：

爲國家富強出一分力
深感滿足

對於中國共產黨的歷史，合和主席胡應湘謙稱認識不算深入，但他一九七九年聽到「改革開放」的消息，更對鄧小平「不管黑貓白貓，能捉到老鼠就是好貓」的言論深表認同，並深信憑藉中國人的智慧，只要能夠萬眾一心去搞經濟，一定會成功。四十年過去，他直言「見到中國復興，是最開心的事」。

胡應湘：為國家富強出一分力 深感滿足

對於中國共產黨的歷史，合和主席胡應湘謙稱認識不算深入，但他一九七九年聽到「改革開放」的消息，更對鄧小平「不管黑貓白貓，能捉到老鼠就是好貓」的言論深表認同，並深信憑藉中國人的智慧，只要能夠萬眾一心去搞經濟，一定會成功。四十年過去，他直言「見到中國復興，是最開心的事」。

大公報記者 麥雲迪

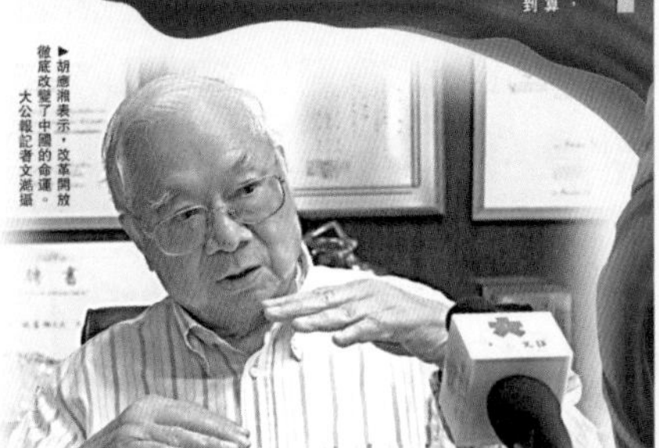

▶胡應湘表示，改革開放徹底改變了中國的命運。大公報記者文瀚攝

胡應湘的爺爺於十九世紀九十年代移居香港，父親及自己都是於香港出生，而一九三五年出生的他，因為日本侵華，曾到廣州韶關讀小學，戰後回香港讀中學，後又到美國讀大學，自言「中國傳統教育又讀過，西方教育又受過」，他認為中國推行改革開放，是「找到正確路線」，並徹底改變了中國的命運，又指中國共產黨是「政策好好的政黨」，他很為人民着想。而經過了改革開放四十年的發展，他相信二〇二〇年之後，是中國進入復興的新時代。

改革開放改變中國命運

一九五四至五八年，胡應湘在美國普林斯頓大學攻讀土木工程。他認為，鄧小平的改革開放，「讓一部分人先富起來」的計劃，將對中國經濟產生極大的影響，而隨着多次參觀內地城市，他也深信鄧小平的改革受到人民支持。而要發展經濟，就要投資基建，因此決定到內地投資高速公路、興建發電廠，「不是為了賺錢，而是希望見到中國富強」。

作為首批到內地投資的香港地產商，合和除合作興建廣州中國大酒店外，又興建發電廠為廣東省解決電力不足問題，積極興建公路，改善交通基建，但一定程度上，也讓合和錯過了香港地產高速發展的年代，因此不少人認為，如果胡應湘當年繼續留港投資，財富會比現在多很多倍。

對此，胡應湘直言，「賺多賺少，不及見到自己國家興盛的重要」，而且能夠以自己在美國讀書所學，加上在香港積累的經驗，可以在過去中國四十多年的發展中，不僅有份參與，更可發揮示範作用，為國家發展出一分力，他覺得已經很滿足，因此他表示從來沒有後悔到內地發展，也沒有懷疑過當初的決定，畢竟人生「唔係只係講搵錢」。

展望未來，胡應湘稱對中國有極度信心，他認為，中國年輕人接受到「從未有如此好的」普及教育，加上上一代人辛苦打拚創造的成果，積累了大量經驗、技術、資金，未來可以繼續開拓市場。他又相信，香港擁有健全的法治，有國際認受性的制度，亦無外匯管制，國家只要利用好香港，未來香港可以繼續發揮金融中心的優勢，與西方國家一爭高下。

掃一掃 有片睇

胡應湘簡歷

1935年
- 生於香港，籍貫廣東省花都市

1958年
- 畢業於美國普林斯頓大學土木工程系

1963年
- 合和建築有限公司由胡忠先生及胡應湘爵士共同創辦，此乃合和實業有限公司的前身，主要爲胡氏家族的物業承擔建築工程

1972年
- 合和實業上市，主要業務是基建項目投資、物業發展、酒店和餐飲等

內地投資
- 內地改革開放後主要投資包括：廣州中國大酒店、廣深珠高速公路、沙角B電廠、沙角C電廠、深圳羅湖聯檢大樓及深圳皇崗邊檢綜合檢查站等

公職
- 全國政協委員
- 香港地產建設商會副會長
- 大珠三角商務委員會成員

榮譽
- 廣州市、深圳市等市榮譽市民
- 香港特別行政區政府頒授金紫荊星章
- 深圳市表彰其爲「深圳經濟特區建立40周年創新創業人物和先進模範人物」

借女排編制勸諫 自行招聘員工

打破常規

中國改革開放前，人們的工作均由勞動局統一分配，當年在廣州興建中國大酒店的胡應湘擔憂，分配而來的員工質素難有保證，因此借當時衛冕世界冠軍的中國女排，隊員亦非由勞動局分配為例，向時任廣東省省長的劉田夫游說，終獲准可以自行招聘員工。

當時興建中國大酒店時，勞動局表明酒店員工亦要由當局分配。胡應湘於某晚陪觀看中國女排比賽時，打趣向劉田夫省長笑問道：「女排隊員如何訓練？如何尋找、是否亦由勞動局安排？」得到劉田夫回應均由教練自行尋找及訓練栽培後，胡應湘即提到，自己興建酒店，也等於組織一個隊伍，期望不經勞動局分配。

對此，劉田夫表示理解，但由於制度所限，他也無法解決，但幸好當時中央曾給予廣東「特殊政策、靈活措施」篤言，最終劉田夫同意打破常規，讓酒店自行招聘員工。胡應湘笑指，由於酒店給予的薪水較高，因此吸引了很多人應徵。

資料顯示，中國改革開放後，鄧小平曾提出中央可以給些政策去試行新制度，並於1979年7月，由黨中央、國務院批准廣東、福建兩省實行「特殊政策、靈活措施」政策，允許兩省政府試行新政策，解放了思想，並推行了很多改革創新。

▲1982年廣州中國大酒店正在興建中。受訪者供圖

百萬獎金激勵 沙角電廠22月建成投産

銳意進取

1980年4月20日，合和與新世界、長實、恒基、新地、新鴻基證券合作興建廣州中國大酒店，是內地第一間中外合資經營的酒店，不過當時中國電力供應並不穩定，胡應湘笑說當時有「開三停四，五光十熄」的說法，因此，要開設酒店，首先要保證電力供應穩定。

根據當時政府的估算，中國大酒店耗電量將達廣州市的2%，要電力穩定，就要建發電廠，不過興建新的發電廠，卻需要中央批准，而且當時中國發電機組技術並不成熟，購買外國機組則缺乏足夠外匯，即使當時廣東省向香港中華電力買電，亦是依賴出售東江水所得的外匯，用來支付中華電力的費用。

因此，胡應湘便向時任廣東省委書記梁靈光提出希望自行興建發電廠，廣東省負責批地，合和解決錢與其他問題，更向梁靈光保證三年內建設完成。

最終，合和除牽頭土木工程外，更找來日本三井集團提供發電機組設施，而梁靈光頂住反對壓力，決定允許「邊上報、邊施工」，加上胡應湘拿出過百萬獎金予施工單位，最終沙角B廠於第22個月即可發電，而該成功經驗也讓當地政府提出，讓合和興建沙角C廠。

同樣以BOT模式（建設——營運——轉移模式）興建的沙角B廠，當時除合和持股50%、日本兼松江商社持股5%外，其餘45%分別由中銀香港及一些廣州與深圳的駐港企業持有，成為改革開放初期，中外合資的最大能源項目。

內地官員責任心強 真正爲民辦事

勇於擔當

自改革開放以來，胡應湘與內地官員打交道逾40年，他指出，開放初期內地官員很有心，而隨着多年過去，現在內地官員素質及專業水平亦提高了很多，很有責任感。

國家主席習近平曾說「為官避事平生恥」，胡應湘認為，做官就要有擔當，有責任心，他希望香港政府能夠在這方面多多學習，在治港上負更多責任，去解決香港住屋問題，如落實開山填海興建多些公共房屋，「內地幾億人由農村搬去城市都解決到，香港點解做唔到？」因此，他對國務院副總理韓正提出要解決香港居住問題感到很開心，認為這是國家對特別行政區的高度重視及關懷。

孫中山提出的三民主義（民族、民權、民生），胡應湘認為，鄧小平把這種「為民」的思想表現出來。而現在中國政府政策就是「為民」，「習近平全力讓中國人脫貧，就是真正的為民」。

見到國家興旺 是最開心事

富貴浮雲

不少港商投資內地市場，曾被批評「賺國家錢」，胡應湘稱自己也曾試過多次。他解釋，投資要有銀團貸款，要計算IRR（內部回報率），自己要求的利潤也跟足國際規矩，「如果無回報無人願意借錢」。他強調自己並不貪心，很多工程都是BOT，即「建設—營運—轉移」模式，還錢及賺取一定利潤後都「送給國家」。

胡應湘舉例，香港全面開放，無論任何人都可以來香港投資，「投資者賺好多錢走，如果計零的總和，咁樣香港人應該窮到不得了，點解越來越多人來港投資，香港人越來越富有？」他指出，就如農田一樣，投資者帶來新技術、新種植方法，產出增加後雖然投資者會有利潤，但農田持有者其實賺得更多。

至於提到自己的個人財富，胡應湘稱「唔係咁緊要」，因為就算比現在賺多一倍錢，「都係食咁多嘢」，反而見到自己國家興旺，他覺得比利潤、資產多少更加開心。

中國抗疫爲人民 全世界都應學習

保障安全

胡應湘批評「外國勢力」過去講船堅炮利，靠武力干預別國事務，惟近年則改變了做法，「講人權、民主、環保」以拖慢其他國家的發展。但中國一路向前，未有受到影響。

國家主席習近平在7月1日舉行的慶祝中國共產黨成立100周年大會上，莊嚴宣告中國全面建成小康社會。胡應湘自豪地表示：「世界有邊個（國家）歷史可以喺咁短時間令幾億人脫貧？」

談及抗疫方面，胡應湘盛讚，中國的防疫抗疫策略高效率，成功保障人民安全，「印度（高峰期）一日都死3000幾人，美國超過60萬人死」，數據說明事實，全世界都應該「去武漢朝聖」，學習中國抗疫方法。

相對外國，胡應湘指中國所有人的治療都是國家出錢，「英國如果唔係NHS（國民保健署，意指國民保健服務）就無得醫，美國無保險又無得醫」，因此，他強調中國的施政才是真正為人民。

胡應湘又批評，外國稱中國散播病毒都是子虛烏有的事，「有腦筋都唔信」，並引用林肯名言作總結：「You can fool some of the people all of the time, and all of the people some of the time, but you can not fool all of the people all of the time.」（你可以永遠欺騙一些人、也可以欺騙所有人一時，但不能永遠欺騙所有人）。

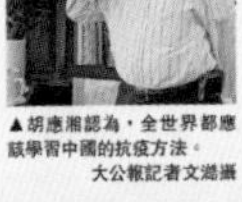

▲胡應湘認為，全世界都應該學習中國的抗疫方法。大公報記者文瀚攝

胡應湘的爺爺於 19 世紀 90 年代移居香港，父親及自己都是於香港出生，而 1935 年出生的他，因為日本侵華，曾到廣州韶關讀小學，戰後回香港讀中學，後又到美國讀大學，自言「中國傳統教育又讀過，西方教育又受過」，他認為中國推行改革開放，是「找到正確路線」，並徹底改變了中國的命運，又指中國共產黨是「政策好好的政黨」，也很為人民着想。而經過了改革開放四十年的發展，他相信 2020 年之後，是中國進入復興的新時代。

改革開放改變中國命運

1954 至 58 年，胡應湘在美國普林斯頓大學攻讀土木工程。他認為，鄧小平的改革開放，「讓一部分人先富起來」的計劃，將對中國經濟產生極大的影響，而隨着多次參觀內地城市，他也深信鄧小平的改革受到人民支持。而要發展經濟，就要投資基建，因此決定到內地投資高速公路、興建發電廠，「不是為了賺錢，而是希望見到中國富強」。

作為首批到內地投資的香港地產商，合和除合作興建廣州中國大酒店外，又興建發電廠為廣東省解決電力不足問題，積極興建公路，改善交通基建，但一定程度上，也讓合和錯過了香港地產高速發展的年代，因此不少人認為，如果胡應湘當年繼續留港投資，財富會比現在多很多倍。

對此，胡應湘直言，「賺多賺少，不及見到自己國家興盛的重要」，而且能夠以自己在美國讀書所學，加上在香港積累的經驗，可以在過去中國四十多年的發展中，不僅有份參與，更可發揮示範作用，為國家發展出一分力，他覺得已經很滿足，因此他表示從來沒有後悔到內地發展，也沒有懷疑過當初的決定，畢竟人生「唔係只係講搵錢」。

展望未來，胡應湘稱對中國有極度信心，他認為，中國年輕人接受到「從未有如此好的」普及教育，加上上一代人辛苦打拚創造的成果，積累了大量經驗、技術、資金，未來可以繼續開拓市場。他又相信，香港擁有健全的法治，有國際認受性的制度，亦無外匯管制，國家只要利用好香港，未來香港可以繼續發揮金融中心的優勢，與西方國家一爭高下。

胡應湘表示，改革開放徹底改變了中國的命運。

借女排編制勸諫　自行招聘員工

　　中國改革開放前，人們的工作均由勞動局統一分配，當年在廣州興建中國大酒店的胡應湘擔憂，分配而來的員工質素難有保證，因此藉當時衝擊世界冠軍的中國女排，隊員亦非由勞動局分配為例，向時任廣東省省長的劉田夫游說，終獲准可以自行招聘員工。

　　當時興建中國大酒店時，勞動局表明酒店員工亦要由當局分配。胡應湘於某晚趁觀看中國女排比賽時，打趣向劉田夫省長笑問道：「女排隊員如何訓練？如何尋找、是否亦由勞動局安排？」得到劉田夫回應均由教練自行尋找及訓練栽培後，胡應湘即提到，自己興建酒店，也等於組織一個隊伍，期望不經勞動局分配。

對此，劉田夫表示理解，但由於制度所限，他也無法解決，但幸好當時中央曾給予廣東「特殊政策、靈活措施」箴言，最終劉田夫同意打破常規，讓酒店自行招聘員工。胡應湘笑指，由於酒店給予的薪水較高，因此吸引了很多人應徵。

資料顯示，中國改革開放後，鄧小平曾提出中央可以給些政策去試行新制度，並於 1979 年 7 月，由黨中央、國務院批准廣東、福建兩省實行「特殊政策、靈活措施」政策，允許兩省政府試行新政策，解放了思想，並推行了很多改革創新。

百萬獎金激勵 沙角電廠 22 月建成投產

1980 年 4 月 20 日，合和與新世界、長實、恆基、新地、新鴻基證券合作興建廣州中國大酒店，是內地第一間中外合資經營的酒店，不過當時中國電力供應並不穩定，胡應湘笑說當時有「開三停四，五光十熄」的說法，因此，要開設酒店，首先要保證電力供應穩定。

根據當時政府的估算，中國大酒店耗電量將達廣州市的 2%，要電力穩定，就要建發電廠，不過興建新的發電廠，卻需要中央批准，而且當時中國發電機組技術並不成熟，購買外國機組則缺乏足夠外匯，即使當時廣東省向香港中華電力買電，亦是依賴出售東江水所得的外匯，用來支付中華電力的費用。

因此，胡應湘便向時任廣東省委書記梁靈光提出希望自行興建發電廠，廣東省負責批地，合和解決錢與其他問題，更向梁靈光保證三年內建設完成。

最終，合和除牽頭土木工程外，更找來日本三井集團提供發電機組設施，而梁靈光頂住反對壓力，決定允許「邊上報、邊施工」，加上胡應湘拿出過百萬獎金予施工單位，最終沙角 B 廠於第 22 個月即可發電，而該成功經驗也讓當地政府提出，讓合和興建沙角 C 廠。

同樣以 BOT 模式（建設─營運─轉移模式）興建的沙角 B 廠，當時除合和持股 50%、日本兼松江商社持股 5% 外，其餘 45% 分別由中銀香港及一些廣州與深圳的駐港企業持有，成為改革開放初期，中外合資的最大能源項目。

1982 年廣州中國大酒店正在興建中。

內地官員責任心強　真正為民辦事

自改革開放以來，胡應湘與內地官員打交道逾 40 年，他指出，開放初期內地官員很有心，而隨着多年過去，現在內地官員素質及專業水平亦提高了很多，很有責任感。

國家主席習近平曾說「為官避事平生恥」，胡應湘認為，做官就要有擔當，有責任心，他希望香港政府能夠在這方面多多學習，在治港上負更多責任，去解決香港住屋問題，如落實開山填海興建多些公共房屋，「內地幾億人由農村搬去城市都解決到，香港點解做唔到？」因此，他對國務院副總理韓正提出要解決香港居住問題感到很開心，認為這是國家對特別行政區的高度重視及關懷。

孫中山提出的三民主義（民族、民權、民生），胡應湘認為，鄧小平把這種「為民」的思想表現出來。而現在中國政府政策就是「為民」，「習近平全力讓中國人脫貧，就是真正的為民」。

見到國家興旺　是最開心事

不少港商投資內地市場，曾被批評「賺國家錢」，胡應湘稱自己也曾試過多次。他解釋，投資要有銀團貸款，要計算 IRR（內部回報率），自己要求的利潤也跟足國際規矩，「如果無回報無人願意借錢」。他強調自己並不貪心，很多工程都是 BOT，即「建設—營運—轉移」模式，還錢及賺取一定利潤後都「送給國家」。

胡應湘舉例，香港全面開放，無論任何人都可以來香港投資，「投資者賺好多錢走，如果計零的總和，咁樣香港人應該窮到不得了，點解越來越多人來港投資，香港人越來越富有？」他指出，就如農田一樣，投資者帶來新技術、新種植方法，產出增加後雖然投資者會有利潤，但農田持有者其實賺得更多。

至於提到自己的個人財富，胡應湘稱「唔係咁緊要」，因為就算比現在賺多一倍錢，「都係食咁多嘢」，反而見到自己國家興旺，他覺得比利潤、資產多少更加開心。

中國抗疫為人民　全世界都應學習

胡應湘批評「外國勢力」過去講船堅炮利，靠武力干預別國事務，惟近年則改變了做法，「講人權、民主、環保」以拖慢其他國家的發展。但中國一路向前，未有受到影響。

國家主席習近平在 7 月 1 日舉行的慶祝中國共產黨成立 100 周年大會上，莊嚴宣告中國全面建成小康社會。胡應湘自豪地表示：「世界有邊個（國家）歷史可以喺咁短時間令幾億人脫貧？」

2011 年興建中的廣珠西線高速公路（三期）。

　　談及抗疫方面，胡應湘盛讚，中國的防疫抗疫策略高效率，成功保障人民安全，「印度（高峰期）一日都死 3000 幾人，美國超過 60 萬人死」，數據說明事實，全世界都應該「去武漢朝聖」，學習中國抗疫方法。

　　相對外國，胡應湘指中國所有人的治療都是國家出錢，「英國如果唔係 NHS（國民保健署，意指國民保健服務）就無得醫，美國無保險又無得醫」，因此，他強調中國的施政才是真正為人民。

　　胡應湘又批評，外國稱中國散播病毒都是子虛烏有的事，「有腦筋都唔信」，並引用林肯名言作總結：「You can fool some of the people all of the time, and all of the people some of the time, but you can not fool all of the people all of the time.」（你可以永遠欺騙一些人、也可以欺騙所有人一時，但不能永遠欺騙所有人）。

（原載大公報 2021 年 7 月 3 日 A11 版，記者麥雲迪）

呂志和：

積極投身國家建設
倍感榮幸

「中國從積貧積弱，到『世界工廠』，發展成為全球第二大經濟體，身為中國人，感到十分自豪。」嘉華集團創辦人呂志和走過數十年的商旅風雨，是首批進軍內地的香港企業家之一，一路走來，見證國家日漸富強。他認為，香港年輕人應到內地交流實習，親身了解和體驗國家的繁榮與興盛。

呂志和：積極投身國家建設 倍感榮幸

中國從積貧積弱，到第二大經濟體、身為香港第二大經濟體、嘉華集團主席及創辦人呂志和，是目睹進軍中國內地改革開放，是目睹進軍中國內地的放風雨，見證國家日漸強大，他認為，香港企業家之一……一路走來，見證國家日益強大。內地交流充實閱歷，親身了解和體驗國家的繁榮與興盛。

大公報記者　李清心

▲呂志和表示，「身為中國人感到十分自豪」。

舊城改造 迎難而上贏得口碑

排除萬難

投資內地項目，最深刻的、最參與廣州市舊城改造計劃。上世紀90年代初，廣州舊城市的基礎設施、城鎮規劃規劃重要變，居民生活環境變差。當時，呂志和把握機會，成為參與廣州舊城改造的外資企業。

嘉華集團在廣州舊城改造的第一個大型項目，是把越秀區核心地段的殘舊改造，成為現代化的大型住宅及商業社區，即是被喻為廣州地標性建物「惠和苑」。

位處市中心流花湖公園旁的「惠和苑」，開邊源未見工廠林立，由於城市建設長時間停止了，令當地最明陋簡陋，加上民居緊湊擁擠，樓房殘舊不堪，大量拖累當時原住民的拆遷問題。對此，呂志和形容是「明知山有虎，偏向虎山行」，如中國難道緩慢，確實考驗公司的智慧和耐心。

呂志和憶述，在項目推進的過程中，面對錯綜複雜的難題，例如要連棟居戶商討，即使舊遷居家談好補償條款，仍需要拆遷戶早方面反應，要求加價，過程極為艱辛。

縱然困難重重，呂志和仍堅持信念，毫不動搖。他指出，廣州舊城改造無論對規劃廣州市政府，還是對影響集團配合，都具有積極意義：「項目不僅是一個地產項目，而是讓廣州集團從物業實現『由傳統現代化』的明清，代表着邁向國家的繁榮。」

除了廣州，嘉華集團在1993年進軍上海市房地產市場，也經歷了一段艱鉅的起步期。

當年，嘉華集團在上海靜安區投得寬敞地皮，開發自身擔負長期高品質的住宅與商業樓宇。其中，發展名個項目「翠麗豪景」，當時競爭對手以激烈對手段爭奪自己相當有限的客源，試圖縮初步有的的意思一個「下馬威」。

最終嘉華苑以品牌取勝，雖然該項目所康利潤較低，但對於當地市場起步的嘉華集團來說，呂志和不諱言：「贏得口碑已感到十分欣慰。」

▲呂志和與搅拌站開發深港之間的第一條越城石礦建材運輸帶。

▲嘉和苑是嘉華集團參與廣州舊城改造的第一個大型項目。

13歲賣花生起家 足可買下整條街

窮則思變

呂志和年幼時從江門移居香港，當年生活是無憂無慮，可是日軍進佔香港，境況堪掟，在炮火連連聲中，他通過眼學。當時，年僅13歲的呂志和定定售賣花生等小吃，從此踏上創業之路，讓他深明「窮則變、變則通」的道理。

1941年12月日本偷襲珍珠港，太平洋戰一觸即發，香港步進淪陷入「三年零八個月」的黑暗時期。當時大批運進港的人系冀意遭淘內地，成各千的人紛紛擠滿向日軍強敵通驅國境。呂志和觀察到排隊策國的人人或對小吃有需求，靈敏如小販花生意，先出完售花生、蠶豆等零食，同時候心做意商品食色品店、小吃販的生意變了，邊學邊做，後來更以「舊食材做新食物」的創意思維，打響了名堂。

在日佔期間，食材緊絀，做傳統「茶件」（即茶果）形料式完成中學課程，過程中，呂深體會到知識的可貴。

▲呂志和年輕時曾經開展食品生意。

勉港青北上發展 深入了解祖國

知識可貴

「昔日與外國人接觸，對方常不諱言瞧不起半個文盲！」呂志和續感慨地指出，他認為「中國人都是文盲」！呂志和一直本著「眾讀往事」，用讀社會，希望結自己一分力，惟改國成，呂志和、香港淪陷，但沒有做零分財，爭取機會讀能拾夜校修讀，並以半工讀形式完成中學課程，過程中，呂深體會到知識的可貴。

近年國家推動「長三角一體化」，呂志和表示，隨著日益暢通的基礎建設投資和便利的跨境交通，長三角已逐漸發展成為高品質的區域，配合粵港澳大灣區，成為國家政策策動的雙大發展戰略地。大他認為，大灣區是推動的兩個地區，在年輕人提供創業舞台發機會，同時，香港作為大灣區內高度開放和理想化的城市，在「一國兩制」的制度優勢下，貢獻出更硬件支持，讓香港青年人可以「背靠祖國」，承國透過所接受的文化，既有助祖國自己的視野，亦協助香港爭取更好的發展機遇。

▲呂志和以校董身份出席2008年復旦嘉華日。

呂志和小檔案

1929年	出生於廣東省江門市，原籍新會
1942年	開始創業
1955年	創立嘉華公司，參與戰後區的重建工程
1960年代	涉足香港建築業務
1980年代	成為中國改革開放首批進軍內地建材行業第企之一
1990年代	參與廣州舊城改造項目
2002年	由南京紫金山天文台發現的小行星命名為「呂志和星」，編號5538
2002年	洽過銀河娛樂集團投得澳門賭牌牌照
2007年	獲香港特區政府頒授金紫荊星章（GBS）
2012年	獲香港特別行政區政府頒授最高榮譽大紫荊勳章（GBM）
2015年	創立國際跨界別「呂志和獎──世界文明獎」

第一批到深圳發展港企

一九八四年，呂志和回到內地的投資機會，經過人比率的一個外冷門投資。由於沒建築材料供應短缺，每次所需集團在深圳石礦場的投資，呂志和一直在20年紀八十年代中，加大投資力度，可以到內地發展不能只讀生意。

到內地發展不能只讀生意

父母念港逃難，出身白股之家，曾經歷戰亂，令呂志和深明發展最重要的是穩定與團結。他指出，作為中國人，不能忘記自己對國家的責任，更重要的是國家有了國富民強的祖國，才能有今日穩定的生活。

▲呂志和指出，作為中國人，不能忘記自己對國家的責任，更重要的是國家強大。

「不要問國家為我做什麼，要問我能為國家做些什麼！」由在港經營重型機械貿易、石礦建材到房地產，呂志和一直在香港這片福地耕耘，奠定基礎，到上世紀八十年代，呂志和在機緣巧合下重返江門家鄉，開展業務發展新的一頁。

第一批到深圳發展港企

一九八四年，呂志和遇到內地的投資機會，經他人介紹，與廣東省軍區合作，在珠海外伶仃島投資建設石礦場。經過三年努力，該石礦場終於投產，每月產能約 25 萬噸，雖然規模不大，但這是嘉華集團在內地的首個投資項目。

除了珠海，呂志和還在當時仍然是農村的深圳，通過收購取得石礦開採和經營權，是第一批到深圳發展的港企，外商申請編號是「○○○一」。

時值一九八五年，香港市場碎石供不應求，嘉華集團的深圳石礦場亦面臨運輸難題，每次產品清關要花上一、兩個小時。呂志和煞費思量，構思建造一條運輸帶，直接把石料由深圳運到香港，扭轉石礦場的經營困局。

在國家改革開放下，呂志和抓緊經濟起飛帶來的發展機遇，積極參與祖國的投資建設，與七大鋼企組成戰略夥伴，以嶄新技術提煉環保產品礦渣微粉，參與廣州舊城改造項目等，見證過去數十年國家經濟及科技的高速發展。

到內地發展不能只講生意

「對嘉華集團來說，到內地發展不能只是用生意兩字來衡量。」呂志和表示，雖然在內地投資不時遇到挑戰，經歷過很多事情，但內心仍然希望國家富強，直言「到內地發展，並沒有抱着一定要獲利的心態，能賺錢當然好，不能賺，只要對國家好，我也開心」。

北宋文學家蘇軾的詩詞《定風波》中：「回首向來蕭瑟處，也無風雨也無晴」兩句，正好反映呂志和的心聲。呂志和認為，無論順境或逆境，始終要先想到自己是中國人的身份，作為中國人，不能忘記對國家應有的責任，更要對國家多一些樂觀和付出。

生於廣東江門市的呂志和，年僅五歲時隨父母來港避難，出身自殷實之家，曾經歷戰亂，見證國人如何被欺凌，百姓為苟活性命，見到日軍只能鞠躬

呂志和表示,「身為中國人感到十分自豪」。

敬禮,否則命喪黃泉。

「經過近一百年的慘痛經歷,反觀近十年來國家發展的驚人速度,實在是值得讚嘆。」呂志和表示。眼看高鐵發展,已深深感受到中國可以做得好,在科研方面亦追得很猛,有領先全球的 5G 技術,在新冠病毒疫情肆虐下,中國的疫情防控科技達至極高水平,從基礎研究到疫苗研發,為全球抗疫提供堅實的科技支撐。

13 歲賣花生起家 足可買下整條街

呂志和年幼時從江門移居香港,童年生活原是無憂無慮,可是日軍進侵香港,燒殺搶掠,百姓不能溫飽,他被迫輟學。當時,年僅 13 歲的呂志和決定售賣花生等小吃,從此踏上創業之路,讓他深明「窮則變、變則通」的道理。

　　1941 年 12 月日本偷襲珍珠港，太平洋戰爭一觸即發，香港亦淪陷進入「三年零八個月」的黑暗時期。當時大批逃難來港的人希望重返內地，成百上千的人紛紛排隊向日軍領取通關證件。呂志和觀察到排隊領證的人或對小吃有需求，遂做起小貨郎生意，先由兜售花生、蠶豆等開始，同時細心留意其他食品店、小吃檔的生意竅門，邊學邊做，後來更以「舊食材做新食物」的創意思維，打響了名堂。

　　在日佔期間，食材緊絀，做傳統「馬仔」（薩其馬）卻難找到麵粉，雞蛋和食油也甚為昂貴。當時呂志和在街上見到沙河粉皮乾，靈機一觸，想到把沙河粉曬乾，把大鍋燒紅後裝滿沙，像炒栗子般翻炒沙河粉，令其儼如被油炸一樣爆開，再把沙取走，加入糖漿，就形成「沙河粉馬仔」。

　　後來，呂志和又想到，以木薯粉代替麵粉，做出粉皮，以隔夜菜尾和油渣代替豬肉，做出菜肉包，賣給九龍倉苦力充飢。

　　「窮則變、變則通」一直是呂志和的座右銘，讓他在食品生意上賺到 200 萬日圓軍票，相等於當時約 50 萬港元，足夠買下當年整整一條街的房子。

舊城改造　迎難而上贏得口碑

　　投資內地項目，令呂志和印象最深刻的，是參與廣州市舊城改造計劃。上世紀 90 年代初，廣州舊城區的基礎設施、城區規劃嚴重滯後，居民生活環境惡劣。當時，呂志和把握機會，成為參與廣州舊城改造的外資企業。

　　嘉華集團在廣州舊城改造的第一個大型項目，是把越秀區核心地段的舊樓群改建，成為現代化的大型住宅及商業社區，即是被喻為廣州地標性物業「嘉和苑」。

　　位處市中心流花湖公園旁的「嘉和苑」，周邊原先舊工廠林立，由於城市建設長時間停止了，令當地基建明顯落後，加上民居錯落雜陳，樓房殘舊不堪，最大挑戰是區內數以千計原住民的拆遷問題。對此，呂志和形容是「明知山有虎，偏向虎山行」，箇中困難遠超想像，確實考驗公司的智慧和耐心。

　　呂志和憶述，在項目推進的過程中，面對錯綜複雜的難題，例如要逐家逐

嘉和苑是嘉華集團參與廣州舊城改造的第一個大型項目。

戶商討，即使費盡周章談好補償條款，仍經常有拆遷戶單方面反悔，要求加價，過程甚為艱辛。

縱然困難重重，呂志和仍堅持信念，毫不動搖。他指出，廣州舊城改造無論是對廣州市政府，還是對嘉華集團而言，都具有標桿意義，「項目不僅是一個地產項目，還代表了嘉華集團對國家實現『四個現代化』的期許，代表着對國家的熱愛。」

除了廣州，嘉華集團在 1993 年進軍上海市房地產市場，也經歷了一段艱難的起步期。

當年，嘉華集團在上海靜安區投得數塊地皮，開發自身擅長的高端住宅與商業樓宇。其中，發展首個項目「嘉麗苑」，當時競爭對手以激烈手段爭奪原已相當有限的客源，試圖給初來甫到的嘉華一個「下馬威」。

最終嘉麗苑以品質取勝，雖然該項目所賺利潤較低，但對於剛在當地市場起步的嘉華集團來說，呂志和不諱言：「贏得口碑已感到十分鼓舞」。

2016 年 5 月，呂志和以主禮嘉賓身份主持「呂志和卓越青年學者獎勵計劃」啟動儀式。

勉港青北上發展　深入了解祖國

　　「昔日與外國人接觸，對方毫不諱言瞧不起中國人，認為『中國人都是文盲』！」呂志和憤憤然說。正因如此，呂志和一直本着「取諸社會，用諸社會」的信念，希望盡自己一分力，提高國人的教育水平。香港淪陷，呂志和在中一被迫輟學，但沒有放棄學習，爭取機會繼續在夜校修讀，並以半工讀形式完成中學課程，過程中，深深體會到知識的可貴。

　　知識改變命運。呂志和深切了解到發展教育事業是社會進步、國家富強的根本之道。在內地，呂志和先後捐資興建及修繕 122 所中小學校，近年更推動內地高等教育，包括在 2017 年向北京大學生命科學學院捐資 1.2 億元（人民幣，下同）、2018 年捐資 2 億元予清華大學，為生物醫學館興建兩棟全新大樓。

呂志和以校董身份出席 2008 年復旦嘉華日。

他希望透過教育傳授知識和正確價值觀。

　　近年國家推動「長三角一體化」，呂志和表示，隨着日益蓬勃的基礎建設投資和便利的鐵路交通，長三角已逐漸發展成為高品質的區域，配合粵港澳大灣區，成為國家改革開放的重大發展戰略地區，發展潛力龐大。他認為，大灣區是理想的開發地區，為年輕人提供創業新機會；同時，香港作為大灣區內高度開放和國際化的城市，在「一國兩制」的雙重優勢下，實現以香港所長，服務國家所需。「時下香港年輕人未必了解中國過去所經歷的苦難，未來需要增加歷史教育，讓他們進一步認識中國歷史。」呂志和非常鼓勵年輕人北上工作，因為可親身感受和學習祖國的文化，既有助拓闊自己的視野，亦協助香港爭取更好的發展機遇。

（原載大公報 2021 年 6 月 30 日 A11 版，記者李清心）

鄭家純：

鄭氏家族與祖國同呼吸共命運

「中國共產黨建立新中國，帶領人民從一窮二白發展到今天十四億人口全面踏入小康、經濟總量全球第二，實現了從站起來、富起來到強起來的偉大飛躍，走出了一條符合國情、獨具特色的發展道路。」原全國政協常委、新世界發展主席鄭家純接受香港文匯報記者訪問時自豪地表示：「中國這一百年的歷程，的確值得稱頌。我們用幾十年的時間，走完了發達國家百餘年走過的工業化進程，讓很多不可能成為了可能。正如國家主席習近平所講『中國已經可以平視這個世界了』，這讓每個中國人都感到無比的自豪。」

鄭氏家族三代同堂合照。鄭裕彤、鄭家純及鄭志剛。 新世界提供圖片

鄭家純積極投資內地，圖為捐建的清華大學醫學樓奠基儀式。 資料圖片

鄭家純上世紀九十年代與時任國務院港澳辦公室主任魯平交談。 新世界提供圖片

鄭家純：「鄭氏家族與祖國同呼吸共命運」

自豪中國數十年走完別人一百年工業化之路

慶祝中國共產黨成立100周年 特別報道

「中國共產黨建立新中國，帶領人民從一窮二白發展到今天14億人口全面踏入小康、經濟總量全球第二，實現了從站起來、富起來到強起來的偉大飛躍，走出了一條符合國情、獨具特色的發展道路。」原全國政協常委、新世界發展主席鄭家純近日接受香港文匯報記者訪問時自豪地表示：「中國這一百年的歷程，的確值得稱頌。我們用幾十年的時間，走完了發達國家百餘年走過的工業化進程，讓很多不可能成為了可能。正如國家主席習近平所講『中國已經可以平視這個世界了』，這讓每個中國人都感到無比的自豪。」

●香港文匯報記者 梁悅琴

1946年在內地出生的鄭家純，在內地度過了7年童年時光，長大後亦經常隨父親即新世界發展創辦人鄭裕彤回內地。鄭家純回想起當年到內地投資時稱：「當我在改革開放召喚下回到內地投資時，我內心多了一份使命感。其中，印象最深刻的一次，算是八十年代初我帶領新世界集團參與內地首個投資項目——廣州中國大酒店。」

樂見內地法規緊隨經濟進步

他坦承，當時看到內地在各方面的落後，但也看到內地發展經濟的強烈願望，感到內地的發展非常有潛力。「擔心的事情主要在於政策和法規方面，因為內地很多政策和法規不完善，風險很大。但我很高興看到內地在經濟進步的同時，法規進步也很迅速，為我們日後的投資注入了強心針。事實證明，我們管理的廣州中國大酒店引領廣州市乃至整個華南地區酒店業飛速發展，實現中國酒店管理現代化。」

身兼新世界發展及周大福集團主席的鄭家純表示，新世界發展已經走過五十個年頭，周大福集團也有近百年歷史。集團從上世紀八十年代初期開始進入內地投資，至今已超過四十年。這四十年間，集團的發展與國家緊密地聯繫在一起，也親身見證了改革開放以來，國家在經濟發展、城市建設、科技進步、社會事業、民計民生等各個方面取得的日新月異，翻天覆地的變化。

集團積極把握內地規劃機遇

他及鄭氏家族第三代領航人鄭志剛非常看好國家的經濟發展，強調「內地持續優化提升的營商環境讓我們非常安心。正是因為對內地發展充滿信心，我們才會更廣泛投資粵港澳大灣區和內地一二線城市，以實際行動更好地融入國家發展大局。」鄭氏家族及企業將會把握「十四五」規劃帶來的機遇，用好自身優勢，擴大在內地各個範疇的投資，把握商機，並積極協助國家與香港經濟的發展。

國家主席習近平執政以來，貫穿治國理政最鮮明的一個標誌，就是中國人的創新品質和創造能力。鄭家純認為，領導一個14億人口的大國建設社會主義、實行改革開放，中國共產黨沒有可效仿的範本和照搬的經驗，做的都是別的國家和政黨從未遇到過的事情。在如此情況下，只有堅持創新才能收穫成功的果實。「也正是如此，我們國家因執政黨勇於創新的思想和實踐，靠不斷完善的創新理念、符合自身發展狀況的政策，埋頭苦幹，才一步步地趕上時代潮流，不斷取得歷史性的成就和變革。」

抗疫表現成功示範團結力量

過去一年多持續不散的新冠肺炎疫情，對全球各國不同的管治模式就是一次強大的壓力測試。鄭家純指出，以歐美國家國力之強，面對新冠肺炎都顯得束手無策，唯獨中國政府在面對疫情嚴峻考驗之初，就能夠在極短的時間內提出完善有效的應對方案，再加以強大的執行能力，以及舉國上下的配合支持，最終成功抑制疫情擴散，化解危機。「中國抗疫的成功，一個重要原因就在於我們的基層社會組織起來了，所以能夠打一場抗疫的人民戰爭，示範了全國為民、全民衛國上下一心的團結力量和共克時艱的忘我精神，向世界展示了中國方案、中國力量。」

展望未來，鄭家純表示，在當今全球風雲驟變之際，中央仍將創新放在全國發展格局的核心地位，帶領國家進入一個全新發展階段，從過去的高速增長，轉向高品質發展；從以往出口導向，逐步轉為國內國際雙循環的全新發展格局。相信不論前路如何曲折和險阻，在中國共產黨的帶領下，中國人民都能憑藉着道路自信、文化自信，一步一個腳印地實現偉大的中國夢。

閱兵觀禮 自豪感至今難忘

香港回歸祖國以來，中央政府一直採取多種措施，從各個維度支持香港的發展，支持香港融入國家發展大局。鄭家純指出，令他印象最深刻的是去年制定香港國安法以及這次選舉改革，中央果斷出手，清晰劃定底線，為「一國兩制」立下規矩。他相信，香港從此走入新時代，「一國兩制」必能走得更好、走得更遠，香港亦能在這個基礎上保持長期的繁榮穩定。

鄭家純自1993年起擔任全國政協委員，並分別於2008年及2013年當選為第十一及十二屆全國政協常委，直至2018年卸任。他認為中國共產黨領導下多黨合作和政治協商制度，是傳承中國歷史文化發展規律、符合國情和發展狀況的政黨制度，有其歷史的必然性和巨大的優越性。「共產黨領導、多黨派合作，以及共產黨執政、多黨派參政，既親密合作又相互監督，體現了中華民族和而不同、兼容並蓄的優秀文化傳統，有利於最大限度地統一思想，凝聚力量，集中智慧，提高效率辦大事，有利於保持長期政治穩定和社會和諧，這也是西方政黨制度所不具備的優勢。」

感受到群衆生活滿意度提升

在參政議政、建言獻策的過程中，鄭家純親歷了內地的建設和發展，目睹了地方經濟的快速增長和城市面貌的巨大變化，「感受到基層群衆對幸福生活的滿意度不斷提升，感受到整個國家強勁的發展脈搏。在複雜多變的形勢下，我們國家能夠保持這樣一個安全穩定和諧的發展環境，能夠出現高瞻遠矚的領導人，這是國人之福。」

「每次去內地參加重要活動和有關會議，都會感受到國家的巨大變化，留下難忘的印象。」鄭家純回憶，最難忘的是2009年國慶期間，應邀到北京參加新中國成立60周年閱兵觀禮活動，「那種威武雄壯的場面歷歷在目，那種興奮、震撼以及因國家和民族強盛油然而生的自豪感至今難忘。所以2019年的70周年閱兵禮，我就鼓勵身邊有機會去的人，一定要去觀禮。」

在任全國政協委員期間，鄭家純每年都會提交提案、提出建議，涉及經濟建設、科技發展、青年教育培養和民生改善等內容，當中不少建議內容均被地方政府及相關部門採納吸收。

在中共建黨百年的重要時刻，鄭家純興奮地說：「我們國家脫貧攻堅取得了全面勝利，中國成為全球最大的消費市場，中國人也成為世界上購買力最強的群體之一，這是一個偉大的成就，是中國對全世界作出的積極貢獻，也再次證明了中國共產黨強大的創造力和領導力。」

深耕內地多年 累計投資數千億

鄭氏家族的企業多年來植根香港，背靠祖國，是最早進入內地的港資企業之一。單是新世界發展旗下的新世界中國，至今在內地的累計投資數以千億元，業務範圍橫跨地產、零售、酒店、舊城改造等領域。

改革開放之初，國家極需外來投資推動發展，鄭氏家族立即以實際行動回應，第一個投資項目是在廣州投資中國大酒店，為內地培訓第一批酒店管理人才，協助國家實現酒店管理現代化。到了1980年代中，鄭氏家族開始在內地進行較大規模的投資，包括基礎設施建設和能源等項目。

九十年代參與內地基建

九十年代初，西方對中國實施嚴厲經濟制裁，外國投資者陸續撤離。鄭氏家族不但沒有撤資，反而加大對內地基礎建設工程的投資，這一時期的投資項目包括武漢長江二橋、武漢天河國際機場、深圳惠州高速公路、廣州市北環高速公路、珠江電廠等基建項目，也包括舊城改建、接手外資撤離後遺下的房地產項目，以及百貨、酒店等。

1992年，新世界發展主動提出改造北京崇文區，清拆危舊房舍及改善基礎設施，並建設現代化商住區，包括興建北京新世界中心、新世界百貨、酒店及商住大廈等，十四年間共投入人民幣105億元，改善了17,000戶居民的生活。同期，新世界在武漢引入香港的「居者有其屋」模式，持續10年投入建設常青花園，為數萬中低收入家庭提供安居房。

近二十年，鄭氏家族對祖國的信心始終堅定不移，無論外部環境如何變化，始終與祖國同行。「我們更積極在內地尋找更多投資機會，在內地的投資呈現加速上升的趨勢。我們亦以長線投資為策略，將香港的經驗和模式引入，通過一系列地標性建築，為各城市打造獨有的文化名片。」

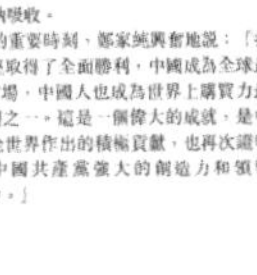

●第三代掌舵人鄭志剛積極佈局大灣區發展。 新世界提供圖片

第三代鄭志剛 積極助力大灣區

中共十八大以後，中央逐步明確「一帶一路」和「粵港澳大灣區」發展戰略。第三代領航人鄭志剛帶領集團緊跟國家發展步伐，願意以香港企業的身份為國為民效力，積極參與大灣區發展。現時，新世界集團在大灣區的土地儲備佔該集團中國內地核心土地儲備的一半以上。大灣區發展的關鍵是「凝聚人才和孵化創意」，以富有包容性的文化吸引國內外人才。

地產總部落戶廣州

醫療方面，國家正積極推動基層醫療的發展，推出分級診療制度和加速培訓更多全科醫生，以解決看病難問題。周大福集團旗下的聯合醫務集團，正與廣東省地方政府合作，在社區衛生服務中心設立家庭醫生工作室，提供港式家庭醫生服務，配合國家積極推動基層醫療發展。

為了抓緊「十四五」規劃機遇，2021年廣州市人民政府與新世界集團簽訂《戰略合作協議》，宣布新世界中國地產總部落戶廣州。雙方將在城市建設、國際教育、金融服務、國際醫養以及文化藝術等多領域開展全方位、深層次合作，推動穗港兩地融合取得新成效。近年來，集團在廣州投資累計已超過2,000億元，未來集團將持續加大對粵港澳大灣區的投入，聚焦廣州、深圳等重要城市。

鄭家純表示，目前人才流入大灣區的意向非常強烈。新世界集團與周大福教育集團強強聯合，未來數年將投資逾30億元在香港及大中華發展多個教育項目，推動大灣區與世界各地教育人才交流，吸引國際精英人才匯聚。

人才匯聚 教育發展俏

早前公布的國家「十四五」規劃，提出全面建設社會主義現代化國家。可以預期，內地經濟持續較快發展，中產消費群不斷擴大，產業不斷變革升級。這也意味着香港有機會參與的新產業和新業態很多。鄭家純重申，鄭氏家族及企業將會把握「十四五」規劃帶來的機遇，用好自身優勢，擴大在內地各個範疇的投資，把握商機，並積極協助國家與香港經濟的發展。

1946 年在內地出生的鄭家純，在內地度過了 7 年童年時光，長大後亦經常隨父親即新世界發展創辦人鄭裕彤回內地。鄭家純回想起當年到內地投資時稱：「當我在改革開放召喚下回到內地投資時，我內心多了一份使命感。其中，印象最深刻的一次，算是八十年代初我帶領新世界集團參與內地首個投資項目——廣州中國大酒店。」

樂見內地法規緊隨經濟進步

他坦承，當時看到內地在各方面的落後，但也看到內地發展經濟的強烈願望，感到內地的發展非常有潛力。「擔心的事情主要在於政策和法規方面，因為內地很多政策和法規不完善，風險很大。但我很高興看到內地在經濟進步的同時，法規進步也很迅速，為我們日後的投資注入了強心針。事實證明，我們管理的廣州中國大酒店引領廣州市乃至整個華南地區酒店業飛速發展，實現中國酒店管理現代化。」

身兼新世界發展及周大福集團主席的鄭家純表示，新世界發展已經走過五十個年頭，周大福集團也有近百年歷史。集團從上世紀八十年代初期開始進入內地投資，至今已超過四十年。這四十年間，集團的發展與國家緊密地聯繫在一起，也親身見證了改革開放以來，國家在經濟發展、城市建設、科技進步、社會事業、民計民生等各個方面取得的日新月異、翻天覆地的變化。

集團積極把握內地規劃機遇

他及鄭氏家族第三代領航人鄭志剛非常看好國家的經濟發展，強調「內地持續優化提升的營商環境讓我們非常安心。正是因為對內地發展充滿信心，我們才會更廣泛投資粵港澳大灣區和內地一二線城市，以實際行動更好地融入國家發展大局。」鄭氏家族及企業將會把握「十四五」規劃帶來的機遇，用好自身優勢，擴大在內地各個範疇的投資，把握商機，並積極協助國家與香港經濟的發展。

國家主席習近平執政以來，貫穿治國理政最鮮明的一個標誌，就是中國人的創新品質和創造能力。鄭家純認為，領導一個 14 億人口的大國建設社會主義、實行改革開放，中國共產黨沒有可效仿的範本和照搬的經驗，做的都是別

鄭家純

的國家和政黨從未遇到過的事情。在如此情況下，只有堅持創新才能收穫成功的果實。「也正是如此，我們國家因執政黨勇於創新的思想和實踐，靠不斷完善的創新理念、符合自身發展狀況的政策，埋頭苦幹，才一步步地趕上時代潮流，不斷取得歷史性的成就和變革。」

抗疫表現成功示範團結力量

　　過去一年多持續不散的新冠肺炎疫情，對全球各國不同的管治模式就是一次強大的壓力測試。鄭家純指出，以歐美國家國力之強，面對新冠肺炎都顯得束手無策，唯獨中國政府在面對疫情嚴峻考驗之初，就能夠在極短的時間內提

圖為鄭氏家族三代同堂合照。鄭裕彤、鄭家純及鄭志剛。

鄭家純積極投資內地，圖為捐建的清華大學醫學樓奠基儀式。

出完善有效的應對方案，再加以強大的執行能力，以及舉國上下的配合支持，最終成功抑制疫情擴散，化解危機。「中國抗疫的成功，一個重要原因就在於我們的基層社會組織起來了，所以能夠打一場抗疫的人民戰爭，示範了全國為民、全民衛國，上下一心的團結力量和共克時艱的忘我精神，向世界展示了中國方案、中國力量。」

展望未來，鄭家純表示，在當今全球風雲驟變之際，中央仍將創新放在全國發展格局的核心地位，帶領國家進入一個全新發展階段，從過去的高速增長，轉向高品質發展；從以往出口導向，逐步轉為國內國際雙循環的全新發展格局。相信不論前路如何曲折和險阻，在中國共產黨的帶領下，中國人民都能憑藉着道路自信、文化自信，一步一個腳印地實現偉大的中國夢。

閱兵觀禮　自豪感至今難忘

香港回歸祖國以來，中央政府一直採取多種措施，從各個維度支持香港的發展，支持香港融入國家發展大局。鄭家純指出，令他印象最深刻的是去年制定香港國安法以及這次選舉改革，中央果斷出手，清晰劃定底線，為「一國兩

制」立下規矩。他相信，香港從此走入新時代，「一國兩制」必能走得更好，走得更遠，香港亦能在這個基礎上保持長期的繁榮穩定。

鄭家純自 1993 年起擔任全國政協委員，並分別於 2008 年及 2013 年當選為第十一及十二屆全國政協常委，直至 2018 年卸任。他認為中國共產黨領導下多黨合作和政治協商制度，是傳承中國歷史文化發展規律、符合國情和發展狀況的政黨制度，有其歷史的必然性和巨大的優越性。「共產黨領導、多黨派合作，以及共產黨執政、多黨派參政，既親密合作又相互監督，體現了中華民族和而不同、兼容並蓄的優秀文化傳統，有利於最大限度地統一思想、凝聚力量、集中智慧、提高效率辦大事，有利於保持長期政治穩定和社會和諧，這也是西方政黨制度所不具備的優勢。」

感受到群眾生活滿意度提升

在參政議政、建言獻策的過程中，鄭家純親歷了內地的建設和發展，目睹了地方經濟的快速增長和城市面貌的巨大變化，「感受到基層群眾對幸福生活的滿意度不斷提升，感受到整個國家強勁的發展脈搏。在複雜多變的形勢下，我們國家能夠保持這樣一個安全穩定和諧的發展環境，能夠出現高瞻遠矚的領導人，這是國人之福。」

「每次去內地參加重要活動和有關會議，都會感受到國家的巨大變化，留下難忘的印象。」鄭家純回憶，最難忘的是 2009 年國慶期間，應邀到北京參加新中國成立 60 周年閱兵觀禮活動，「那種威武雄壯的場面歷歷在目，那種興奮、震撼以及因國家和民族強盛油然而生的自豪感至今難忘。所以 2019 年的 70 周年閱兵禮，我就鼓勵身邊有機會去的人，一定要去觀禮。」

在任全國政協委員期間，鄭家純每年都會提交提案、提出建議，涉及經濟建設、科技發展、青年教育培養和民生改善等內容，當中不少建議內容均被地方政府及相關部門採納吸收。

在中共建黨百年的重要時刻，鄭家純興奮地說：「我們國家脫貧攻堅取得了全面勝利，中國成為全球最大的消費市場，中國人也成為世界上購買力最強的群體之一。這是一個偉大的成就，是中國對全世界作出的積極貢獻，也再次證明了中國共產黨強大的創造力和領導力。」

深耕內地多年　累計投資數千億

　　鄭氏家族的企業多年來植根香港，背靠祖國，是最早進入內地的港資企業之一。單是新世界發展旗下的新世界中國，至今在內地的累計投資數以千億元，業務範圍橫跨地產、零售、酒店、舊城改造等領域。

　　改革開放之初，國家亟需外來投資推動發展，鄭氏家族立即以實際行動回應，第一個投資項目是在廣州投資中國大酒店，為內地培訓第一批酒店管理人才，協助國家實現酒店管理現代化。到了 1980 年代中，鄭氏家族開始在內地進行較大規模的投資，包括基礎設施建設和能源等項目。

九十年代參與內地基建

　　九十年代初，西方對中國實施嚴厲經濟制裁，外國投資者陸續撤離。鄭氏家族不但沒有撤資，反而加大對內地基礎建設工程的投資，這一時期的投資項目包括武漢長江二橋、武漢天河國際機場、深圳惠州高速公路、廣州市北環高速公路、珠江電廠等基建項目，也包括舊城改建、接手外資撤離後遺下的房地產項目，以及百貨、酒店等。

　　1992 年，新世界發展主動提出改造北京崇文區，清拆危舊房舍及改善基礎設施，並建設現代化商住區，包括興建北京新世界中心、新世界百貨、酒店及商住大廈等，十四年間共投入人民幣 105 億元，改善了 17,000 戶居民的生活。同期，新世界在武漢引入香港的「居者有其屋」模式，持續 10 年投入建設常青花園，為數萬中低收入家庭提供安居房。

　　近二十年，鄭氏家族對祖國的信心始終堅定不移，無論外部環境如何變化，始終與祖國同行。「我們更積極在內地尋找更多投資機會，在內地的投資呈現加速上升的趨勢。我們亦以長線投資為策略，將香港的經驗和模式引入，通過一系列地標性建築，為各城市打造獨有的文化名片。」

第三代鄭志剛　積極助力大灣區

中共十八大以後，中央逐步明確「一帶一路」和粵港澳大灣區發展戰略。第三代領航人鄭志剛帶領集團緊跟國家發展步伐，願意以香港企業的身份為國為民效力，積極參與大灣區發展。現時，新世界集團在大灣區的土地儲備佔該集團中國內地核心土地儲備的一半以上。大灣區發展的關鍵是「凝聚人才和孵化創意」，以富有包容性的文化吸引國內外人才。

地產總部落戶廣州

醫療方面，國家正積極推動基層醫療的發展，推出分級診療制度和加速培訓更多全科醫生，以解決看病難問題。周大福集團旗下的聯合醫務集團，正與廣東省地方政府合作，在社區衛生服務中心設立家庭醫生工作室，提供港式家庭醫生服務，配合國家積極推動基層醫療發展。

為了抓緊「十四五」規劃機遇，2021 年廣州市人民政府與新世界集團簽訂《戰略合作協議》，宣布新世界中國地產總部落戶廣州。雙方將在城市建設、國際教育、金融服務、國際醫養以及文化藝術等多領域開展全方位、深層次合作，推動穗港兩地融合取得新成效。近年來，集團在廣州投資累計已超過 2,000 億元，未來集團將持續加大對粵港澳大灣區的投入，聚焦廣州、深圳等重要城市。

鄭家純表示，目前人才流入大灣區的意向非常強烈。新世界集團與周大福教育集團強強聯合，未來數年將投資逾 30 億元在香港及大中華發展多個教育項目，推動大灣區與世界各地教育人才交流，吸引國際精英人才匯聚。

人才匯聚　教育發展俏

早前公布的國家「十四五」規劃，提出全面建設社會主義現代化國家。可以預期，內地經濟持續較快發展、中產消費群不斷擴大、產業不斷變革升級。這也意味着香港有機會參與的新產業和新業態很多。鄭家純重申，鄭氏家族及企業將會把握「十四五」規劃帶來的機遇，用好自身優勢，擴大在內地各個範疇的投資，把握商機，並積極協助國家與香港經濟的發展。

（原載香港文匯報 2021 年 7 月 14 日 A11 版，記者梁悅琴）

郭炳聯：

傳承家國情懷
融入國家發展大局

在中國共產黨領導下，一百年來全國發生了翻天覆地的變化，從當年一窮二白發展成今天的世界第二大經濟體。全國政協委員、新鴻基地產主席兼董事總經理郭炳聯接受香港文匯報記者訪問時表示，家中長輩們曾經回憶往事，談及一九四九年新中國成立時，他們都「真實感受到命運自主的喜悅」。一九七八年中國共產黨舉行十一屆三中全會，自此拉開了改革開放的序幕，郭炳聯對國家有了更深認識和感受。他寄語今日的香港年輕人充分認識「一國兩制」的優越性，「只要全面了解國家，日後肯定可在國家發展大局當中，譜出自己年代的愛國故事，把家國情懷，一脈相傳下去。」

●歷年來新地為香港打造多個地標性項目，包括環球貿易廣場（ICC）和國際金融中心（IFC）組成的「香港門廊」。 新地供圖

郭炳聯

●圖為郭炳聯為「5G LAB」揭幕儀式剪綵，「5G LAB」位於極具標誌性的環球貿易展覽場（ICC）內。 新地供圖

慶祝中國共產黨成立100周年 特輯報道

在中國共產黨領導下，一百年來全國發生了翻天覆地的變化，從當年一窮二白發展成為今天的世界第二大經濟體。全國政協委員、新鴻基地產主席兼董事總經理郭炳聯近日接受香港文匯報記者訪問時表示，家中長輩曾細訴慷慨事，談及1949年新中國成立之時，他們郭「真實感受到命運自主的喜悅」。1978年中國共產黨舉行十一屆三中全會，自此拉開了改革開放的序幕，郭炳聯對國家有了更深認識和感受。他寄語今日的香港年輕人要充分認識「一國兩制」的優越性，「只要全面了解國家，日後肯定可在國家發展大局盡中，認出自己年代的愛國故事，把家國情懷，一脈相傳下去。」

●香港文匯報記者 蔡競文

續寫愛國故事
郭炳聯勉港青
傳承家國情懷 融入國家發展大局

「我」父輩在民國時期出生，經歷顛沛流離歲月的戰禍，及後來到香港這片熱土，重新發展，一直不忘鄉情、國情。」郭炳聯近日接受香港文匯報記者訪問，中國共產黨對華人民取得解放的勝利，隨着1949年新中國的成立，結束了飽受欺凌的中國歷史，讓中華民族重新站起來了，「長輩們都細訴慷慨事，他們有幸見證令到命運自主的喜悅」他強調，先父郭得勝是個愛國愛港的人，「諄諄信念念我不要忘記自己是一個中國人，或是我們的宗旨。」

郭炳聯本身生於上世紀五十年代，伴隨着新中國一路成長。他對國家有更深認識與感受，「始於1978年的改革開放，這主要也是受父輩取得的影響。郭老先生對國家的前途充滿信心，是最早投資內地的港商之一。」

應充分理解「一國兩制」

在郭炳聯看來，香港歷代青年都有發自內心的愛國情神，「上世紀七十年代，為保的流逝途；八十年代，為改革而披肩；千禧年代，為反區的過渡、不同的愛國故事都有相同的愛國精神。」

然而，近年在複雜的政治環境下，香港部分年輕人對國家缺乏認識，「有人稱誤解、誤讀國家，甚至抹黑國家、美國和地區，危害外國對政府構陷的國家。因此，郭炳聯認為，部分香港青年的成見，也消除他們未能充分認識國家，未能分理解「一國兩制」等有關。

「加今香港三門都處由電興的，由治及興的新里程，我們推行目日後的教育工作已定要的。郭炳聯。

鼓勵北上 全面了解國家

他建議，社會各界也要鼓勵鼓勵青年北上參觀，讓他們深切感受國家的變遷。放下有色眼鏡，「我相信香港年輕人，只要全面了解國家，日後定可於國家發展大局裏，認出自己年代的愛國故事，把家國情懷，一脈相傳下去。」

港居民大灣區內置業提案獲重視

郭炳聯擔任全國政協委員以來，十分注重發揮整合積極作用，為國家和香港的發展把脈，出有力量。他尤其認為隨著大灣區發展規劃，以及中央政府為疫情而地間合提出的各項措施。「我深信，只有融入國家發展大局，才能擁有更好的前景。」

「國家在肯定了2017年在香港特別成立20周年時作重要講話，提到了關鍵感知何感。」勉勵的關聯緊密連、齊心發展。郭炳聯表示，如今要積極入灣區建設以及為國家建設大灣區，自己亦一直在里老如何更好地擔起自身作甚至服務國家宗旨。

作為積極投身大灣區建設的港資企業代表，郭炳聯近年一直看望能加速進是大灣區所能能建，在今一個《關於進一步推進港在大灣區內置業的提案》，建議能夠放寬對香港居民於大灣區購房的金融及外匯限制，有助提到國家早協同、共享。各層及委員，並在建設能帶中為到能夠共享，令他深切感受到國家對政協委員建言建議的重視。

兩會疫境順利開 顯國家制度優勢

回顧疫境協作進政期間，最令他難忘的旅程是2020年那隊珠珠的「晴日」，儘管面臨出冠疫情帶發現狀，會議的進展有到5月開展，「當時我在北京，看到有關那隔過正不易的開面，那一份全力的決心，讓我明白回到「集中力量辦大事」的制度優勢，信也正因為外國家步調一致，能夠切實感受到到國家對政協委員建言建議的重要性保證。

熱心公益 回饋家國

新鴻基地產致力於建建各領發建築項目，配合國家發展，同時積極推動和支持關社群創的活動，發揚國家對窮人，亦在社區推動「運動有我」精神，團結凝聚社群，與各界共建美善的社會。

「新地郭氏基金」自2002年起資助了內地大灣家高等學府創辦各類獎助學金，協助家境清貧學生完成本科學業，惟廣受惠學生惠及全國20多個省份。

2014年8月，在香港已有10多年歷經歷的新地義工隊正式引入內地，率先在上海開展服務，發起「心靈頤糊」計劃並長期推行，向社社會幫助愛心人士，共同幫助貧困兒童慶遊。

另外，新地繼續多年在香港ICC及海IFC各開辦「新地公益慈跑賽」，當中「勇闖上海IFC」所擠的款項，全數用於上海兒童醫學中心貧困病人的醫療慈善。

招聘大學生大灣區創新天地

近日，集團響應特區政府的「大灣青年就業計劃」，收到超過250份本地、內地和海外眾多大學的畢業生申請，經過嚴格篩選後，14位本地及內地的雇員畢業生脫穎而出，並從引薦幅起，是計劃中已招聘人數最多的地產發展商，亦是首次開展計劃的雇主之一。這員工在新地香港完成基本為業的培訓後，將會到加地大灣區內不同的項目及業務做到。

響應「十四五」科創戰略 助港拓「數字經濟」

新港基地產亦一直積極配合國家政策，在香港和內地投資不同項目，是推國各在香港和眾多內地一線及具潛力的重點城市，包括上海、北京、廣州等，通過國家在「十四五」規劃中，為香港定下發展為國際創新科技中心的目標。新地一如既往地全力支持，努力促進香港與經濟管理城市發展。

早在改革開放初期 已投資內地

早在改革開放初期，郭氏家族武魏積極投資內地，以此舍自衡對中國改革黨領導的改革開放企業投下信任的一票。1929年，郭得勝響應國家十三全國人大常委委員長暨志及香港第一位華人

議員何鴻燊之倡議，參與投資由其榮恆，司建築負責設計之滿洲花園的酒店，經濟所於1985年8月28日開業，是當時中國內地最大的酒店。

1980年4月，新地參與投資滿洲中國大酒店，佔股18%，酒店於1984年開業，是最高的創投資內地的項目，也是內地最早合資興的之一。其於2004年亦開發廣州新蜂開幅區廣州政府。

力拓5G基建 促兩地初創企合作

郭炳基在「十四五」規劃五國下，新地藉力5G基建得悉務當重要角色，因為5G可以有融合個人工智能、物聯網等先進技術，在不同的應用場景中發揮作用，例如智慧灣濠、智慧建築等，解決各行各業的痛點，如遠程病理模型，提升整個效率，幫助香港成為「智慧城市」。

而與旗下的數碼通積極推動香港的5G市場，今年5月，數碼通率先全港首簽5G人能網覽「5G科技廊」，位於全港最高的室內觀覽台「天壇100」(sky100)。期望繼續推和投資5G的創新服務，發揮國邦的優勢，發展出新興的創新初創企業產業優質的新科企業「引流案」，促進兩地初創資金企業發展，一逆帶動「走出去」，與香港創新企業互助優質的資源吸引，利用5G應用結合不同業務和需求協助構建，如在建築工地、隧道安檢、查道巡洛管理，以及已十分等。

廣州中國大酒店於1984年開業，是新地首個投資內地的項目，也是內地首家與港資合作經營的五星級酒店。　新地供圖

「我父輩在民國時期出生，經歷過貧窮戰亂，及後來到香港定居、創業、發展，一直不忘鄉情、國情。」郭炳聯告訴香港文匯報記者，中國共產黨領導人民取得解放戰爭的勝利，隨着 1949 年新中國的成立，結束了動盪的日子，國家日漸富強起來，「長輩們都跟我說過：建國後，他們真實感受到命運自主的喜悅。」他強調，先父郭得勝是個愛國愛鄉的人，「這份信念也植根到新鴻基地產，成為我們的宗旨。」

郭炳聯出生於上世紀五十年代，伴隨着新中國一路成長。他對國家有更深認識與感受，始於 1978 年的改革開放。這主要也是受父親郭得勝的影響，郭老先生對國家的前途充滿信心，是最早投資內地的港商之一。「我很記得，國家改革開放大門一開，先父郭得勝馬上回鄉建設，興建中山紀念堂、華僑學校，後來更把慈善事業拓展到全國。」

應充分理解「一國兩制」

在郭炳聯看來，香港歷代青年都有發自內心的愛國精神。「上世紀七十年代，為保釣流過血；八十年代，為改革流過汗；千禧年代，為汶川流過淚。不同的愛國故事都有相同的家國情懷。」

然而，近年在攬炒派的操弄下，香港部分新生代青年抗拒祖國，「有人噓國歌、燒國旗、塗國徽，甚至拿出英殖旗、美國旗，乞求外國制裁香港和國家，情景令人痛心。」郭炳聯認為，部分香港青年的成見，也許跟他們未能充分認識國家、未充分理解「一國兩制」等有關。

「如今香港已開啟由亂轉治、由治及興新里程，我相信日後的教育工作必定更到位，青年可更準確理解『一國兩制』、憲制秩序，從概念上正本清源。」郭炳聯說。

鼓勵北上　全面了解國家

他建議，社會各界也要更積極鼓勵青年北上參觀，讓他們親身感受國家的飛躍，放下有色眼鏡。「我相信香港年輕人。只要他們全面了解國家，日後肯定可在國家發展大局當中，譜出自己年代的愛國故事，把家國情懷，一脈相傳下去。」

郭炳聯

港居民大灣區內置業提案獲重視

　　郭炳聯擔任全國政協委員以來，十分注重發揮雙重積極作用，為國家和香港的發展貢獻應有力量。他尤其重視國家的大灣區發展規劃，以及中央政府為促進兩地融合提出的各項措施，「我深信，只有將個人和企業融入國家大局，才能擁有更好的前景。」

　　「國家主席習近平2017年在香港特區成立20周年時作重要講話，提到『蘇州過後無艇搭』，勉勵我們要抓住機遇，齊心發展。」郭炳聯表示，如今粵港澳大灣區建設已成為國家發展戰略，自己亦一直在思考如何更好地發揮自身所長，服務國家所需。

郭炳聯（左二）稱，他深切感受到國家對政協委員意見建議的重視。

　　作為積極投身大灣區建設的港資企業代表，郭炳聯近年一直希望協助港澳居民解決大灣區生活、工作難題。他提到，自己在 2020 年提交了一份《關於進一步促進香港居民赴大灣區內置業》的提案，建議適度放寬對香港居民赴大灣區購房的金融及外匯限制，有幸得到國家外匯局、廣東省發改委積極回應，並在後續政策中得到落實，令他深切感受到國家對政協委員意見建議的重視。

兩會疫境順利開　顯國家制度優勢

　　回顧政協履職的經歷，最令他難忘的始終是 2020 年那場特殊的「兩會」。儘管面臨新冠疫情爆發風險，會議仍能順利於 5 月開展。「當時我在北京，看到有關單位滴水不漏的檢測，一絲不苟的會議安排，讓我明白到『集中力量辦大事』的制度優勢。這也是國家得以成功防控疫情、迅速復工復產的重要保證。」

圖為郭炳聯出席「5G LAB」揭幕儀式並致辭。「5G LAB」位於最具標誌性的觀景台環球貿易廣場（ICC）的「天際 100」內。

響應「十四五」科創戰略
助港拓「數字經濟」

新鴻基地產一直積極配合國家政策，在香港和內地投資不同項目，足跡遍布香港和眾多內地一線及具潛力的重點城市，包括上海、北京、廣州等。適逢國家在「十四五」規劃中，為香港定下發展為國際創新科技中心的目標，新地一如既往地全力支持，努力促進香港開展智慧城市生活。

早在改革開放初期　已投資內地

早在改革開放初期，郭氏家族就積極投資內地，以真金白銀對中國共產黨領導的改革開放事業投下信任的一票。1979 年，郭得勝響應時任全國人大常委會副委員長廖承志及香港第一位華人議員利銘澤之倡議，參與投資由貝聿銘、司徒惠負責設計之廣州花園酒店，該酒店於 1985 年 8 月 28 日開業，是當時中

廣州中國大酒店於 1984 年開業,是新地首個投資內地的　郭炳聯出席全國政協第十三
項目,也是內地首家與港資合作經營的五星級飯店。　　屆第四次會議。

國內地最大的酒店。

　　1980 年 4 月,新地參與投資廣州中國大酒店,佔股 18%,酒店於 1984 年
開業,這是新地首個投資內地的項目,也是內地最早的合資酒店之一,並於
2004 年合約期屆滿把產權歸還廣州市政府。

力拓5G基建　促兩地初創企合作

　　國家在「十四五」規劃中支持香港建設國際創新科技中心,新地認為 5G
基建將會擔當重要角色,因為 5G 可以有效配合人工智能、物聯網等先進技術,
在不同的應用場景中發揮作用,例如智慧交通、智慧建築等,解決各行各業的
痛點,加速數碼轉型,提升營運效率,幫助香港成為「智慧城市」。

　　新地旗下的數碼通積極推動香港的 5G 市場,今年 5 月,數碼通推出全港
首個 5G 互動展覽「5G 科技館」,位於全港最高的室內觀景台「天際 100」
(sky100),期望透過推廣和教育 5G 的創新科技應用,發揮宣傳和展示效應,
將內地和香港優質的創科企業「引進來」,促進兩地初創企業合作發展,一起
併船「走出去」。集團也將會發揮示範作用,利用 5G 應用於不同業務和消費
體驗,如在建築工地、隧道交通、商場酒店管理,以及巴士等。

熱心公益　回饋家國

新鴻基地產致力創建各類型優質項目，配合國家發展，同時積極舉辦和支持回饋社群的活動。既協助國家育才樹人，亦在社區推廣「運動行善」精神，關顧弱勢社群，與各界共建更美善的社會。

「新地郭氏基金」自 2002 年起攜手與內地多家高等學府創辦各項獎助學金，協助優秀的清貧學生完成本科學業，逾萬受惠學生遍及全國 20 多個省份。

2014 年 8 月，在香港已有 10 多年發展歷程的新地義工隊正式引入內地，率先在上海開展服務，發起「心語新願」計劃並長期推行，向全社會募集愛心力量，共同幫助病童實現願望。

另外，新地連續多年在香港 ICC 及上海 IFC 舉辦「新地公益垂直跑」，當中「勇闖上海 IFC」所籌得的款項，全數用於上海兒童醫學中心貧困病童的醫療救助。

招聘大學生大灣區創新天地

近日，集團響應香港特區政府的「大灣區青年就業計劃」，收到超過 250 位本地、內地和海外知名大學的畢業生申請。經過嚴格甄選後，14 位本地及內地大學的應屆畢業生脫穎而出，並於日前履新，是計劃中已招聘人數最多的地產發展商，亦是首批開展計劃的僱主之一。新員工在新地香港完成基本熟習培訓後，將會到新地大灣區內不同的項目及業務報到。

（原載香港文匯報 2021 年 7 月 15 日 A12 版，記者蔡競文）

李運強：

看好國家前景
做生意最佳之選

今年是中共建黨百周年，理文集團創辦人李運強倍感親切，因為其家族與中共的淵源甚深，舅父是東江縱隊連長，不少軍隊首長曾住宿其家，故對內地知之甚深，睇好國家前景。「點解一九七九年咁早我就返東莞設廠，因為我好多親戚係黨員，自己又做過少先隊長，好了解黨的情況，睇好內地人工低的優勢，見到當時內地好窮，希望幫下就業和促進發展，更堅信國家會富強起來。」懷抱一顆愛國之心，李運強率先北上投資，並且不斷加碼，食正國家經濟騰飛大機遇的他，更是登上手袋大王及造紙大王的寶座。

心懷愛國之志率先北上 投資不斷加碼

李運強：看好國家前景 做生意最佳之選

今年是中共建黨百周年，理文集團創辦人李運強倍感親切，因為其家族與中共的淵源甚深，舅父是東江縱隊連長，不少軍隊首長曾住宿其家，故對內地知之甚深，睇好國家前景。「點解1979年咁早我就返東莞設廠，因為我好多親戚係黨員，自己又做過少先隊長，好了解黨的情況，睇好內地人工低的優勢，見到當時內地好窮，希望幫下就業和促進發展，更堅信國家會富強起來。」懷抱一顆愛國之心，李運強率先北上投資，並且不斷加碼，食正國家經濟騰飛大機遇的他，更是登上手袋大王及造紙大王的寶座。

大公報記者 李 信（文） 文 澔（圖）

▶理文早年在內地的廠房。 受訪者供圖

▲理文創辦人李運強（左）是首批投資內地的港商之一。旁為其子李文俊。

李運強小資料

公司職務

- 理文集團創辦人
- 理文造紙創辦人、榮譽主席

公 職

- 廣東省第八、九屆政協常委
- 第四屆世界海南鄉團聯會主席
- 香港海南商會第43及44屆會長
- 香港理工大學總裁協會名譽會長
- 香港新界工商業總會榮譽會長
- 海南省嘉積中學榮譽校長及國興中學名譽校長

榮 譽

- 民政部頒發2005年中華慈善獎
- 海南省政府授予「赤子楷模」的稱號
- 東莞市榮譽市民
- 香港工業總會頒授2020年「傑出工業家獎」

百年前，中國給人的觀感，總離不開國弱家貧、民不聊生的印象，但在無數人努力不懈下，國家逐步由一窮二白發展成全球第二大經濟體，不少港商更為國家作出巨大的貢獻。

特別是改革開放初期，當無數人對內地充滿着質疑之際，李運強憑着過人的膽識和愛國情懷，率先於1979年便在東莞設廠生產錄音帶，為首批投資內地的港商。

見證基建由零開始

談及當年投資東莞的點滴，李運強接受大公報專訪時仍歷歷在目，形容當年內地百廢待興，要基建沒基建，可謂「乜都冇」，單是由香港去東莞的交通，快則要7、8小時，有時甚至會迷路，因為當時沒有正規的路，全部是一片田地，很容易迷路，故在交通上便需時大半日，甚至一整日，而這些舟車勞頓的行程令人十分疲勞。

除交通不便，當年過關亦不及現時快捷。「參加廣交會更要舟車勞頓，要天未光便去排隊等過關，若排不到頭幾位，隨時過不了關。雖然好辛苦，但冇想過打退堂鼓，反而覺得幾刺激。」面對種種困難，李運強憑着堅毅的性格，每每總能迎難而上。

早年內地基建落後，不時缺電，理文也不例外，幸得當地領導的重視，從惠州拉一條專線給理文，令它不再受缺電之困。他說，當年首間工廠投資約十多二十萬元，但大約記得整個東莞存款也不過三十多萬元，故當地官員十分重視，盡心為企業解決問題，「當年香港人返去做廠好威水，一路都冇界人為難過，所以我睇好內地，一直加碼投資。」

李運強又透露，當年到內地投資，還要有排除萬難的決心。不少朋友聽到他要到內地投資時，紛紛勸他懸崖勒馬，甚至會「大潑冷水」。

政策便利 國人勤奮

縱然面對諸多困難，但從未動搖李運強到內地發展的豪情壯志。他解釋，當年內地月薪很低，且勞動力充裕，是做廠的絕佳選擇，加上看好內地龐大的發展潛力，對內地信心十足。「我喺泰國、大馬、緬甸等都多投資，但始終覺得中國最好，政策和官員都好好，人民又勤奮，係做生意最佳的地方。」

事實證明，李運強眼光獨到，特別是因應內地營商環境改善而不斷加碼投資，令其個人事業屢創高峰，更成為手袋大王及造紙大王，且是少數靠製造業而多次打入富豪榜的企業家。

談及對黨和國的情懷，李運強父子堅信，國家未來會愈來愈好，人民生活會更美好。「熱愛中國，配合共產黨。」李運強以簡單兩句話來總結自己的做人宗旨。

◀特首林鄭月娥（右二）向李運強（左二）頒發「傑出工業家獎」，並與李氏三父子合照。 受訪者供圖

◀二〇〇三年理文造紙在港上市，李運強（左）及其子李文俊。 受訪者供圖

◀李運強會長在新春聯歡晚宴上捐贈二百萬元予香港科技大學。 受訪者供圖

積極響應招商引資 堅持做實業不炒樓

與時並進 李運強早在上世紀七十年代末、八十年代初已開始投資內地，當時內地仍百廢待興，故官員會千方百計招商引資，不少地方官員甚至「畀塊地」叫他搞地產。然而，李運強均一一拒絕，「我做商會會長，從來唔靠關係又唔搞地產，無喺本業以外賺錢，因為唔想瓜田李下，所以我個人同仔女都唔做地產。」

不少人在工業賺錢發達後，將資金轉做較易賺錢的地產，李運強卻是個例外，坦言不想靠收租食飯，「好少人做工業賺錢後，冇去做地產，我係其中一個。」

談及有指近年內地各項要求不斷提高，感到生意難做。他認為，大家要與時並進，並以國家禁止廢紙入口為例，對其紙廠有很大影響，但從沒有半點怨言。他說，當初禁外國廢紙入口，有廠家要將事件告上中央，但其本人則很支持政策，「以前入口咁多廢紙，我哋每年都買好多，其實係幫美國去搞清潔，我好支持國策，而家一嘢都無入口，也完全沒有問題。每項政策都有佢道理，沒有廢紙入口對環保係好事，大家要係科技上想方法解決。」

李運強勸告港商，不要一味問內地享優惠，現在時代已變，不是三十年前。「港商輸畀人，本身都有些責任，好多人有錢就炒賣地產，幾十萬炒到幾百萬，咁使咩做呀。」他強調，官員好有學識，認為營商環境最緊要公平，一視同仁才是最好的。

14億人口大市場 誰不願到中國營商

信心十足 近年美國等西方國家處處針對中國，並作出圍堵，令人感到擔憂。在商界打滾多年的李運強則大派安心丸，強調堅信中國領導人有大智慧應對種種挑戰，更笑言經濟之事很難講，真的不知最終誰圍堵誰，並指中國有龐大市場，絕對是「有贏無輸」。

李運強笑言，當年拜登做副總統時曾訪問中國，眼見中國的機場、高鐵如此厲害，令他大開眼界。「美國有軍艦無用㗎，美國自己周身唔掂，真係唔使怕。」

李運強之子、理文造紙主席李文俊亦有相同見解，指現時中國營商環境已很好，是做生意的絕佳之地，可以說中國有資金、有人才，更重要是擁有龐大的市場。他質疑，美國一方面隔三差五便批評中國，但另一面又千方百計想和中國做生意，當然中國有14億人這個大市場，且每個人都願意消費又花得起，經濟等各方面都不斷增長，反問有誰不想和中國做生意。

◀李運強眼光獨到，特別是因應內地營商環境改善而不斷加碼投資。圖為理文造紙內地廠房。 受訪者供圖

提供交流機會 助港青灣區展拳腳

大有可為 《粵港澳大灣區規劃綱要》於2019年2月出台後，區內各內地城市都積極支持香港青年人前往發展，並提供資金、房屋居住等優惠措施，解決了許多北上發展的困難。李運強及其子李文俊均鼓勵香港青年人把握這個歷史性機遇，指在國家大力支持下，大家要勇敢地踏出第一步，到大灣區內地城市就業或實習，並在當地生活下來，料在當地將大有可為。

李文俊相信，年輕人只要肯闖敢拚，願意「走出去」，隨時可以闖出適合發展自我的空間，抓住發揮自我才能的機會，故非常支持香港青年赴內地，特別是大灣區學習、實習、創業和就業。他承認，部分青年人仍不大願到大灣區內地城市發展，但自從行政長官於《2020年施政報告》中宣布推出「大灣區青年就業計劃」，政府會按企業聘用的每名畢業生，發給企業每人每月1萬港元的津貼，且反應不錯，證明只要有足夠條件，不少青年人願意一試。

為支持青年人北上，身兼全國政協委員的李文俊在出任百仁基金主席任內，不時舉辦「菁菁相惜」分享會、「百仁之友」行業探索和領袖訓練營等，為青年提供與青年企業家直接對話的機會，又經常組織香港青年赴內地交流考察，了解國家的飛速發展。

李文俊認為，大灣區為香港青年人提供了實現理想的大舞台，冀青年人放眼大灣區，願意「走出去」，隨時可以闖出適合發展自我的空間，抓住發揮自我才能的機會。李運強亦稱，大灣區內地城市的經營成本較低，在各方面政策支持下，將令香港青年人有更多選擇空間，這是一件好事。

國家科技急速發展 港宜把握機會

機不可失 近年國家各方面均保持良好發展，令人擔心香港的角色會被淡化。

李運強感嘆，香港的精英很多都選擇入法律界、做醫生、會計師等專業人士，相反現時內地要資金有資金，又人才濟濟，且在很多科技應用領域都頗為領先，而香港則搞APP「應用程式」都落後過人。當然，香港仍維持出入境自由、資金進出自由等優勢。

面對內地各方面的突飛猛進，李運強認為，位於落馬洲河套區的港深創新及科技園將是香港的一個難得機會，並形容現時香港與深圳生活已沒有太大分別，可吸引內地及香港青年人到科技園內發展，亦可以匯聚人才，可能是一個突圍的機會。

資料顯示，2017年港府與深圳市政府簽署《關於港深推進落馬洲河套地區共同發展的合作備忘錄》，合作發展河套地區為「港深創新及科技園」，在園內建立重點科研合作基地，及相關高等教育、文化創意和配套設施。

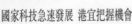

百年前，中國給人的觀感，總離不開國弱家貧、民不聊生的印象，但在無數人努力不懈下，國家逐步由一窮二白發展成全球第二大經濟體，不少港商更為國家作出巨大的貢獻。

特別是改革開放初期，當無數人對內地充滿着質疑之際，李運強憑着過人的膽識和愛國情懷，率先於 1979 年便在東莞設廠生產錄音帶，為首批投資內地的港商。

見證基建由零開始

談及當年投資東莞的點滴，李運強接受大公報專訪時仍歷歷在目，形容當年內地百廢待興，要基建沒基建，可謂「乜都冇」，單是由香港去東莞的交通，快則要 7、8 小時，有時甚至會迷路，因為當時沒有正規的路，全部是一片田地，很容易迷路，故在交通上便需時大半日，甚至一整日，而這些舟車勞頓的行程令人十分疲勞。

除交通不便，當年過關亦不及現時快捷。「參加廣交會更要舟車勞頓，要天未光便去排隊等過關，若排不到頭幾位，隨時過不了關。雖然好辛苦，但冇想過打退堂鼓，反而覺得幾刺激。」面對種種困難，李運強憑着堅毅的性格，每每總能迎難而上。

早年內地基建落後，不時缺電，理文也不例外，幸得當地領導的重視，從惠州拉一條專線給理文，令它不再受缺電之困。他說，當年首間工廠投資約十多二十萬元，但大約記得整個東莞存款也不過三十多萬元，故當地官員十分重視，盡心為企業解決問題，「當年香港人返去做廠好威水，一路都冇界人為難過，所以我睇好內地，一直加碼投資。」

李運強又透露，當年到內地投資，還要有排除萬難的決心。不少朋友聽到他要到內地投資時，紛紛勸他懸崖勒馬，甚至會「大潑冷水」。

政策便利 國人勤奮

縱然面對諸多困難，但從未動搖李運強到內地發展的豪情壯志。他解釋，當年內地月薪很低，且勞動力充裕，是做廠的絕佳選擇，加上看好內地龐大的發展潛力，對內地信心十足。「我喺泰國、大馬、緬甸等都多投資，但始終覺

理文創辦人李運強（左）是首批投資內地的港商之一。旁為其子李文俊。

得中國最好，政策和官員都好好，人民又勤奮，係做生意最佳的地方。」

　　事實證明，李運強眼光獨到，特別是因應內地營商環境改善而不斷加碼投資，令其個人事業屢創高峰，更成為手袋大王及造紙大王，且是少數靠製造業而多次打入富豪榜的企業家。

　　談及對黨和國的情懷，李運強父子堅信，國家未來會愈來愈好，人民生活會更美好。「熱愛中國，配合共產黨。」李運強以簡單兩句話來總結自己的做人宗旨。

積極響應招商引資　堅持做實業不炒樓

　　李運強早在上世紀七十年代末、八十年代初已開始投資內地，當時內地仍百廢待興，故官員會千方百計招商引資，不少地方官員甚至「畀塊地」叫他搞地產。然而，李運強均一一拒絕，「我做商會會長，從來唔靠關係又唔搞地產，

理文早年在內地的廠房。

無喺本業以外賺錢，因為唔想瓜田李下，所以我個人同仔女都唔做地產。」

不少人在工業賺錢發達後，將資金轉做較易賺錢的地產，李運強卻是個例外，坦言不想靠收租食飯，「好少人做工業賺錢後，冇去做地產，我係其中一個。」

談及有指近年內地各項要求不斷提高，感到生意難做。他認為，大家要與時並進，並以國家禁止廢紙入口為例，對其紙廠有很大影響，但從沒有半點怨言。他說，當初禁外國廢紙入口，有廠家要將事件告上中央，但其本人則很支持政策，「以前入口咁多廢紙，我哋每年都買好多，其實係幫美國去搞清潔，我好支持國策，而家一噸都無入口，也完全沒有問題。每項政策都有佢道理，沒有廢紙入口對環保係好事，大家要喺科技上想方法解決。」

李運強勸告港商，不要一味問內地拿優惠，現在時代已變，不是三十年前。「港商輸畀人，本身都有些責任，好多人有錢就炒賣地產，幾十萬炒到幾百萬，咁使咩做呀。」他強調，官員好有學識，認為營商環境最緊要公平，一視同仁才是最好的。

特首林鄭月娥（右二）向李運強（左二）頒發「傑出工業家獎」，並與李氏三父子合照。

14億人口大市場　誰不願到中國營商

　　近年美國等西方國家處處針對中國，並作出圍堵，令人感到擔憂。在商界打滾多年的李運強則大派安心丸，強調堅信中國領導人有大智慧應對種種挑戰，更笑言經濟之事很難講，真的不知最終誰圍堵誰，並指中國有龐大市場，絕對是「有贏無輸」。

　　李運強笑言，當年拜登做副總統時曾訪問中國，眼見中國的機場、高鐵如此厲害，令他大開眼界。「美國有軍艦無用㗎，美國自己周身唔掂，真係唔使怕。」

　　李運強之子、理文造紙主席李文俊亦有相同見解，指現時中國營商環境已很好，是做生意的絕佳之地，可以說中國有資金、有人才，更重要是擁有龐大的市場。他質疑，美國一方面隔三差五便批評中國，但另一面又千方百計想和中國做生意，當然中國有14億人這個大市場，且每個人都願意消費又花得起，經濟等各方面都不斷增長，反問有誰不想和中國做生意。

李運強會長在新春聯歡晚宴上捐贈二百萬元予香港科技大學。

提供交流機會　助港青灣區展拳腳

《粵港澳大灣區規劃綱要》於 2019 年 2 月出台後，區內各內地城市都積極支持香港青年人前往發展，並提供資金、房屋居住等優惠措施，解決了許多北上發展的困難。李運強及其子李文俊均鼓勵香港青年人把握這個歷史性機遇，指在國家大力支持下，大家要勇敢地踏出第一步，到大灣區內地城市就業或實習，並在當地生活下來，料在當地將大有可為。

李文俊相信，年輕人只要肯闖敢拚，願意「走出去」，隨時可以闖出適合發展自我的空間，抓住發揮自我才能的機會，故非常支持香港青年赴內地，特別是大灣區學習、實習、創業和就業。他承認，部分青年人仍不大願到大灣區內地城市發展，但自從行政長官於《2020 年施政報告》中宣布推出「大灣區青年就業計劃」，政府會按企業聘用的每名畢業生，發給企業每人每月 1 萬港元的津貼，且反應不錯，證明只要有足夠條件，不少青年人願意一試。

為支持青年人北上，身兼全國政協委員的李文俊在出任百仁基金主席任內，不時舉辦「菁青相惜」分享會、「百仁之友」行業探索和領袖訓練營等，為青年提供與青年企業家直接對話的機會，又經常組織香港青年赴內地交流考察，了解國家的飛速發展。

李文俊認為，大灣區為香港青年人提供了實現理想的大舞台，冀青年人放眼大灣區，願意「走出去」，隨時可以闖出適合發展自我的空間，抓住發揮自我才能的機會。李運強亦稱，大灣區內地城市的經營成本較低，在各方面政策支持下，將令香港青年人有更多選擇空間，這是一件好事。

李運強眼光獨到，特別是因應內地營商環境改善而不斷加碼投資。圖為理文造紙內地廠房。

國家科技急速發展　港宜把握機會

近年國家各方面均保持良好發展，令人擔心香港的角色會被淡化。

李運強感嘆，香港的精英很多都選擇入法律界、做醫生、會計師等專業人士，相反現時內地要資金有資金，又人才濟濟，且在很多科技應用領域都頗為領先，而香港則搞APP「應用程式」都落後過人。當然，香港仍維持出入境自由、資金進出自由等優勢。

面對內地各方面的突飛猛進，李運強認為，位於落馬洲河套區的港深創新及科技園將是香港的一個難得機會，並形容現時香港與深圳生活已沒有太大分別，可吸引內地及香港青年人到科技園內發展，亦可以匯聚人才，可能是一個突圍的機會。

資料顯示，2017年港府與深圳市政府簽署《關於港深推進落馬洲河套地區共同發展的合作備忘錄》，合作發展河套地區為「港深創新及科技園」，在園內建立重點科研合作基地，及相關高等教育、文化創意和配套設施。

（原載大公報 2021 年 6 月 19 日 A15 版，記者李信）

霍震霆：

體育激發民族自豪感

在中國共產黨建黨一百周年之際，在東京奧運會舉辦前夕，中國香港體育協會暨奧林匹克委員會會長霍震霆接受大公報記者專訪。致力本地體育發展數十載，霍震霆也見證內地體育事業越來越好，他認為香港應該借鑒內地經驗並且全面探討本地體育發展面臨的問題。

借鑒經驗

在中國共產黨建黨一百周年之際，在東京奧運會舉辦前夕，中國香港體育協會暨奧林匹克委員會會長霍震霆接受大公報記者專訪，致力本地體育發展數十載。霍震霆也見證內地體育事業越來越好，他認為香港這借鑒內地經驗並且全面探討本地體育發展面臨的問題。

大公報記者 張俊、徐小惠（文、圖）

◀中國香港運動員精神抖擻出征東京奧運。　資料圖片

▶霍震霆接受香港運動員在東京取得佳績。

「香港有條件舉辦大賽」

霍震霆：體育激發民族自豪感

「中國現在已經是體育強國，我覺得香港體育應該從缺興起，但同時體育不止養身健體而已。現代港人一般覺得體育是校外有，變成對一般人是可有可無的一樣東西，但其實全世界的年輕人都已辨識體格孕育健身運動。」霍震霆向我們全面去探討造成香港現在不太重視體育的原因之一。

霍震霆認為，體育不只是豪情展或者娛身健體，更多倾情联络及與人之間的交流，並且建立民族自尊感。他說：「很多時候，賽場交流都是通過體育，同時這是射發個社會的承擔。我們通過，荼謢就是事錦織他個頓旅行起，對香港最有好處，這就是能通過體育去激發⋯⋯

探討可行性 大灣區辦大賽

同時，霍震霆認為香港體育發展也难不同國家。他透露多年運動員歷與曾經內地良好的條件，甚至結束了東京奥運的比賽後還可以馬上參加全運會，並且各界表示有機會在大灣區共同舉辦大型體育比賽這一點上，可以探討⋯⋯

談到香港體育發展最大的問題，霍震霆指出是體育設施。他認為大灣區之內的交流是香港體育發展的重中之要「廣東已經是體育大省，又交通方便，香港和廣東可以整臣，同樣同氣」。我覺得針對香港面臨⋯⋯

文流，是我們香港體育發展之中很重要的環節。大灣區是整個發展的機會，無論是文流還是資源都是最有利香港的⋯⋯

運動員拚搏 體現香港精神

至於如何令更多人了解大灣區，霍震霆認為可以把體育和文化歷史融合在一起，而引起年輕人的興趣是最主要的一點。

他說：「大灣區幕前更多賽事是很好的理念，同時，體育可能是最能吸引人的東西。不過，香港人未必都去逛廣東以個內地城市，如果有體育活動能和相關興趣結合，嘗如讓人邁想多了解一些文化和歷史。傳媒也可以報道多一些大灣區內好玩的東西，吸引更多年輕人參與。」

談到近期熱門的體育話題，便是近期舉行得如火如荼的東京奥運。霍震霆再次感謝政府體貼賽事轉播團隊本地五間電視台播放。他認為⋯⋯

◀霍震霆（前）二○一九年以香港體育親善團團長身份率領葉山西大灣仍，參觀體育事業發展成就展，圖為他體驗新型單車。　資料圖片

視大公報先善百上，
永遠服務香港市民！

霍震霆接受記者訪問期間，並祝大公報滿百花上。

◀郭小平（左）與霍英東握手的鏡頭，掛於霍英東集團會議室。

▲霍震霆（右二）支持香港運動員出征東京，早前他出席與越電視的「2020奥運會」記者會，與無綫董事局主席漢濤（左二）、曾志偉（右一）、兒子霍啟剛合攝。　資料圖片

「爲國家做多點事情」

家族精神

專訪的此位的信德中心的霍震東集。在起霍專悠的會議室一，澳門左手邊，一張油墨積外橫埋，霍東上鄰小手邊帶女孩⋯⋯

從會議室，到生邊，再到霍震霆的辦公室，隨便上、檯子床、桌台上，具有各式各樣的獎盃、合影⋯⋯

二○一五年，首個籃子籃球首回合匕香港籃球〔港杯〕男⋯⋯

美時代的上一代香港人的集體特點，「他們都愛得負己有責任，希望做點事。」他記憶父親對自己的影響，「他⋯⋯

港體育界融入灣區

（部分活動）

年份	活動
2015	廣東省足球協會和香港籃球總會聯合創「粵港杯」足子籃球賽
2018	南廣省粵港澳合作促進會文化傳播委員會廣東與民間球社遊合舉辦2018/19年香港澳大灣足球冠軍聯賽
2019	粵港澳大灣區3×3籃球比賽事日，大灣區11個城市35支隊伍進行3階段別的角逐確定晉級積季軍
2020	首屆粵港澳大灣區「香港青年會盃」少年球邀請賽在廣州佛山開幕

▲一九九八年，霍英東（左）與時任國際奥委會主席薩馬蘭奇合影。　資料圖片

愛國者治港毋庸置疑

有所擔當

霍震霆上一次接受大公報採訪是十年前，「四年前，大灣是國家第一次提出大灣區的理念，那時候是在世界如何把香港、澳門一起全面發展。」

「近年，香港經歷了『黑暴』，經歷了斯冠防疫疫情，接情至今未止。⋯⋯

霍震霆說：「大家知道內地發展得好快，香港友也受疫政困擾，恐進我們回顧二十幾年反西駁的這樣了！在霍震霆看來，愛國者治港為毋庸置疑。」「我想如果你現在有所失愛，不愛要做自己國家，自己如何能夠擔當一個重要的角色呢？」

大公報記者徐小惠

▲霍震霆見證內地體育事業越來越好。

憶霍老軼事

大公故事

憶起《大公報》，霍震霆談到一個小故事。「我記得該父撰量率去北京參加全國政協會議的時候，開會過開好快，大概有幾個禮拜，家父普通話都聽得一般般，當時⋯⋯

《大公報》的社長費彝民先生，好有心機一句一句解釋給他聽。」霍震霆說那是霍英東第一次去北京參加大會，「反而通過《大公報》員報以上這個軌道，讓我們也向前向內地多點文流。」

◀霍震霆見證內地體育事業越來越好。

「中國現在已經是體育強國,我覺得香港體育應該從頭開始,但同時體育不止強身健體而已。現時港人一般覺得體育是名校才有,變成對一般人是可有可無的一樣東西,但其實全世界的年輕人都已經很積極參加體育運動,這很值得我們全面去探討造成香港現在不太重視體育的原因。」霍震霆認為,體育不只是拿成績或者強身健體,更多時候能夠促進人與人之間的交流,甚至建立民族自豪感,他說:「很多時候,兩地交流都是通過體育,同時還是對整個社會的承擔,我們愛國,當運動員拿獎牌然後國旗升起,對民族的自豪和國家的認同,是能通過體育去激發的。」

探討可行性　大灣區辦大賽

同時,霍震霆認為香港體育發展也離不開國家。他透露很多運動員能夠受惠內地良好的條件,甚至結束了東京奧運的比賽後還可以馬上參加全運會,並認為是否將來有機會在大灣區內共同舉辦大型體育比賽這一點上,可以探討,同時需有賴香港社會和政府的支持。他重申香港是有條件舉辦大賽的,但一定要有好的環境。

談到香港體育發展最大的問題,霍震霆指出是體育設施。他認為大灣區之內的交流是香港體育發展的重中之重,對香港最有利:「廣東已經是體育大省,加上交通方便,香港和廣東可以說是『同聲同氣』。我覺得對香港運動員將來最有利的,是可以在內地參與很多高水平的體育活動和使用更好的體育設施。香港最大的問題是體育設施,將來兩地能否加強交流,是我們香港體育發展之中很重要的環節。大灣區是最難得的機會,無論是文體還是經濟都是最有利香港的。」

運動員拚搏　體現香港精神

至於如何令更多人了解大灣區,霍震霆認為可以把體育與文化歷史融合在一起,而引起年輕人的興趣是最主要的一點。

他說:「大灣區舉辦更多賽事是很好的理念,同時,體育可能是最容易融入的渠道。不過,香港人未必都去過灣區九個內地城市,如果有體育活動能和相關興趣結合,譬如讓人還想多了解一些文化和歷史。傳媒也可以報道多一些

霍震霆祝願香港運動員在東奧取得佳績。

大灣區內好玩的東西，吸引更多年輕人參與。」

　　談到近期最熱門的體育話題，便是近期舉行得如火如荼的東京奧運。霍震霆再次感謝政府購買賽事轉播權讓本地五間免費電視台播放，他認為此舉可以讓市民透過電視看到香港運動健兒的英姿，是很難得推廣體育的機會，並說：「不止我們喜歡體育，而是所有人都能通過該渠道去支持香港運動員，機會是很難得的。其實，很多運動員的訓練很艱苦，要成為成功運動員的路是很漫長的，中途會有很多感人的故事，大家從中能體會到香港精神。同時，今屆奧運是最多香港運動員參加的一次，雖然延期了一年，但運動員個個都精神奕奕，希望他們在東京奧運能有好成績。」

中國香港運動員精神抖擻出征東京奧運。

「為國家做多點事情」

專訪約在位於信德中心的霍英東集團。在記者等候的會議室，一進門左手邊，一張油畫格外顯眼，畫面上鄧小平面帶笑容，伸出右手，霍英東滿面笑容以雙手回握。

從會議室，到走廊，再到霍震霆的辦公室，牆壁上、櫃子裏、桌台上，各式各樣的榮譽、合影迎面而來、目不暇給：霍英東的改革先鋒證書，霍震霆傳遞 2008 年北京奧運會奧運聖火的紀念相、北京奧運會馬術項目的紀念銀盤，以及習近平主席會見香港澳門各界慶祝國家改革開放四十周年訪問團合影……如今已是香港體育界和兩地交流中扛鼎人物的霍震霆，回憶一路以來的經歷，離不開父親的言傳身教。

「家父是一個土生土長的香港人，我們特別有家鄉觀念，一路以來，這也變成我們屋企的傳統。」霍震霆說。在他看來，這種強烈的國家觀念是身處港英時代的上一代香港人的集體特點，「他們都覺得自己有責任，希望做點事。」

鄧小平（左）與霍英東握手的油畫，掛於霍英東集團會議室。

他回憶父親對自己的影響，「他有一個很強的理念，在當時愛國商人中很有代表性，就是如果有什麼是可以幫到國家的，他一定會做。」改革開放後，霍英東曾先後投資一百多億港元，支持內地重大基礎設施建設和教育、文化、衞生、體育事業發展。「我陪伴他參與了改革開放。老人家最後都同我講，覺得很難得可以有份參與改革開放的整個過程，如果能看到如今國家的景象，我想老人家都會好安慰的。」

在霍震霆印象裏，父親霍英東是個講話不多的人，但卻總是強調國情，「他希望我們在外面能多點知道國情。」面對如今香港部分年輕人對內地的誤解，霍震霆回憶起一九九七年香港回歸祖國時港人的盼望之情，兩相對比，霍震霆倍感兩地交流的重要性。尤其是過去來往內地的經驗，讓霍震霆感受到，也應該讓小朋友有多一點時間去到內地交流，「多點接觸，才能多點了解。」未來他也希望自己的後輩可以為香港和國家做多點事情，「這也是秉持我們屋企的精神。」

霍震霆（右二）支持香港運動員出征東奧，早前他出席無綫電視的「2020 奧運會」記者會，與無綫董事局主席許濤（左二）、曾志偉（右一），兒子霍啟剛合攝。

愛國者治港毋庸置疑

　　霍震霆上一次接受大公報採訪是四年前，「四年前，大概是國家第一次提出大灣區的理念。那時候是在思考如何把香港、澳門一起全面發展。」

　　年前，香港經歷了「黑暴」、經歷了新冠肺炎疫情，疫情至今未止。

　　霍震霆說：「大家知道內地發展得好快，香港反而受政治困擾，怎麼我們回歸二十幾年反而變成這樣？」在霍震霆看來，愛國者治港是毋庸置疑的。「我想如果你現在有所承擔，第一條一定要愛國。如果你不愛國，不尊重自己國家，自己如何能夠擔當一個重要的角色呢？」

香港大公文匯傳媒集團
Hong Kong Ta Kung Wen Wei Media Group

祝大公報蒸蒸日上，
繼續服務香港市民！

霍震霆接受記者訪問，並祝大公報蒸蒸日上。

1998 年，霍英東（右）、霍震霆（左），與時任國際奧委會主席薩馬蘭奇合影。

憶霍老軼事

提起《大公報》，霍震霆講到一個小故事：「我記得我父親最早去北京參加全國政協會議的時候，開會時間好長，大概有幾個禮拜，家父普通話都聽得一般般，當時《大公報》的社長費彝民先生，好有心機一句一句解釋給他聽。」霍震霆說那是霍英東第一次去北京參加大會，「反而通過（《大公報》費彝民）這個渠道，讓我們能夠與內地多點交流。」

（原載大公報 2021 年 7 月 29 日 A20 版，記者張銳、徐小惠）

霍震寰：

全世界都要脫貧
只有我們國家做到

「全世界都要脫貧，但沒有多少國家做得到，只有我們國家做得到。脫貧很不容易，大家很佩服中國共產黨領導的工作。」港區全國人大代表、霍英東集團行政總裁霍震寰接受香港文匯報訪問，談及國家脫貧攻堅的成就，他如此堅定有力地說道。他認為，正因為國家一直以來保持政治穩定，才可以集中力量訂好目標，才可以在短時間取得巨大的成就，讓很多人覺得是奇跡。

霍震寰：國家一直政治穩定　才可集力訂目標獲巨大成就

1921 100 2021
慶祝中國共產黨成立100周年
特別報道

"全世界都要脫貧
只有我們國家做到"

「全世界都要脫貧，但沒有多少國家做得到，只有我們國家做得到。脫貧很不容易，大家很佩服中國共產黨領導的工作。」港區全國人大代表、霍英東集團行政總裁霍震寰近日接受香港文匯報訪問，談及國家脫貧攻堅的成就，他如此堅定有力地說道。他認為，正因為國家一直以來保持政治穩定，才可以集中力量訂好目標，才可以在短時間取得巨大的成就，讓很多人覺得是奇蹟。

掃碼看片（QR code）　●香港文匯報記者
沈清麗、歐陽文倩

早在1973年，霍震寰已隨祖國父親霍英東到內地洽談。他回憶內地當年百廢待興「應是日新月異」，富年內地比較封閉，許多方面條件落後，招聘一些大型水利工程沒有機械裝置、全都靠人力、吊起一個人飛過去爬上搬運。這就憑十分佩服中國艱苦奮鬥、自力更生的精神，覺得付出人很偉大。

「在中國我常鄉領導，我們國家各方面變化都很大，一步步的走上人民追切期望！。今天不知這們國家要如何治得如何發達，現讓這些都是富年我們中內心知道，期盼一步步的豁出來。」霍震寰觀察發現不變化，祖國這些年的進步可以說是穩定的，可以做到這規劃，會令中會領導在「十四五」規劃和2035年遠景目標綱要，展望內地2035年達成目標，那時候各人都能治得可能繁榮！但今有這面祝賀。」

武漢封城國家執行力強

他以去年武漢抗疫為例：「中央政府對武漢實施封城，當時我們做的如何封城，從十幾人口的城市如何外地都調了十萬醫護也執行之強制。我們國家真的付十幾力量去處理，才讓人看到執行能力的重要，國家執行能力強盛。」

對於香港少輩人很熱對共產黨有疑見，霍震寰說，霍英東集團在內地公司的招募員工都是共產黨員，進他觀察，結些人都有高尚理念，願意全心全意奉獻，在公司也都是優秀人才，為公司奮鬥。為國家建起作也了貢獻。「其實國家有很多道理和理想，有能力的人才，他們都了表赤忱，高牆一心奮鬥國家建設這些，我覺得後十就來來一定好。」

切身體會人大工作是「多了很多」

身為港區全國人大代表，霍震寰幾年這走遍各地鄉查，也切身體會到人大的工作量「多了很多」。落實了許多之重大做完成的立法工作和立法協友。「感受到大家做事更加認真了。」

國家近年不單是經濟得到發展、環境、民生方面都得到了根好的改善，人民的幸福感與日俱增。到2035年一個十五年中生產總值能夠把中等發達國家的水平，霍震寰這為這是了不得，得到展現各方的努力決心。

這對國家很是些科技發展，中央對香港一直都有支持和愛護，給予香港很多建設發展的規劃，以及進大的發展空間。尤其是科技發展的方面，豁免進出口貨質事香港通快給和官方機構簽署的合作。霍震寰這為，我們國家具刪保優勢。同時香港應有發放勢是對他們的挑戰，同而香港應對建設的祖內方利用各美結合中國發展的辛苦，為這類香港建設到一個安定的社會環境，經濟也因此有貢獻發展。

國家重視育才 8萬骨幹來港培訓

由霍震寰擔任常務委員會主席的香港華基商場金會（霍華），早起上世紀八十年代已經歷過關鍵一系列問題與調理，協助國家培育人才。當中赤包括港澳富年培育近20名人士、霍震寰表示，國家很重視該人才培育。時至今日，來港接受培訓迫跡國的內地骨幹已多達8萬多人。

說起多個國家動人大工作，霍震寰指起的國家是在1982年成立至今，宗旨就是青心與人。「我們主要幫助那些比比較貧困的青年，特別是少數民族地區的人士。他們近接觸的內容和眼界有限，因此幫他們在各方面認識一步，擴寬眼界支持我們團的條件。會安排一些內地官員多認識。他們本多名青共產黨員，也有部分主張與和少數民族的官員。」

霍震寰說，內地青幹這幾所帶同學生他，雖然只是短期培訓，對他們思想啟迪很大，也因工作崗位異，到工北方法內容都需要些樣。「我有無朋友做帶領，有從事青農來港前幣切身他，說是在當年中華文化等優力勢力，把感魯培注參加地訓練，總這裝有思虑些體，對行實際的這樣對比例多武藝參心，最不致於這些在自己崗位上工作步中的育崙家笑說，是能夠令他們受益的。但是銘當看影的。

日前，培訓期間已照氏武京、上海等地成取若萬讓香港場金合務扭內地的「扶貧」突流協議。毫些接觸中央取演扶貧間開設，行政後官技數員力量指示，參進港大與流這行了解工作崗位育人，營公務員是能深入了解大灣區內地位。

霍震寰近日接受香港文匯報訪問，談及國家脫貧攻堅的成就。他認為，正因為國家一直以來保持政治穩定，才可以集中力量訂好目標，才可以在短時間取得巨大的成就，讓很多人覺得是奇蹟。　香港文匯報記者 攝

活用灣區武術資源　喚起港青國家情懷

●2018國際武術聯合會詠春拳大賽在廣東佛山舉行。　資料圖片

●佛山「武術之鄉」享譽海內外。　資料圖片

說起如何讓香港人到共產業、對國家的認識，霍震寰認為，要讓香港人特別是年輕人多些思考，這樣發揮自己的作用參與國家的發展，為國家作出一些貢獻。

在香港接受教育的霍震寰指，港英教育時間的教育，不致輸越人認識共產黨和國家，加上早間的社會關係，進入大不是很了解，少數人對共產黨有偏見。再加上受到西方的影響，全部分人到國家不夠客覺得影響良多。「一些年輕人制訓練成度想轉型，事實上，國家對年這些年輕人好趨從有未完的偏見與。但相比以前，是化了很多，而比一直往前進步。」

霍震寰說道，香港的資源有一位大學長說起大學畢竟到內地交流計劃，這位校長這起上大學裏的十多位工程學生，去負與的負責中關地行工程項目目前一時者很內地有些南，一同要心在內地食物中毒，然而被他走了之後，整個人的思法都改變了，感覺到自己可以為國家作出一些貢獻。

應多思考怎樣為國家獻力

「怎樣讓香港年輕人到內地多點滿通，未必安排去內地很整個的地方，讓他們覺得這事想好比香港，而是真的十分認識香港人愛怎樣參與國家的發展、幫助國家的發展。」霍震寰覺得香港人，一直對國家很有心。「我記得當年內地大水災，看到很多人捐錢、捐頭髮，所以大家應該對國家有很大的愛護，而是一刻也很熟滿，現在每次有大災，大家都義不容辭。」

本身熟愛中華武術的霍震寰，希望透過利用大灣區豐富的武術資源入手，經濟讓香港年輕人到識武術的認同感和凝聚心、武術作為中華文化的一部分，香港在世界上得到很好地推廣。「我覺得武術是很好易入人接受的，而且大灣區年很多武術文化資源很豐富。例如佛山出了黃飛鴻、葉問等武術大家，與澳州都是武術之都，城市之間可以加強合作，將中華武術引進去內地人民了解武術，好帶多香港年輕人了解中華文化的內涵，從而喚起他們的家情懷。」

父是中共親密朋友 一生獻力為國服務

●1996年8月9日，霍英東先生為中國女排隊頒發獎座。　資料圖片

在香港，認識霍英東這位既現密的愛國商人、自然會想起以該愛的網絡協調打廣新突。在上世紀五六十年代，強敢打突破西方國家對中國的糾纏，支持祖國抗美援朝；在八十年代，他更是力支持內地改革開放。

霍震寰憶及，父親霍英東有歷時信心的的勢、進京政的情懷是很望了，任心打國家之事中國，人民這會貢獻，不識大，大且很多工作不偉望望務中機所未，幫到自己人，看望過要服人，人民可以更直些。

在祖國這美國相明們，西方國家對我國實施全面封鎖，對面，霍氏東在任命迫沒很遠，為祖祖捐給父參金能物冷。霍震寰說，父親很仍感念從，國家剛購新設開時期，我要求敢捐大國務，他那自己捐獻操作開這同來設備，之後他在香港因工作的當務內很，對關家發展的國這仍經出不少。

在內地當務期這方去，霍東先生認這樣過去這護講，在廣東重望第一間酒店，霍震寰這：「都不少生先生很心改革開放，佢這樣，大家都不知道，都是擔有份中國，半心得到貫貴貴的父很服務任心，投資中山這同，堅立一甲均務的一甲等工，大家都很得熟可不務了，當時內地的資很積林機，立足對行訓計劃安發我便做到過服不務間。」

「中國人做什麼都可成功」

霍震寰這，「當時父人習愛了縱又立土不七、不磯又三十六，我父很就是大埔港佃佬呈不很好些場金，一給佃金力寒都部佃佃呈，因為中國人做事對動身，他愛得我們中國人佃什麼事都是可以成功的，改革開放發育看打像佃很多，當時這愛彩個變不多，共做愛有這佃佃很多不佃這話的變化了。」

霍家東一生很愛護作，在他的方有紀下，緊的中國侵有很國際的倡議和會法迫位分這多，在這國心這要看基礎我國同務地位，在他關國前提，其業獻愛佃上了國際。說起霍家東這官方給予不「中國我愛彩的觀密稱法了」，霍震寰這：「這是個人身私很的精神，他義自的養，静我的就了一生有紀我的精神，貧佃為國家作服務的。」

●霍震寰表示，父親感觸希望能夠培育港公僕，幫助自己人，希望國家實大人、人民可以更加幸福。　香港文匯報記者 編

港公僕內地掛職培國家視野

霍震寰表示，內地現在發展瓶頸，許多方面比普港先進很好多，現在內地能好這就做，「雙眼開了這好發展格局，大開局發展得了，是透過佃人國家參照大灣大機務。「香港公僕員在內地很務，增瞳到內地的了解和認識。我佃得看青之愛室，有助普港公僕員有了較家情懷和認識。」

日前，他向李照氏武京、上海等地成取若萬讓他們這述式的工作與運作方式。

　　早在 1973 年，霍震寰已經跟隨父親霍英東到內地扶貧，他對照內地今昔直言「確是日新月異」。當年內地比較封閉，許多方面條件都差，看到一些大型水利工程沒有機械鑿牆，全都靠人力，吊起一個人飛過去鑿。這讓他十分佩服中國人民艱苦奮鬥、自力更生的精神，覺得中國人很偉大。

　　「在中國共產黨的領導下，我們國家各方面變化都很大，卻仍然會有人批評這樣那樣，殊不知我們國家能夠取得今日成就非常難得。」霍震寰說：「國家發展那麼快，組織能力都是黨貫徹下來的。我們一個好處就是政治穩定，可以做些長遠規劃，像今年兩會通過『十四五』規劃和 2035 年遠景目標綱要，國家可以集中力量訂好目標。就像脫貧的目標，當時很多人都覺得沒可能做到，但今年全面完成了。」

武漢封城證國家執行力強

　　他以去年武漢抗疫為例：「中央政府對武漢實施封城，當時我們覺得如何封城？過千萬人口的城市如何與外面隔離？生活如何處理？但是，我們國家真的可以調動全國力量去處理，才讓人看到組織能力很重要，國家執行能力很強。」

　　對於香港少數人依然對共產黨有偏見，霍震寰指，霍英東集團在內地公司的很多員工都是共產黨員。據他觀察，這些人都有崇高理念、願意全心全意奉獻，在公司也都是優秀人才，為公司發展、為國家建設作出了貢獻。「其實國家有很多這樣有理想、有能力的人才，他們起了表率作用，萬眾一心奮發圖強建設國家，我覺得國家將來一定好。」

切身體會人大工作量「多了很多」

　　身為港區全國人大代表，霍震寰每年到北京參加兩會，也切身體會到人大的工作量「多了很多」，落實了許多之前未能完成的立法工作和法律條文，「感受到大家做事更加認真了。」

　　國家近年不單是經濟得到發展，環境、民生方面都得到了很好的改善，人民的幸福感與日俱增。到 2035 年，中國人均國內生產總值要達到中等發達國家的水平，霍震寰認為這很了不得，對國家未來的發展更有信心。

霍震寰接受香港文匯報訪問，談及國家脫貧攻堅的成就。他認為，正因
為國家一直以來保持政治穩定，才可以集中力量訂好目標，才可以在短
時間取得巨大的成就，讓很多人覺得是奇跡。

　　現在國家很重視科技發展，中央對香港一直都很支持和愛護，給予香港很
多建設性規劃，以及很大的發展空間，尤其是科技創新方面，還先後出手落實
香港國安法和完善香港選舉制度。霍震寰認為，我們國家具制度優勢，然而西
方卻視為是對他們的挑戰，因而香港攬炒派就被西方利用作為阻礙中國發展的
卒子。對此，我們要堅決挫敗西方勢力及香港攬炒派的圖謀，倘若香港沒有一
個安定的社會環境，經濟也就沒有辦法發展。

活用灣區武術資源 喚起港青國家情懷

　　說起如何增進香港人對共產黨、對國家的認識，霍震寰認為，要讓香港人
特別是年輕人多些思考，怎樣發揮自己的作用參與國家的發展，為國家作出一
些貢獻。

佛山「武術之鄉」享譽海內外。

在香港接受教育的霍震寰指，港英政府時期的教育，不鼓勵港人認識共產黨和愛國，加上早期內地有社會運動，港人又不是很了解，少數人對共產黨有偏見，再加上受到西方的影響，令部分人對國家不那麼支持。「一些年輕人批評內地這樣那樣，事實上，國家現在儘管可能還有些未完善的地方，但相比以前，變化已經很大，而且一直往前進步。」

霍震寰憶述，曾經與香港一位大學校長談起大學生到內地交流計劃，這位校長說自己大學裏的一位工程系學生，去貴州的貧困山區進行工程項目前，一時害怕內地有酸雨，一時擔心在內地食物中毒；然而當他去了之後，整個人的想法都改變了，感覺到自己可以為國家作出一些貢獻。

應多思考怎樣為國家獻力

「怎樣讓香港年輕人與內地多點溝通，未必安排去內地很繁華的地方，讓

他們覺得那裏好過香港，而是真的去認識香港人要怎樣參與國家的發展、幫助國家的發展。」霍震寰覺得香港人一直對國家很有心，「我記得當年內地大水災，看到很多人捐錢、很團結。所以大家應該對國家有更多的認識，多思考怎樣為國家發揮自己的作用。」

本身熱愛中華武術的霍震寰，亦認為可以從中華文化等軟實力入手，逐漸加強香港年輕人對國家的認同感和自豪感。武術作為中華文化的一部分，亦應在世界上得到更好的推廣。

「我覺得武術是很容易為人接受的，而且大灣區有很多武術文化資源，例如佛山出了葉問、黃飛鴻等武術大家，與廣州都是武術之鄉，城市之間可以加強合作，將中華武術打造成為一個香港年輕人了解中華文化的途徑，從而喚起他們的國家情懷。」

國家重視育才　8萬骨幹來港培訓

由霍震寰擔任常務委員會主席的香港培華教育基金會（培華），早於上世紀八十年代已經通過開辦一系列短期培訓班，協助國家培養人才，當中亦包括共產黨員和不同黨派的人士。霍震寰表示，國家很重視對人才的培養，時至今日，來港接受培華培訓班的內地骨幹已多達8萬人。

說起參與國家的人才培訓，霍震寰說，培華由1982年成立至今，宗旨就是育己樹人。「我們主要幫的都是比較偏遠貧困的省份，特別是少數民族地區的人士，他們接觸的內容和眼界有限，因此幫他們在各方面多認識一些。統戰部很支持我們做這件事，會安排一些內地官員到香港做短期培訓，他們未必全是共產黨員，也有很多民主黨派和少數民族的官員。」

霍震寰指，內地骨幹通過培華接觸外界，雖然只是短期培訓，對他們思想啟發卻很大，返回工作崗位後，對日後工作路向影響亦很大。「我有個朋友做導師，有位副省長來港時約見他，說是在培華認識他，很感謝來培華參加培訓班，聽完後有很多啟發，對工作幫助很大。我覺得來培華培訓對於這些在自己崗位上工作多年的官員來說，是能夠令他們受益的，也是相當重要

的。」

目前，特區政府已經與北京、上海等地政府簽訂讓香港特區公務員到內地「掛職」交流協議，並很快延伸至廣東和深圳政府。行政長官林鄭月娥指出，粵港澳大灣區將是未來的工作重點，冀公務員能深入了解大灣區內城市的工作和運作方式。

港公僕內地掛職增國家視野

霍震寰表示，內地現在發展迅速，許多方面比香港先進很多。現在內地發展這麼快，「雙循環」新發展格局、大灣區發展等，是香港融入國家發展大局的重大機遇。「香港公務員去內地掛職，增強對內地的了解和認識，我覺得非常之重要，有助香港公務員更有國家情懷和國家視野。」

父是中共親密朋友 一生獻力為國服務

在香港，說起與中國共產黨最親密的愛國商人，自然會想起已故全國政協副主席霍英東。在上世紀五十年代，他敢於突破西方國家對中國的禁運，支持祖國抗美援朝；在八十年代，他更是大力支持內地改革開放。

霍震寰憶及，父親霍英東經歷過日佔時期、港英政府的很多高壓手段。「作為中國人，父親知道國家不強大，人民就會受苦。所以他很希望能夠做些事，幫到自己人，希望國家強大，人民可以更加幸福。」

在祖國抗美援朝時，西方國家對我國實施全面禁運，對此，霍英東在香港組織船隊，為祖國運送大量急需物資。霍震寰說，父親當時感覺到，國家剛剛解放很短時間，就要面對這麼大困難，他對自己能發揮作用感到很值得。之後他在香港因工程生意到內地，對國家發展的認識也更加多了。

在內地改革開放之初，霍英東率先到內地投資興業，在廣東投資第一個項目是中山溫泉。霍震寰說：「鄧小平先生提出改革開放，但怎樣做，大家都不知道，都是摸着石頭過河，幸好內地官員對我父親很信任。投資中山溫泉，要求一年內要開業，大家都覺得無可能，當時內地物資樣樣缺乏，又是實行計劃

1996 年 8 月 9 日，霍英東先生為中國女排隊員頒發獎章。

經濟，如何取得資源都不容易。」

「中國人做什麼都可成功」

　　霍震寰說：「當時工人習慣『做又三十六，不做又三十六』，我父親就大膽提出是否可以給獎金，一給獎金大家都很拚命。因為中國人做事很勤勞，他覺得我們中國人做什麼事都是可以成功的。改革開放現在看好像很容易，當時是要跨過很多不同的難關，共產黨有這個能力，才有幾十年翻天覆地的變化。」

　　霍英東一生酷愛體育，在他四方幹旋下，幫助中國恢復在國際體育組織的合法地位，更慷慨解囊設立霍英東體育基金獎勵優秀運動員。在他離世後，其靈柩更蓋上了國旗。說起霍英東被官方形容為「中國共產黨的親密朋友」，霍震寰說：「這是非常難得的、很高的榮譽，難能可貴一生人有這麼多的機會為國家服務。」

（原載香港文匯報 2021 年 5 月 31 日 A9 版，記者沈清麗、歐陽文情）

施榮懷：

中共百載初心不變 一直爲民服務

由年幼時與家人背着大包小包、滿身物資回到一窮二白的內地，到今時今日內地不同城市的繁榮耀目，看着這翻天覆地的變化，全國政協人口資源環境委員會副主任施榮懷接受香港文匯報訪問時，坦言自己別有一番滋味在心頭，認為共產黨帶領下所取得的成就「真的不容易」，「我有幸經歷這個時代，百年之大變局。」在他眼中，共產黨是有生命力、有自我修正能力的政黨，建黨百年經歷了風風雨雨、起起落落，但依然創造了人類歷史的奇跡，未來依然有清晰、雄偉的目標，帶領中國人民實現中華民族偉大復興。

慶祝中國共產黨成立100周年
特別報道

施榮懷：中國共產黨具生命力 堅持不斷改革完善

百載初心不變
一直為民服務

由年幼時與家人背着大包小包、滿身物資回到一窮二白的內地，到今時今日內地城市的繁榮矚目，看着這翻天覆地的變化，全國政協人口資源環境委員會副主任施榮懷近日接受香港文匯報訪問時，坦言自己別有一番滋味在心頭，認為共產黨領導下所取得的成就「真的不容易」，我有幸經歷這個時代，百年之大變局。在他眼中，共產黨是有生命力、有自我修正能力的政黨，建黨百年縱歷了風風雨雨、起起落落，但依然創造了人類歷史的奇跡，未來依然有清晰、雄偉的目標，帶領中國人民實現中華民族偉大復興。
●香港文匯報記者 歐陽文倩、沈清麗

●（前排）施榮懷的父親施子清題字勉勵。（後排）一同接受訪問的還有施榮懷之子施政。
香港文匯報記者 攝

「若非中央抗擊外力，香港不知會衰成怎樣」

●施榮懷表示，在國家和共產黨的帶領下，香港未來一定會發展好。
香港文匯報記者 攝

值建黨百年契機

倡增向港人宣傳

●中共建黨百周年之際，施子清以一副對聯「一片初心紅到老，百年風雨後寒間」來抒發自己的情懷。
香港文匯報記者 攝

施子清：初心紅到老 跟黨走不會錯

歷史開放改革開放正確

對於建黨百年來的中國歷史，施榮懷笑言自己見證、經歷了一半，最早要數到上世紀六七十年代。年幼的他跟隨家人經過羅湖去到深圳，每一步、每一幕都是這個孩童不曾想像過的情景，街道旁貼滿「打倒美帝」「打倒紙老虎」的標語，至今仍印象深刻。他說：「當時夏天也會穿很多衣服過關，因為你帶物資衣服要打稅，穿着就不用，帶的、穿的過了關就找郵政局去寄。」

與今日港人喜歡到深圳玩樂不同，當年的深圳還很落後，所以施榮懷會與家人經過深圳前往廣州與從家鄉福建趕來的親戚「會面」，而「會面」這一隆重的字眼，也反映出當年與內地親友相聚的不容易，「即使有機會回到鄉下，也覺得很窮很落後。」

見證改革開放趨繁華

至上世紀八十年代初，還在大學讀書的施榮懷曾與同學到內地旅行，從深圳坐火車去南京、無錫，之後到上海，「那時候內地還在用糧票，住酒店要有介紹信、換人民幣，交通很不方便。」

不過，當他在 1985 年到內地出差後，就看到內地明顯的轉變。不過，相對今天還是落後，「當時在上海、北京談項目，但就算是這樣的大城市都沒辦法直接拿起電話打回香港。」

隨着改革開放的推進，內地不斷發展，欣欣向榮，迎來今日繁榮面貌。施榮懷認為，這是因為共產黨一直堅持不斷地改革和完善，「我不只是講開放，我強調改革更多，是分不開的。」

他說，從 1921 年建黨，到 1949 年中華人民共和國成立，再到 1978 年改革開放，百年來共產黨都在不停地前進行走，有不足的地方會改正，「你看到她真的有生命力，那麼她的初衷是什麼呢？我們說回小時候最經常見到的 5 個字就是『為人民服務』。回頭看共產黨的初衷就是為人民，國家富強也是為人民服務，都是為了達到人民美好生活的嚮往，路線很清楚，過去 100 年都是不停改革、不停完善、不停修正自己的錯誤，初衷沒有變：為人民！」

已完成全面建成小康社會目標

百年變化頻繁急速得難以想像，施榮懷直言，今日的大變局與當時要面對

施榮懷（右）與父親施子清（左）一同接受香港文匯報專訪。

的問題一直在改變，但共產黨始終有清晰的短中長期部署、計劃及目標。中國共產黨提出「兩個一百年」奮鬥目標，其中，作為第一個百年的奮鬥目標，建黨百年之際已完成了全面建成小康社會的目標；展望未來，還要在中華人民共和國成立 100 年時也即 2049 年，全面建成富強民主文明和諧美麗的社會主義現代化強國。「共產黨長期以來都目標清晰，這麼短時間就達到小康的水平，這麼大的人口基數，奇跡的背後是有其道理的，值得大家去學習、思考。」

能大方地向國際社會宣告自己的目標和策略方針之餘，施榮懷亦佩服共產黨領導的政府有憂患意識，「這是我們國家的制度優越性，不管是從嚴治黨、依法治國還是全面脫貧，最終都如期達到和完成目標。」

他說：「越認識得多，越會覺得真的是這樣。其實政治制度也是，因為有這個政治制度，你說不民主嗎？我們的民主方法不同。美國的民主也是來來去去兩個政黨，英國也是這樣，我們的民主是協商民主，我們是共產黨領導，多黨合作制。不論什麼制度也好，適合自己的制度就是好的制度，事實證明了中國現行的政治制度是成功的。」

「若非中央抗擊外力，香港不知會衰成怎樣」

真金不怕火煉。在疫情下全球經濟受挫時，中國控制了疫情，並提出國內國際雙循環相互促進的新發展格局；在 2019 年香港特區受黑暴困擾、社會各界恍似看不到出路時，共產黨已在部署對策，於中共十九屆四中全會上就已提出要建立健全特別行政區維護國家安全的法律制度和執行機制。對此，施榮懷深有感觸地說：「如果不是中央有板有眼地一直抗擊外部勢力，香港現在不知會衰成什麼樣子。」

施榮懷說，雖然有些人總想與共產黨「保持距離」，但事實上共產黨與我們息息相關。他舉例，「一國兩制」這套在港澳特區實施的根本制度，就是共產黨「研發」，既讓港人保持習以為常的生活方式、在國際上的獨特地位，也讓國家有一塊「試驗田」，任何新嘗試可先開放給港澳特區，如深港通、理財通等，為將來金融進一步的改革開放鋪路，香港亦能比外資更好更深入地進入內地這龐大市場，兩地都從中得到最大的發展。

「風平浪靜時助香港進一步發展，狂風駭浪時也是共產黨為香港找出路。」施榮懷憶及，前年黑暴作亂時，不少愛國愛港人士感到灰心洩氣，攬炒派以為自己如入無人之境，但共產黨已經在部署如何解決這個問題，2019 年 10 月中共十九屆四中全會就已經提出要建立健全特別行政區維護國家安全的法律制度和執行機制，這體現了共產黨「始終對香港人民負責」。

國安立法為港創安全環境

中共中央總書記習近平在中共十九屆五中全會上講過，「安全是發展的前提，發展是安全的保障。」施榮懷亦表示，若沒有安全，一切發展都無從說起，香港這兩年的情況充分顯示了國家安全的重要性，「從黑暴到香港國安法立法，再到完善選舉制度，都是為了給香港創造一個安全穩定的環境，港人應該要感受到這種幸福。」

施榮懷深信，在共產黨的帶領下，國家一定會越來越好，「一國兩制」一定會行穩致遠，香港未來前景可期，「香港會好到什麼程度，就要視乎香港融入國家發展大局的程度和深度，及在其中扮演的角色。」不過，在香港自己有

施榮懷表示，在國家和
共產黨的帶領下，香港
未來一定會繼續好。

所得到的同時，也要考慮如何幫到國家，不能總是伸手要，「因為我們有責任
去這樣做，未來我覺得我們也應該多點思考自己身上所肩負的責任，這不僅是
一種挑戰，也是一種機遇。」

他認為，特區政府應推出政策引導、補助及補貼年輕人了解內地，工商界
亦有責任打破港青只在香港發展的觀念，「機會只會留給有準備的人，機不可
失，失不再來，猶猶豫豫的話機會就沒了。」

值建黨百年契機　倡增向港人宣傳

「共產黨在香港是熟悉又陌生的名字，熟悉在於她是帶領我們國家的政
黨，陌生在於大家缺乏對她的了解。」施榮懷認為，建黨百年是一個契機，可
以廣泛深入告訴全世界包括港人，共產黨的制度和運行模式是怎樣的。

「在內地，黨員就和普通人一樣生活工作，不會搞特殊化，但在香港，共
產黨被標籤化，一些港人對共產黨員存在誤解和偏見。」施榮懷說，他在 1980
年代於內地做生意時，對黨員只有些比較模糊的概念，只知道與一般群眾相
比，黨員政治覺悟更高，自我要求更高，為人民服務意識更強，當然，組織紀
律可能也更嚴明，與之後提出的從嚴治黨是一脈相承的。

因此，建黨百年是讓港人深入認識共產黨的好時機，「過去香港人是對共

產黨不認識、有誤解，現在是一個好時候將實際的情況傳播出去。」

「我作為政協委員，我覺得在政協這個平台上，也會有不同的意見出現，這就更需要進行民主協商。」施榮懷介紹政協工作時指，政協以界別作區分，許多重要議題在人大投票表決前，也會在政協作充分討論；全國政協裏其實共產黨黨員只佔少數，多數都是無黨派和少數黨派人士，當中有八大民主黨派，「以前有人說政協是『花瓶』，其實不是，民主是在協商當中形成的，是在協商中達成一個共識，不是把議題拿到議會上來吵到面紅耳熱的那種狀態。」

他提到，全國兩會、各省市的兩會，政協與人大會議都是在同一時期舉行的，政協平時都會有很多調研、提案給政府，民主協商就是在不同黨派、不同意見之中協商，去監督政府的一些政策方針落實得是否到位。「我認為，大眾是對政協有期望的，很多人覺得政協是一種榮譽，但更是一種責任，民主協商的模式大有學問，理論很深，我也一直在學習當中。」

對於少數港人聲稱內地「無自由」，施榮懷反問：「你看每年有超過一億人次出國旅遊，有沒有聽說過他們沒回來的，不願意回來的？」

施子清：初心紅到老 跟黨走不會錯

「始終跟着黨走，不會有錯；縱是風雨困難，也不會害怕。」施榮懷的父親施子清鏗鏘有力地說。在中國共產黨即將迎來成立 100 周年之際，施子清用一副對聯來抒發自己的情懷：「一片初心紅到老，百年風雨視等閒。」表明自己初心是擁護共產黨，並強調這片初心紅到老，「我一生到老都會跟着黨走，這是不會有錯的。任何風雨困難都不用怕，最怕的是人無志氣。」

施子清是香港著名企業家、書法家，曾任全國政協文史和學習委員會副主任。施家「一門五傑」，他聯同自己 4 名兒子施榮怡、施榮懷、施榮恆及施榮忻均活躍於香港政壇和商界。施子清亦儒亦商，尤其熱愛中華傳統文化，從小就教育兒子們要時刻記住自己是中國人。

說起愛國教育，施子清於 1960 年創辦「香港集美僑校」，時任校長的他，已明確為學校定下「傳承文明，開拓創新」的教育理念，其教育方針就是要愛

中共建黨百周年之際，施子清以一副對聯「一片初心紅到老，百年風雨視等閒」來抒發自己的情懷。

國、愛港、愛鄉。在他辦校 7 年間，因為支持共產黨、支持新中國，集美僑校每逢「十一」國慶必掛國旗。

1967 年，由於港英政府對辦學及師資作出嚴格規定，施子清關閉集美僑校，轉而從商，獨資創辦了恒通貿易公司。在國家實行改革開放時期，他從紡織品的進出口貿易入手，進軍內地紡織業。1986 年，恒通貿易公司改組為恒通資源集團有限公司，開始跨行業投資。

歷史證改革開放正確

他說：「中共十一屆三中全會上提出改革開放，歷史證明改革開放是正確的。新中國成立之初，我們國家一窮二白；到現在，我們國家的進步驚人。我們不能忘記，中國人從站起來、富起來到強起來，這個過程很不容易。」

施子清指，香港經濟是跟隨國家改革開放而迅速發展起來，香港能有今日的發展要感謝的人很多，其中一人就是時任廣東省委書記的習仲勛，他大力推進廣東省的改革，才有之後的深圳、珠海、汕頭經濟特區，並借助經濟特區引進外資，興建工廠，令工人收入增加了，政府稅收亦增加了，才有了經濟的蓬勃發展，而香港也從內地的經濟發展中獲益。「香港與國家是分不開的，只有國家富強了，香港才能維持繁榮穩定，我們的國家能有今日的成就殊不簡單，我們應當繼續對國家、對香港的未來充滿信心。」

（原載香港文匯報 2021 年 6 月 1 日 A8 版，記者沈清麗、歐陽文倩）

方文雄：

國家發展成就巨大
驕傲做中國人

「中國共產黨建黨百年，帶領人民走過不平凡的道路。百年前的一九二一年，軍閥混戰，國家千瘡百孔，人民貧困，飽受外國欺凌；而今天，國家富強，人民生活水平、教育及科技水平均不斷提升，高鐵網絡貫通全國，更透過自主研發的航天技術令祝融號可以飛到火星表面探索，『神舟十二號』將三名航天員送入太空，實現首次自主快速交會對接及首次長達三個月在軌停靠進行太空任務，這一切都令自己作為一個中國人感到十分驕傲。」全國政協委員、協成行董事總經理方文雄接受香港文匯報記者訪問時流露出欣喜，並指這些成就足以看到中國共產黨領導的中國特色社會主義制度的優勝之處。

●方文雄到中國首位航天員楊利偉家鄉出席捐助希望小學竣工禮，並與楊利偉合照。 受訪者供圖

●方文雄鼓勵香港年輕人要融入國家發展大局，於粵港澳大灣區以至內地其他城市積極尋找機遇。 香港文匯報記者 攝

慶祝中國共產黨成立100周年 特別報道

方文雄：驕傲做中國人

國家發展成就巨大

改革開放後變化翻天覆地 有幸參與建設

「中國共產黨建黨百年，帶領人民走過不平凡的道路。百年前的1921年，軍閥混戰，國家千瘡百孔，人民貧困，飽受外國欺凌；而今天，國家富強，人民生活水平、教育及科技水平均不斷提升，高鐵網絡貫通全國，更可透過自主研發的航天技術令祝融號可以飛到火星表面探索，『神舟十二號』將三名航天員送入太空，實現首次自主快速交會對接及首次長達3個月在軌停靠進行太空任務，這一切都令自己作為一個中國人感到十分驕傲。」全國政協委員、協成行董事總經理方文雄近日接受香港文匯報記者訪問時流露出欣喜，並指這些成就足以看到中國共產黨領導的中國特色社會主義制度的優勝之處。

●香港文匯報記者 梁悅琴、黃子晉

從建黨的開天闢地，到新中國成立的改天換地，到改革開放的翻天覆地，方文雄坦言，過去100年中國經歷了新舊兩個社會，其中以改革開放40多年以來的變化令他印象最為深刻。「40年前到內地考察，汽車駛過的道路不平坦，女士的服飾都較為素色，或者可以說都是千篇一律，城市內的大廈都是烏燈黑火，最多只有一兩個電燈膽照住室內。如今走進內地大城市，高速公路、高鐵已接通全國，女士們的衣着已經是相當時尚，大廈外牆亦已是霓虹燈四射。」

人民生活教育水平不斷提高

一轉眼過去40年，在中國共產黨領導下，人民生活水平不斷提高，改革開放以來總共7.7億農村貧困人口擺脫貧困，提前實現聯合國減貧目標。人民教育水平也明顯提升，在新中國成立(1949年10月)初期，全國人口中80%以上是文盲，小學學齡兒童淨入學率只有20%，接受高等教育的在校人數僅11萬。今年5月公布的中國第7次人口普查結果顯示，中國有2.1836億人接受過大學程度的文化教育，每10萬人中具有大學文化程度的由2010年時的8,930人，上升到15,467人，15歲及以上人口的平均受教育年限由9.08年提高到9.91年。中國的文盲率在十年間由4.08%下降為2.67%。

家族一直支持內地慈善項目

方文雄談到這一系列成就時深有感觸地表示，教育可以改變人的命運，人民提高知識可以找份好工，甚至創業致富。這亦是其祖父方樹泉及父親方潤華於1977年成立方樹福堂基金，及於1986年創辦方潤華基金，一直支持內地扶貧、教育的主要因由。既然國家以人民利益為先，企業亦要有社會責任作出貢獻，兩個基金每年從家族集團公司抽取10%至15%利潤用於行善。他指出，兩個基金成立以來於內地已有600個慈善項目，包括扶貧項目、各地的希望小學及其他教育項目等。隨着中國已脫貧，兩個基金近年亦將內地的慈善項目由扶貧轉為醫療，教育項目依然繼續。

美英等西方國家制度不能照搬到中國，也不適合中國，少年時曾在美國及加拿大讀書的方文雄對此有清醒的認識。他指出，1980年代末，美國曾提出興建高鐵，可惜在黨派持續討論及爭拗不斷下，至今仍停滯不前，30多年的高鐵夢至今仍未見成事。與此形成鮮明對比的是，中國現時的高鐵網絡已接通全國，加上高速公路的基建配套，中國的交通網絡已走在時代尖端。

中國抗疫成功更顯制度優勢

去年以來全球疫情肆虐，中國在抗疫、自行研發疫苗以至輸出疫苗的表現，更顯示出中國共產黨領導的成功。方文雄認為，國家以最快速度控制疫情，包括快速興建火神山醫院、爭分奪秒研製疫苗，在內地疫情緩解後，又盡快輸出疫苗和氧氣機至其他國家，這一切都顯示中國特色社會主義制度的優勢，落實了國家主席習近平提出的人類命運共同體的實踐，自己有疫苗的同時亦要幫助別人。

2018年11月習近平主席於北京人民大會堂會見港澳各界慶祝國家改革開放四十周年訪問團，身為當年港澳訪問團成員之一的方文雄回想起來自言好感動，「感覺到好興奮，感到港澳同胞於過去40年為國家作出的貢獻，不忘黨的初心，國家需要的時候，無論投資基建或者扶貧，都會伸出自己的手，國家亦沒有忘記我們。見證國家發展速度，自己有幸能夠參與國家發展歷程並盡一份自己的心力。」

展望中國未來100年，方文雄相信，在中國共產黨領導下，國家因應經濟及國際形勢調整優化自己的策略，人民的生活會變得更美好。

●方氏三代同堂合照，方潤華(右二)、方文雄(右一)、方添輝(左二)及方添明(左一)。 受訪者供圖

中國航天成就振奮人心

「看到國家自主研發的航天技術，能夠令祝融號着陸火星探索，神舟十二號飛船亦成功將3名中國航天員送入中國的空間站進行長達3個月的太空任務，作為中國人，我實在感到非常驕傲。黨的新時代中國特色社會主義思想及構建人類命運共同體理念，除了造就國家建成富強、民主、和諧、文明的美麗社會，更是造福全人類。」方文雄近日在接受香港文匯報訪問時如是說。他相信中國共產黨堅持帶領國家全方位持續發展，制度與時並進，下個百年必定再續輝煌。

「雖然俄羅斯、美國、日本等多國早已合作運轉國際空間站，但在美國出於政治原因的反對下，中國派員到國際空間站做實驗的機會渺茫。而航天技術需要結合多方面的高科技，包括製造火箭推進器燃料、太空物料，以至培訓航天員等，難度極高，故中國成功組建的空間站，絕對彌足珍貴。」方文雄憶及在二十世紀九十年代，中國積極自行研發航天技術，但美國限制對華航天技術出口，以致中國科研隊伍步履維艱，備受壓力。

當年他父親方潤華亦為此先後在四川省西昌衛星發射中心和甘肅省酒泉衛星發射中心捐建一些娛樂設施予航天員減壓，又與香港各界友人成立「酒泉衛星發射中心科教基金」，改善發射中心員工子女的學習環境，希望令中國的航天業者在工作時可以無後顧之憂。

與全人類共享成就 胸襟廣闊

而這些中國航天英雄最終不負人民託付，開啟中國航天員常駐太空的時代。「中國的航天成就得來不易，但國家卻表明會秉持人類命運共同體理念，將中國空間站打造成全人類在外太空共同的家，希望與所有聯合國會員國合作，一塊來進行太空實驗。」方文雄體會到中國共產黨願意與全人類共享成就的廣闊胸襟，相信「反對單邊主義，造福全人類」的理念，有利促進世界和平，避免戰爭。

中國的航天成就還讓方文雄進一步感受到社會主義制度的優勢。「黨一直明白國家的發展是要質量兼備，不會只追求國內生產總值的高速增長，亦同時堅持以人民為本，全面、協調及可持續的發展觀，正如黨當年提出的科學發展觀，以至現在的新時代中國特色社會主義思想。」他深信黨明確堅持和發展中國特色社會主義，盡心竭力實現社會主義現代化和中華民族偉大復興，以人民為中心帶領國家發展，已奠定了國家未來實現全民共同富裕的發展道路。

對於有西方國家抹黑中國「不民主」的謬論，方文雄認為這些國家應該思考「追求民主的目的是什麼？怎樣的人生才算自由？西方『民主』國家的窮人又有多自由？乘飛機旅遊，亦需要經濟能力。若國家無法發展，經濟長期衰退，民不聊生，才是真正沒有自由。」他相信中國政府以人民為本，隨着社會不斷進步、富裕，民主程度亦會不斷提升，更好地滿足人民的訴求。

鼓勵港青北上發展開拓天地

中國共產黨領導下政治穩定，利好營商環境，方文雄鼓勵香港的年輕人到內地發展開拓天地，還透露幼子方添明近年於美國大學畢業後在香港創業研發生產及銷售納米光觸媒技術殺菌產品，並將業務拓展至上海，生意都不俗。

十分支持幼子科技創業路

「現時幼子有一半時間都在上海工作，其納米光觸媒技術殺菌產品亦由口罩、噴霧塗層正計劃拓展至布料、塑膠、油漆及豬場。」他指出：「目前本港有七成交通工具均選用其噴霧塗層，而光觸媒殺菌油漆的成本已降至與傳統油漆相若，相信會有一定競爭力。至於在豬場的應用是希望當非洲豬瘟發生時，豬農毋須再一次過殺死所有豬隻而影響生計，現正研究對豬隻的健康會否有影響才實行。」

方文雄笑言十分支持幼子的科技創業路，始終香港市場細，內地市場好大，又可以幫助豬農維持生計。「做到生意之餘可以貢獻社會，好有意義。」他更指幼子還成為引進外國投資者到中國的橋樑，皆因方添明在美國讀書時認識的猶太同學之父母都想到中國投資，卻找不到門路，如今正好充當盲公竹。他同時鼓勵現正於協成行工作的長子方添輝積極尋找機遇，將公司的業務拓展至粵港澳大灣區。

大灣區機遇處處 打工出路多

粵港澳大灣區機遇處處，方文雄認為，大灣區機遇不止於創業或創科，即使是打工都可以有很多出路，特別是內地未大事開展的工作技術或服務最受青睞。例如香港人沖咖啡好出名，若果年輕人考到咖啡師牌，到大灣區的連鎖咖啡店工作，好大機會獲得晉升；又或者是電動車維修師傅，以至酒店客戶服務員到大灣區工作同樣會有更廣闊的發展空間。

「一國兩制」是港「好幸福的制度」

中國共產黨領導為實現中國和平統一而提出於香港及澳門實行「一國兩制」是世界的創舉，方文雄認為對香港是「好幸福的制度」。他鼓勵香港的年輕人要融入國家發展大局，於粵港澳大灣區以至內地其他城市積極尋找機遇。

方文雄指出，一個國家同時存在社會主義制度與資本主義制度，絕對不簡單，國家為香港市民提供漸進式適應回歸祖國的制度，造就兩地好大的成就。要推進「一國兩制」，必須互相尊重，「一國」之下的「兩制」，首先要釐清主權是中國，回歸以來中央對「兩制」進一步優化，吸取資本主義制度中可取之處利好國家發展，同時亦改善其短處來避免風險。去年中央頒布實施的香港國安法，正好在香港大眾理解的法律基礎上訂立底線，「全世界都有國安法，而一個穩定的社會是政治、經濟發展的基礎。」

更好發揮國際金融中心優勢

「一國兩制」之下，國家可透過香港引進外資，有利香港及內地發展，內地不少特區運作已參考香港經驗，如前海、海南自貿區；香港同樣能夠背靠祖國更加發揮好國際金融中心等優勢，例如可協助國家將人民幣國際化。方文雄認為，香港對國家有很多貢獻，同時也因為國家的改革開放政策，令不少原本受困於香港地價貴、人工貴的廠商可以北上拓展業務，否則當年好多香港廠家早已捱不住。

近年香港的競爭力有所下滑，但國家也為香港提供了大灣區發展的重大機遇。方文雄認為，「人始終會長大、要生活，只要香港年輕人能夠主動積極在大灣區以至內地尋找機遇，一定會有出路。如果怕內地一線城市競爭太大，住屋成本貴，大可以到東莞清遠闖一闖，同樣有作為，住屋價錢又便宜。當他們自行深入了解認識內地的實際情況，自會對中國共產黨產生認同。」

身兼北京大學、暨南大學、香港大學及科技大學校董的方文雄對兩地的學生亦有一番見解，「內地學生的積極性、基本功及好奇心相當強，本地學生因具備中西文化融合，創意及新思維有一定優勢。」然而，面對國際形勢變化，他覺得兩地的大中小學都需要作出教育改革，在如何培養人才及提升科技實力作出變革來迎接未來發展趨勢。

從建黨的開天闢地，到新中國成立的改天換地，到改革開放的翻天覆地，方文雄坦言，過去 100 年中國經歷了新舊兩個社會，其中以改革開放 40 多年以來的變化令他印象最為深刻。「40 年前到內地考察，汽車駛過的道路不平坦，女士的服飾都較為素色，或者可以說都是千篇一律，城市內的大廈都是烏燈黑火，最多只有一兩個電燈膽照住室內。如今走進內地大城市，高速公路、高鐵已接通全國，女士們的衣着已經是相當時尚，大廈外牆亦已是霓虹燈四射。」

人民生活教育水平不斷提高

一轉眼過去 40 年，在中國共產黨領導下，人民生活水平不斷提高，改革開放以來總共 7.7 億農村貧困人口擺脫貧困，提前實現聯合國減貧目標。人民教育水平也明顯提升，在新中國成立 (1949 年 10 月) 初期，全國人口中 80% 以上是文盲，小學學齡兒童淨入學率只有 20%，接受高等教育的在校人數僅 11 萬。今年 5 月公布的中國第 7 次人口普查結果顯示，中國有 2.1836 億人接受過大學程度的文化教育，每 10 萬人中具有大學文化程度的由 2010 年時的 8,930 人，上升到 15,467 人，15 歲及以上人口的平均受教育年限由 9.08 年提高到 9.91 年。中國的文盲率在十年間由 4.08% 下降為 2.67%。

家族一直支持內地慈善項目

方文雄談到這一系列成就時深有感觸地表示，教育可以改變人的命運，人民提高知識可以找份好工，甚至創業致富。這亦是其祖父方樹泉及父親方潤華於 1977 年成立方樹福堂基金，及於 1986 年創辦方潤華基金，一直支持內地扶貧、教育的主要因由。既然國家以人民利益為先，企業亦要有社會責任作出貢獻，兩個基金每年從家族集團公司抽取 10% 至 15% 利潤用於行善。他指出，兩個基金成立以來於內地已有 600 個慈善項目，包括扶貧項目、各地的希望小學及其他教育項目等。隨着中國已脫貧，兩個基金近年亦將內地的慈善項目由扶貧轉為醫療，教育項目依然繼續。

美英等西方國家制度不能照搬到中國，也不適合中國，少年時曾在美國及加拿大讀書的方文雄對此有清醒的認識。他指出，1980 年代末，美國曾提出興建高鐵，可惜在黨派持續討論及爭拗不斷下，至今仍停滯不前，30 多年的高

方文雄鼓勵香港年輕人要融入國家發展大局，於粵港澳大灣區以至內地其他城市積極尋找機遇。

鐵夢至今仍未見成事。與此形成鮮明對比的是，中國現時的高鐵網絡已接通全國，加上高速公路的基建配套，中國的交通網絡已走在時代尖端。

中國抗疫成功更顯制度優勢

　　去年以來全球疫情肆虐，中國在抗疫、自行研發疫苗以至輸出疫苗的表現，更顯示出中國共產黨領導的成功。方文雄認為，國家以最快速度控制疫情，包括快速興建火神山醫院、爭分奪秒研製疫苗，在內地疫情緩解後，又盡快輸出疫苗和氧氣機至其他國家，這一切都顯示中國特色社會主義制度的優勢，落實了國家主席習近平提出的人類命運共同體的實踐，自己有疫苗的同時亦要幫助別人。

　　2018年11月習近平主席於北京人民大會堂會見港澳各界慶祝國家改革開放四十周年訪問團，身為當年港澳訪問團成員之一的方文雄回想起來自言好感動，「感覺到好興奮，感到港澳同胞於過去40年為國家作出的貢獻，不忘黨

的初心，國家需要的時候，無論投資基建或者扶貧，都會伸出自己的手，國家亦沒有忘記我們。見證國家發展速度，自己有幸能夠參與國家發展歷程並盡一份自己的心力。」

展望中國未來 100 年，方文雄相信，在中國共產黨領導下，國家因應經濟及國際形勢調整優化自己的策略，人民的生活會變得更美好。

中國航天成就振奮人心

「看到國家自主研發的航天技術，能夠令祝融號着陸火星探索，神舟十二號飛船亦成功將 3 名中國航天員送入中國的空間站進行長達 3 個月的太空任務，作為中國人，我實在感到非常驕傲。黨的新時代中國特色社會主義思想及構建人類命運共同體理念，除了造就國家建成富強、民主、和諧、文明的美麗社會，更是造福全人類。」方文雄近日在接受香港文匯報訪問時如是說。他相信中國共產黨堅持帶領國家全方位持續發展，制度與時並進，下個百年必定再續輝煌。

「雖然俄羅斯、美國、日本等多國早已合作運轉國際空間站，但在美國出於政治原因的反對下，中國派員到國際空間站做實驗的機會渺茫。而航天技術需要結合多方面的高科技，包括製造火箭推進器燃料、太空物料，以至培訓航天員等，難度極高，故中國成功組建的空間站，絕對彌足珍貴。」方文雄憶及在二十世紀九十年代，中國積極自行研發航天技術，但美國限制對華航天技術出口，以致中國科研隊伍步履維艱，備受壓力。

當年他父親方潤華亦為此先後在四川省西昌衛星發射中心和甘肅省酒泉衛星發射中心捐建一些娛樂設施予航天員減壓，又與香港各界友人成立「酒泉衛星發射中心科教基金」，改善發射中心員工子女的學習環境，希望令中國的航天業者在工作時可以無後顧之憂。

與全人類共享成就　胸襟廣闊

而這些中國航天英雄最終不負人民託付，開啟中國航天員常駐太空的時代。「中國的航天成就得來不易，但國家卻表明會秉持人類命運共同體理念，

**方文雄到中國首位航天員楊利偉家鄉出席捐助希望小學竣工禮，並
與楊利偉合照。**

將中國空間站打造成全人類在外太空共同的家，希望與所有聯合國會員國合
作，一塊來進行太空實驗。」方文雄體會到中國共產黨願意與全人類共享成就
的廣闊胸襟，相信「反對單邊主義，造福全人類」的理念，有利促進世界和平，
避免戰爭。

　　中國的航天成就還讓方文雄進一步感受到社會主義制度的優勢。「黨一直
明白國家的發展是要質量兼備，不會只追求國內生產總值的高速增長，亦同時
堅持以人民為本，全面、協調及可持續的發展觀，正如黨當年提出的科學發展
觀，以至現在的新時代中國特色社會主義思想。」他深信黨明確堅持和發展中
國特色社會主義，盡心竭力實現社會主義現代化和中華民族偉大復興，以人民
為中心帶領國家發展，已奠定了國家未來實現全民共同富裕的發展道路。

　　對於有西方國家抹黑中國「不民主」的謬論，方文雄認為這些國家應該思
考「追求民主的目的是什麼？怎樣的人生才算自由？西方『民主』國家的窮人
又有多自由？乘飛機旅遊，亦需要經濟能力。若國家無法發展、經濟長期衰退、
民不聊生，才是真正沒有自由。」他相信中國政府以人民為本，隨着社會不斷
進步、富裕，民主程度亦會不斷提升，更好地滿足人民的訴求。

「一國兩制」是港「好幸福的制度」

中國共產黨領導為實現中國和平統一而提出於香港及澳門實行「一國兩制」是世界的創舉，方文雄認為對香港是「好幸福的制度」。他鼓勵香港的年輕人要融入國家發展大局，於粵港澳大灣區以至內地其他城市積極尋找機遇。

方文雄指出，一個國家同時存在社會主義制度與資本主義制度，絕對不簡單，國家為香港市民提供漸進式適應回歸祖國的制度，造就兩地好大的成就。要推進「一國兩制」，必須互相尊重，「一國」之下的「兩制」，首先要釐清主權是中國，回歸以來中央對「兩制」進一步優化，吸取資本主義制度中可取之處利好國家發展，同時亦改善其短處來避免風險。去年中央頒布實施的香港國安法，正好在香港大眾理解的法律基礎上訂立底線，「全世界都有國安法，而一個穩定的社會是政治、經濟發展的基礎。」

更好發揮國際金融中心優勢

「一國兩制」之下，國家可透過香港引進外資，有利香港及內地發展，內地不少特區運作已參考香港經驗，如前海、海南自貿區；香港同樣能夠背靠祖國更加發揮好國際金融中心等優勢，例如可協助國家將人民幣國際化。方文雄認為，香港對國家有很多貢獻，同時也因為國家的改革開放政策，令不少原本受困於香港地價貴、人工貴的廠商可以北上拓展業務，否則當年好多香港廠家早已捱不住。

近年香港的競爭力有所下滑，但國家也為香港提供了大灣區發展的重大機遇。方文雄認為，「人始終會長大、要生活，只要香港年輕人能夠主動積極在大灣區以至內地尋找機遇，一定會有出路。如果怕內地一線城市競爭太大，住屋成本貴，大可以到東莞清遠闖一闖，同樣有作為，住屋價錢又便宜。當他們自行深入了解認識內地的實際情況，自會對中國共產黨產生認同。」

身兼北京大學、暨南大學、香港大學及科技大學校董的方文雄對兩地的學生亦有一番見解，「內地學生的積極性、基本功及好奇心相當強，本地學生因具備中西文化融合，創意及新思維有一定優勢。」然而，面對國際形勢變化，他覺得兩地的大中小學都需要作出教育改革，在如何培養人才及提升科技實力作出變革來迎接未來發展趨勢。

鼓勵港青北上發展開拓天地

中國共產黨領導下政治穩定，利好營商環境，方文雄鼓勵香港的年輕人到內地發展開拓天地，還透露幼子方添明近年於美國大學畢業後在香港創業研發生產及銷售納米光觸媒技術殺菌產品，並將業務拓展至上海，生意都不俗。

十分支持幼子科技創業路

「現時幼子有一半時間都在上海工作，其納米光觸媒技術殺菌產品亦由口罩、噴霧塗層正計劃拓展至布料、塑膠、油漆及豬場。」他指出：「目前本港有七成交通工具均選用其噴霧塗層，而光觸媒殺菌油漆的成本已降至與傳統油漆相若，相信會有一定競爭力。至於在豬場的應用是希望當非洲豬瘟發生時，豬農毋須再一次過殺死所有豬隻而影響生計，現正研究對豬隻的健康會否有影響才實行。」

方文雄笑言十分支持幼子的科技創業路，始終香港市場細，內地市場好大，又可以幫助豬農維持生計。「做到生意之餘可以貢獻社會，好有意義。」他更指幼子還成為引進外國投資者到中國的橋樑，皆因方添明在美國讀書時認識的猶太同學之父母都想到中國投資，卻找不到門路，如今正好充當盲公竹。他同時鼓勵現正於協成行工作的長子方添輝積極尋找機遇，將公司的業務拓展至粵港澳大灣區。

大灣區機遇處處　打工出路多

粵港澳大灣區機遇處處，方文雄認為，大灣區機遇不止於創業或創科，即使是打工都可以有很多出路，特別是內地未大事開展的工作技術或服務最受青睞。例如香港人沖咖啡好出名，若果年輕人考到咖啡師牌，到大灣區的連鎖咖啡店工作，好大機會獲得晉升；又或者是電動車維修師傅，以至酒店客戶服務員到大灣區工作同樣會有更廣闊的發展空間。

（原載香港文匯報 2021 年 7 月 6 日 A12 版，記者梁悅琴、黃子晉）

余順輝：

不能遺忘紅軍烈屬
身體力行內地扶貧

早在二〇一八年，余順輝為響應國家脫貧攻堅的政策，先後四次到訪四川巴中。最近，余順輝打算成立關愛軍烈屬的慈善基金，希望盡一己之力，為軍烈屬提供長遠的幫助。

心繫一千多公里以外毫無血緣關係的人，只因為他認為：「我們現時能擁有幸福生活，是他們當年拋頭顱、灑熱血，以寶貴的性命換來的。我們不能遺忘他們，也不能遺忘烈屬，要關愛他們，讓他們活得更好、更受尊敬。」

四川巴中扶貧受啓發　帶頭成立關愛基金
余順輝身體力行：不能遺忘紅軍烈屬

榮在窗戶明亮的辦公室裏，余順輝憶起數年前諸足四川巴中探訪老紅軍及軍烈屬，看到其簡陋的屋所，心裏不禁感戚然。今年是中國共產黨建黨百周年，不少香港人對紅軍事跡開始關注，其實早在2018年，余順輝已經身體力行關懷老紅軍，數年前為響應國家脫貧攻堅的政策，余順輝先後多次到訪當地，為他們提供各種幫助。

最近，余順輝打算成立關愛烈屬的慈善基金，希望盡一己之力，為烈屬提供長遠的幫助。心繫一千多公里以外毫無血緣關係的人，只因為他認為：「我們現時能擁有幸福生活，是他們曾拋頭顱、灑熱血，以寶貴的性命換來的。我們不能遺忘他們，也不能遺忘烈屬，要關愛他們，讓他們活得更好、更受尊敬。」

●採：香港文匯報記者 朱慧恩、婷羚
●攝：香港文匯報記者
部分圖片由受訪者提供

●余順輝（前排左三）到光霧山鎮漢口村問任春秀（前排右二）家關愛烈屬試點情況

●余順輝（左一）與當地幹部視察當地脫貧情況

●余順輝先後多次到訪當地

●「借羊還羊」助巴中脫貧

澤楷海青商場打過幾次大生意，熱心公益的企業家余順輝雖非想像中運籌帷幄、叱咤風雲、同處社會，但謙卑、低調，多年來他一直奉獻多個公益活動，希望利用自己有限的資源及人脈，幫助社會上有需要的人。因此，這些年來，他不遺餘力地投入慈善工作，總任多個職位，包括香港各界扶貧促進會（福扶會）榮譽副會長、香港義工基金會榮譽主席、香港出世界大聯盟榮譽大使。聯同其他社會各界之士，向社會上不同的有需要的群體伸出援手。

「借羊還羊」獲聯合國全球減貧最佳案例獎

巴中位於四川省東北部，為川陝革命根據地，現有1,200餘名軍烈屬。數年前，余順輝扶貧促進會負責了響應國家脫貧攻堅的政策——「定型扶貧 精準扶貧」，「港扶會」也幾次到巴中，探訪及照顧當地的老紅軍及軍烈屬，了解他們的困難及需要。作為善於從公平成果的余順輝，路是這樣處事中也要投廣個多小時才能同樣的隆重山區，目睹老紅軍及烈屬生活環境惡劣，破舊的房屋愈破堪能而到了深深震撼。當地軍人家屬住的房屋仍是……

●余順輝（左一）與「港扶會」代表參觀烈士陵園，他認為紅軍的事跡不應被遺忘

率先捐百萬給慈善基金

今天，國家繁榮穩定，城市人大都過上富裕生活，他認為成長於貧困地區的平凡卻也凝聚成尊的一群。上一套新一群的生活，2020年12月，「巴中市烈屬關愛協會」正式成立，同時負起國家脫貧攻堅……余順輝更捐出100萬人民幣作為首筆關愛基金也。

●余順輝到巴中探望老紅軍

●余順輝認為香港通仍有優勢，港人不應妄自菲薄。

冀組織港青參觀革命老區

過去，余組織在世界各地探訪，是稱頌名貧、熱心公益的典範。兩年前的時候例風流實貧界有良心，發言大的同地人民心……

●位於巴中市的川陝革命根據地博物館

●網上圖片

作為香港企業家參與感榮幸

「我們可以從香港走得了更多委員，包括姜嘉、農業、畜牧業，最終就定前提羊品及牧見效果復境備境內人及羊品。為牧業綜合效羊，無奈因為缺貧困的。當地人希望大規模養畜，賣地養羊的技術不高。我們覺得可以幫助當地……

我們傾向有冬天的安穩生活，是當年他們付出了寶貴的生命，才換來今日的太平盛世，有的初步是想感戚我們的勞務。證道領悟是偉傳出來，讓老多人等……

我們仍有自己的事業，長遠說是起來，在全國各地也在做。

籲港青裝備自己　港優勢仍在

近年，香港政府當家就鼓勵回內地不斷創業……余順輝也認為大灣區將是不錯的發展之處，但鼓勵年輕人、港青要適應兩地，有自己的技能……

他一直以個人名義支持青年年就業、就業，例如中山像鎮越秀地獎等，是為鼓勵回鄉發展的青年及其後代……

為了加強讓香港年輕人跟身體驗紅色的營……

余順輝作為傑出的愛國營商……

籲港青裝備自己港優勢仍在

飄洋過海在商場打滾大半生，熱心公益的企業家余順輝總希望能夠略盡綿力，回饋社會。因此，多年來他一直參與多個公益活動，希望利用自己有限的資源及人脈，幫助社會上有需要的人。因此，這些年來，他不遺餘力地投入慈善工作，擔任多個公職，包括香港各界扶貧促進會（港扶會）常務副會長、香港義工基金常務副主席、香港再出發大聯盟共同發起人等，聯同其他社會有能之士，向社會上不同的有需要的群體伸出援手。

「借羊還羊」獲聯合國全球減貧最佳案例獎

巴中市位於四川省東北部，為川陝革命根據地，現有 1,200 餘名軍烈屬。數年前，余順輝和扶貧促進會會員為了響應國家脫貧攻堅的政策——「定點扶貧 精準扶貧」，「港扶會」代表們先後四次到訪巴中市，探訪及慰問當地的老紅軍及軍烈屬，了解他們的困難及需要。作為習慣居於大城市的余順輝，踏足這個連坐車也要耗費個多小時才能到達的偏遠山區，目睹老紅軍及軍烈屬生活環境縱然艱苦卻仍能積極面對，讓余順輝百般滋味在心頭。

「當時看見的平房都是磚木結構，連洗手間也沒有，居住環境簡陋。不過，雖然他們的生活條件不優越，居所簡陋但都乾淨企理，他們為活着感到自豪。」余順輝認為，當年無數的紅軍犧牲了寶貴的性命，才換來今天的國泰民安，所以，他們不應成為被遺忘的一群，而是值得擁有更好的生活條件，因此，最後香港各界扶貧促進會決定選址巴中市進行精準扶貧——採用「借羊還羊」計劃，讓企業提供羊崽，當地人進行飼養，並保證銷路，增加百姓收入。

作為香港企業家參與感榮幸

「我們到當地進行了多番考察，包括茶業、農業、畜牧業，最後鎖定飼養黃羊最為快見效和長遠發展潛力。因為黃羊是當地特產，當地自然環境適合放羊，無奈因為資金限制，當地人並無大規模養殖。養殖黃羊的技術不高，我們覺得在這方面容易指導、扶持。」余順輝憶述。

2018 年，「港扶會」與南江縣政府簽訂《南江黃羊產業扶貧基金合作協議書》，設立南江黃羊產業發展基金，兩者共同出資籌謀，協助發展南江黃羊產業，讓當地貧困戶透過飼養南江黃羊增收脫貧。「飼養者只需要出人力飼養羊

余順輝成立慈善基金，助紅軍烈屬。

隻，養大後也不用考慮銷路。」這項目「港扶會」共捐助了三千萬元人民幣。余順輝表示，目前為止，「借羊還羊」政策已協助當地二千多戶人成功脫貧。「有些人以前連鞋都無一雙，現在都有自己的房屋。」談到得知當地居民的生活質素得以改善，余順輝欣慰的神情洋溢臉上。

　　「值得自豪的是，『借羊還羊』這個精準扶貧個案還入選了聯合國全球減貧最佳案例獎，能讓其他地方借鑑經驗。作為香港企業家，我能夠參與其中，覺得非常榮幸！以前常做善事，但都沒有追蹤捐出的錢去了哪裏，今次就不同了。當地的百姓都很開心，因為我們不是僅僅捐錢給他們，而是給了他們一個

方法、方向，讓他們在脫貧之路上踏出第一步。」余順輝期望，「借羊還羊」的經驗能夠作為一個起點，再慢慢推廣至國家其他地方，讓不同地區的老百姓也能脫貧致富。

率先捐百萬給慈善基金

今天，國家繁榮穩定，城市人大都過上富裕生活，他認為成長於貧困地區的軍烈屬也應該活得有尊嚴，過上富裕一點的生活。2020年12月，「巴中市烈屬關愛協會」正式成立，目的為關愛軍烈屬。「國家和政府都很盡力幫助他們，但始終地廣人多，如何可以做得更好呢？」深思一番後，余順輝認為成立關愛基金會是不二之選，於是，他馬上帶頭捐出100萬元人民幣作為首筆基金希望起帶頭作用，影響更多人參與支持。余順輝更把這件事告訴年逾九十歲的媽媽。「媽媽聽後感動不已，立即把多年儲蓄下來的三十多萬元人民幣一次捐出。巴中市的人都很感動，他們認為重點不在於金額大小，而是這個善舉對他們的意義。」

如此出心出力協助巴中的農

「借羊還羊」政策幫助巴中農民脫貧。

「港扶會」巴中市退役軍人事務局烈屬關愛協會調研並檢查關愛行動成果。

余順輝（左二）隨考察隊考察黃羊加工廠。

余順輝（前排左三）到光霧山鎮溪口村四社姜春秀（前排右二）家關愛烈屬試點情況。

民及軍烈屬，除了是作為企業家的余順輝希望能夠履行社會責任，盡一己之力幫助當地的農民脫貧外，也出於他打從心底裏敬重當年為國捐軀的紅軍。他去過巴中紅軍烈士陵園，那裏有 2.5 萬多名紅軍烈士長眠，可見當年為國家他們付出多大的代價。余順輝覺得，當人民過着幸福生活的同時，應不忘本，要飲水思源。

「我們能有今天的安穩生活，是當年他們付出了寶貴的生命，才換來今日的太平盛世。我的初衷是想通過我們的帶動，將這個信息傳遞出去，讓更多人參與其中。烈屬得到安慰，英烈在天之靈得到安息，讓他們的後人在社會上活得有尊嚴。」他動情地說。余順輝正積極籌備一個慈善基金會，呼籲社會各界為巴中紅軍、烈屬及其後代盡一份力，提醒中國人不要遺忘紅軍曾經為國家所作出的貢獻。而他的行動事實上已經發揮了影響力，關懷軍人烈屬的行動得到多方響應，在全國各地也在做。

余順輝（左一）與
「港扶會」代表參觀
烈士陵園，他認為紅
軍的事跡不應被遺
忘。

冀組織港青參觀革命老區

　　過去，余順輝在世界各地經商，足跡遍布多地，他始終心繫祖國。兩年前的修例風波重創香港社會，也令兩地人民心生芥蒂。在余順輝看來，儘管兩地文化有差異，但始終都是同根同源，血濃於水，無分你我。他憶述，以往國家有難，為善不甘後人的香港人總是毫不猶豫站在最前線伸出援手，令內地同胞感動不已。雖然近年出現一些抗拒中國極端言論，但他多年來在兩地從商及行善的經驗及觀察，總結所得：「香港人骨子裏仍是愛國的，雖然在現時有些文化『碰撞』的情況下，產生了一些誤解，其實大部分香港人仍是認同我是中國人，而絕大部分內地人亦敬重香港人。最重要還是多溝通和互相諒解及包容。」

　　為了加強讓香港年輕人親身體驗國家的發展狀況，余順輝除了成立慈善基金助紅軍烈屬外，亦打算出旅費支持青少年回國看看，讓更多香港年輕人了解國家，了解紅軍的英勇事跡。等疫情平息兩地通關後，他將組織志願者一起到巴中市參與扶貧工作，親身與老紅軍及軍烈屬對話，同時，也藉此機會，邀年輕人踏足這個極具歷史價值的革命根據地，既飽覽祖國的壯麗河山，也親身感受英勇的紅軍當年如何捨身拚命為人民換來今天的幸福生活。他也鼓勵公司的職員參與，做首批志願者。余順輝表示把這個慈善項目當作自己的事業，長遠發展。

余順輝認為香港仍有優勢，港人不應妄自菲薄。

余順輝到巴中探望老紅軍。

港優勢仍在　籲港青裝備自己

　　近年，香港政府常常鼓勵年輕人回到大灣區發展，作為常常來往內地及香港的商人，余順輝也認為大灣區確實是機遇處處，但競爭也很大，港青要成功都要憑自己的本事，有自己所長才能在競爭中勝出。他兩名在外國接受教育的兒子，近年也回到大灣區發展，已經結識到志同道合的朋友，找理想的出路。

　　他一直以個人名義支持青少年就學、就業。例如中山隆鎮社團總會，每年都會捐款設立獎學金；在去年旗下企業提供多個就業職位供大學生報名，以加快他們融入社會。他寄語有意回大灣區發展的年輕人，最緊要調整好自己的心態。所謂調整心態，他解釋：「兩地之間會有文化差異，年輕人要問自己是否接受這個地方？是否接受自己的祖國？」他認為，只有自己發自內心熱愛、尊重該地方，那個地方才會同樣對待自己。他奉勸年輕人回內地發展要按部就班，不要一下子便想要賺大錢，而要多了解當地的民情，尋找適合自己的方向，用好香港人的獅子山精神，緊記成功需苦幹。

　　余順輝作為香港再出發大聯盟的共同發起人，認為儘管這兩年香港社會較為紛亂，相信中央政府對香港的支持是堅定不移的。有意見認為近年內地經濟發展迅速，香港各方優勢漸失，特別是香港作為國際金融中心的地位逐漸被取代。但余順輝說，與內地其他城市如上海、深圳相比，香港仍是較為自由、更能與國際接軌。更重要的是，他認為「一國兩制」的保障無疑是香港最得天獨厚的優勢，香港的機會仍不少。

（原載香港文匯報 2021 年 7 月 9 日 A27 版，記者朱慧恩、焯羚）

「三趟快車」見證中央對港關懷

　　行走在鄭州北站的供港列車專用股道（車站站台中用來停車的線路）上，原鄭州市鐵路局局長徐宜發感慨萬千，他告訴大公報記者，儘管「三趟快車」（一九六二—二〇一〇）已經塵封歷史，但內地對香港的支持始終如一，運行近半世紀沒有一日停運，回首往事，彷彿仍能聽到活畜的嚎叫聲，仍能看到工作人員忙碌的身影。「三趟快車充分體現社會主義制度的優越性，黨中央國務院對香港同胞的關懷，內地和香港血濃於水的關係以及內地同胞的奉獻精神。」

內地供港鮮活物資 半世紀無一日停運

「三趟快車」見證中央對港關懷

行走在鄭州北站的供港列車專用股道（車站站台中用來停車的線路）上，原鄭州市鐵路局局長徐宜發感慨萬千，他告訴大公報記者，儘管「三趟快車」（1962-2010）已經集封馆歷史，但內地對香港的支持始終如一，運行近半世紀沒有一日停運，回首往事，彷彿仍能聽到鮮活畜的嘶叫聲，仍能看到工作人員忙碌的身影。「三趟快車充分體現社會主義制度的優越性，蘊中央國務院對香港同胞的關懷，內地和香港血濃於水的情誼以及內地同胞的奉獻精神。」

大公報記者 劉凝 鄭州報道

▲內地供港的支持始終如一，「三趟快車」運行近五十年沒有一日停運，圖為工作人員齊將鮮活運上火車。網絡圖片

▲時任鄭州鐵務段任段長的徐宜發在登車前檢查機車。 受訪者供圖

已經退休多年的徐宜發是老鐵路人。他開了十年火車，負責供港鮮活資大車是貨車。徐宜發回憶說，那個時候他們用的是蒸汽機車，供港物資的快車對的是白天開行，有的是夜裏運行，自1962年開始運行，近半世紀的運行過程中，一年四季從不間斷。

各地調集物資 滿載運行

開行供港物資的是一項非常重要的任務。每天都有從安陽、新鄉、商丘排運到鄭州北站的牲畜車，然後北站車輛編組成「755」次向深圳方向開行，中途還要在潢河、西平、駐馬店加掛牲畜車，集結在一起滿載運行。「每年春運期間，一般貨物列車都要添運，唯獨供港物資快車不停運。」

在徐宜發的印象當中，「幾十年如一日，即使遇遇文革動亂、非中水災、橫樑断裂，縱或塩与英又人桶，快速奉引也一直堅持開行，從無間斷。」

徐宜發在其編的《一座城市的鐵路情緣》中特別提及當段歷史，他靈可用當時任香港出現行工重要長聚總經理賀月男的話，「向港澳供應提資沙滑為人港，但又在對遇響、均衡以引起對國際作用，這樣以及對資的的穩定性，是世界上也是少有的。」

「開通三趟快車時正值國家經濟困難時期，列車運行是中央特別的（一座城市的鐵路情懷）給供港物資運。徐宜發說，可以說是我們黨團結的領袖香港同胞活者最大的支援。」

家屬後勤保障 收集草料

所有相關工作人員都知道，要集結活畜運非常不容易，都是全供人員辛辛苦苦努公他地方度運來的，因此工作人員怕運費可能遇道少活畜在運輸過程中的損耗，也是加費萬小心。「755」次列車的車廂好說改造，有水槽和料槽，裝然是「移動的嗣畜舍」。他覺供港快車有「牛」，但實際上被滑消火車是未能避，而且因為所的是活畜，而以要途中途快速補給怎必掉的食。打籠車上的活畜需可能通遇達量長途運途、車廂裏的嵌到自嵌也需壓瓦的板樣，車的內埋一側垫草石礫，配有處理環景的洪開，力便性道喝尻段。到車政輕後，沿遙車站根遙需要補嵌死水和草料。

為了保障家畜的生命，鄭州北站收集裝備儲定腳的草料，每天都要給活畜怔特養育過、頭養、上世至八十年代，鄭州北站眼道怔窄然的牲畜以将通給保障工作。

「只要一般今天拉的是的活育前、本東斗分的精紧神逐要再往上擺而介，朱都有驅瓊塞貓。」徐宜發億說。

數據顯示，從1962年至「755」次列車開道達、鄭州北站安全開行港湾共開達17184列，計504092直，每一列有5000逼計算，累計運輸物資9592萬頭。鄭州北站共出運輸活牛24420車、3貨210塩514車、還有數以計數的鮮蔬菜、水果、腿蛋、水産等。

▲原鄭州市鐵路局局長徐宜發回憶對內地同胞捐家豬奉獻運行「三趟快車」受訪者供圖

內地同胞捐家豬 保證貨源穩定

毛澤東在保證港滬的日常消費是貨品物資。也是為對鄰中國需實對鄉之下通逗滋潤這裡逗實换取次嗎的一種策略。但對了1961年，受三年自然又害影響，祖國内地物資匱乏。對港遙地逼對活畜產品供應亦象，為穩定對港活畜供應的一片深情，也為了願往返逗换地頭特許香港的供作千，用忠未遍塩鞏助力解決活畜生產困境。1962年底原限「751」次、「752」次、「753」次「供港活豬鮮活畜三趟快速貨物列車」體系，並成為一項基本議策。

因這三趟車分別自武漢、長沙、郵州、上海晉

發，且「定期、定程、定點」每天開行，因此被影象地稱為「三趟快車」。

國家鼓勵發展大規模養殖基地

為保供港活畜穩貨量，有内地同胞對自己家養的豬美妻的豬獻，滿足香港需要。

當時供港香港的品標準和現在相比非十分高標，活畜每也常120斤左右，羊畜每只15斤以上，活畜每隻2斤以上、活鵜每隻4斤以上。為提高供港活豬的質量，在國家鼓勵下，各地方還發展起大規模養殖基地。

「三趟快車」供港生命線

150米專用道 設活豬登車平台

鄭州鐵路局鄭州北站是中國鐵路樞鄉量最大、作業效率最高的路網性編組站、被稱為「最忙編組站」。

專人統計列車開行掛運

在徐宜發的帶領下，記者來到鄭州北站，戳著下行編組運用供港的貨車站，停留的專用股道，這段投遙大約150米長，旁股專人負責統計列車的開行、掛運及正點等情況，並且還有專門的活牲畜、羊道進一上融合。

如今這股鈔道已經停用，記者看到鋼軌鏽跡斑斑，走在這段股道上，彷彿走進當年的繁忙景象之中。

從1962年開始，所有要運送活畜的牲畜車都要在這裏集結，並整裝成755次出發。已經70多歲的徐宜發億這，這短短的一段股道是歷史的見證者，「不論在任何時候，只要香港有困難，中央亦然會伸出援手。」

供港專列鄭州北站至列於1962年登車裏的與始。隨著貨車班列愈來愈多，售有需求修改為「8755」次、「82755」次。

徐宜發告訴大公報記者，供港專列車次編統的綠水見證中國鐵路的發展以及內地聯通這港地球的多元化。縮介紹，最初開港時，將級上的貨車有不多年單次三位數者可以了，後面愈成口位數三位數，這個列車次變化隨著內地到港的列車密度增加。

如今，隨著供港物流的蓬勃發展，多元化的運輸方式讓香港百姓「生命線」越穿越快、越穿越多、越穿越廣，履商港港同胞近半個世紀的「三趟快車」在2010年了入塵抹的歷史。

▲鄭州北站見證了黨中央、國務院對香港同胞的關懷、內地和香港血濃於水的關懷。 大公報記者劉凝攝

幕後英雄押運員 活豬打架調解人

遠距離運蔬蔬果忙碌怕測，而運輸活畜牲更是麻煩的苦差。「三趟快車」背後有一群默黙比辛苦的幕後英雄——快車押運員。

忍飢捱餓多日 下車飽餐一頓

徐宜發億說，最辛苦的是那些押運人員。運輸中的話諸，夏天怕熟、冬天怕冷、押運員的中很多人辦要水喝，我既把豬水壽費的水給他了」徐宜發對這件事印象特別深刻。

「有一次一個押運員茄的實在不行了，中途停車時跑到我遺索要水喝，我既把豬水壽費的水給他了」徐宜發對這件事印象特別深刻。

▲押運人員不僅要負責活豬吃喝。還要防護腰、生病。

徐宜發億說，最辛苦的是那些押運人員。運輸中的話諸，夏天怕熟、冬天怕冷、押運員的中很多人辦要水喝，既把豬水壽費費的水，而最怕的是這到打架的殊豬，「一不」留神怎兩頭豬打起架來，打不開就容易大熱打架，即使有天晴也小小了，捯熱打架的諸諸，滿嘴頭熱，滿頭鮮血，嘶叫咬可聲的滾帶。有的豬變至，有遞頭水墊住頭不愛了，只好軍水喝完了，餓肚痛了，他們只能飲餓，記得深圳下車調停交交多才飽終一頓。

已經退休多年的徐宜發是老鐵路人。他開了十年火車，負責供港物資火車是常事。徐宜發回憶說，那個時候他們用的是蒸汽機車，供港物資的快車有的是白天開行，有的是夜裏運行，自 1962 年開始運行，近半世紀的運行過程中，一年四季從不間斷。

各地調集物資　滿載運行

開行供港物資快車是一項非常重要的任務。每天都有從安陽、新鄉、商丘掛運到鄭州北站的牲畜車，然後北站重新編組成「755」次向深圳方向開行，中途還要在漯河、西平、駐馬店加掛牲畜車，集結在一起滿載運行。「每年春運期間，一般貨物列車都要停運，唯獨供港物資快車不停運。」

在徐宜發的印象當中，「幾十年如一日，即便遭遇文革動亂、華中水災、橋樑斷裂、隧道塌方等天災人禍，快運專列也一直堅持開行，從無間斷。」

徐宜發在其編著的《一座城市的鐵路情緣》中特別提及這段歷史，他還引用時任香港五豐行董事長兼總經理賀月芳的話，「向港澳供應現貨冷凍商品，快運列車對適量、均衡供貨起到調控作用，這樣以天為計算單位的穩定供應，在世界上也是少有的。」

「開這三趟快車時正值國家經濟困難時期，列車開行是中央特批的，無論如何要保證港澳同胞鮮活物資供應。」徐宜發說，可以說是在我們最困難的時刻給香港同胞送去最大的支援。

家屬後勤保障　收集草料

所有相關工作人員都知道，要集結這些活畜非常不容易，都是外貿人員辛辛苦苦從各個地方調運來的，因此工作人員為了盡可能減少活畜在運輸過程中的損耗，也是煞費苦心。「755」次列車的車廂經過改造，有水槽和料槽，儼然是「移動的飼養場」。儘管供港快車有「快」字，但實際上彼時的火車並未提速，而且因為用的是蒸汽車，所以中途停站補給是必須的。為了讓車上的活畜盡可能適應這樣的長途跋涉，車廂裏的裝卸台都設置百葉箱式的板壁，車廂內壁一側還有石槽，配有處理糞便的裝置，方便牲畜吃喝拉撒。列車啟程後，沿途車站根據需要補充水和草料。

內地對香港的支持始終如一，「三趟快車」運行近五十年沒有一日停運。圖為工作人員負責將活豬運上火車。

　　為了保障家畜的生命，鄭州北站收集儲備足夠的草料，每天都要給這些牲畜車加足，不能讓牠們路上餓着。上世紀八十年代，鄭州北站動員家屬專門做這些後勤保障工作。

　　「只要一說今天拉的是供港專列，本來十分的精氣神還要再往上提兩分，不敢有絲毫差錯。」徐宜發回憶說。

　　數據顯示，從 1962 年第一趟「755」次列車開通後，鄭州北站安全開行供港澳列車 17184 列，計 504093 車，按一列車 5000 噸計算，累計運輸物資 8592 萬噸。鄭州北站共運輸活牛 24420 車，活豬 25514 車，還有難以計數的鮮蔬菜、水果、雞蛋、大蒜等。

原鄭州市鐵路局局長徐宜發回想起內地同胞無私奉獻運行「三趟快車」感慨萬千。

150米專用道 設活豬登車平台

鄭州鐵路局鄭州北站是中國鐵路辦理量最大、作業效率最高的路網性編組站，被稱為「最忙編組站」。

在徐宜發的帶領下，記者來到鄭州北站，觀看下行編組場用於供港物資集結、停留的專用股道，這段股道大約150米長，並設專人負責統計列車的開行、掛運及正點等情況，並且建有專門的活豬上車通道─上豬台。

如今這段股道已經停用，記者看到鐵軌銹跡斑駁，走在這段股道上，彷彿走進當年的繁忙景象之中。

從1962年開始，所有要運往香港的活畜生鮮都要在這裏集結，並整編成「755」次出發。已經70多歲的徐宜發感慨道，這短短的一段股道是歷史的見證者，「不論在任何時期，只要香港有困難，中央必然會伸出援手。」

供港專列鄭州北站首列於1962年發至廣州南站，後改到深圳北站。隨着貨車班列的增多，曾有兩次修改─「8755」次、「82755」次。

徐宜發告訴大公報記者，「供港專列車次編號的修改也見證中國鐵路的發展以及內地聯通港澳地區的多元化。」據介紹，最初開通時，幹線上的貨車列

鄭州北站見證了黨中央、國務院對香港同胞的關懷、內地和香港血濃於水的關係。

數不多，車次三位數就可以了，後面變成四位數五位數，這表明當時鐵路發展幹線上的列車密度增加。

　　如今，隨着現代物流的蓬勃發展，多元化的運輸方式確保香港「生命線」變得更快捷、更穩定、更優質，服務港澳同胞近半個世紀的「三趟快車」在 2010 年走入塵封的歷史。

幕後英雄押運員　活豬打架調解人

　　遠距離運輸蔬果怕擠怕爛，而運輸活禽生豬更是難上加難。「三趟快車」背後有一群無比辛苦的幕後英雄──快車押運員。

　　徐宜發說，最辛苦的是那些押運人員。運輸中的活豬，夏天怕熱、冬天怕冷，押運員們不僅要管豬的吃喝，還要防擠壓、生病、掉秤，甚至還要給打架的豬當調解員，工作量非常大。最苦的是刺鼻的味道，任憑押運員們把衣服裹了再多層，也擋不住那彷彿要滲入身體的臭味。在車上的幾天，押運人員吃的是自帶乾糧，以饅頭為主，冬天還好些，夏天天熱弄不好就容易餿。餓了啃點

乾饅頭，渴了喝的是涼開水。有乾饅頭吃、有涼開水喝就算不錯了，有時水喝完了、饅頭吃光了，他們只能忍着，到深圳下車辦理完交接才能飽餐一頓。

「有一次一個押運員渴得實在不行了，中途停車時跑到我這裏要水喝，我就把我水壺裏的水都給他了。」徐宜發對這件事印象特別深刻。

押運人員不僅要負責活豬吃喝，還要防擠壓、生病。

內地同胞捐家豬 保證貨源穩定

祖國對保證港澳同胞日常消費既是責無旁貸，也是西方對新中國實施封鎖之下通過港澳途徑換取外匯的一種需要。但到了 1961 年，受三年自然災害影響，祖國內地物資緊缺，對港澳地區的鮮活農產品供應告急，為體現對港澳同胞的一片深情，也為了穩定住港澳地區特別是香港的市場，在極其嚴峻的條件下，周恩來總理親自指示解決港澳供應問題，最終在 1962 年底形成「751」次、「752」次、「753」次「供應港澳鮮活商品三趟快運貨物列車」體系，並成為一項基本國策。

因這三趟車分別自武漢、長沙、鄭州、上海首發，且「定期、定班、定點」每天開行，因此被形象地稱為「三趟快車」。

為保障供港活豬的數量，有內地同胞將自己家裏養的豬賣給國家，滿足香港需要。

當時供應香港的產品標準和現在相比亦十分高：活豬每頭在 120 斤左右，活雞每隻 1.5 斤以上、活鴨每隻 2 斤以上、活鵝每隻 4 斤以上。為提高供港活豬的質量，在國家鼓勵下，一些地方還發展起大規模養殖基地。

「三趟快車」供港生命線

1961 年 11 月

・在毛澤東和周恩來的關懷下，原對外
貿易部、原鐵道部、中糧公司在上海
聯合召開會議，主題是為解決供應香
港鮮活商品運力不足的問題，專門為
香港同胞開通一趟「專列」。

1962 年

・為保證鮮活貨物「優質、適量、均
衡、應時」地供應港澳，原對外貿易
部和原鐵道部共同開創編號為 751（見
圖）、753 和 755 的三趟快車，每天
固定開行三趟，分別從上海、鄭州和
武漢始發，專門運輸豬、牛、羊等鮮
活商品，經深圳運抵香港，形象稱作
「三趟快車」。

1964 年

・原鐵道部宣布「三趟快車」為「貨車
之首」，要求除特快列車外，所有客、
貨車都要為之讓道。

1988 年

・海關總署在深圳筍崗鐵路口岸設立
內地首家出口監管倉庫，各類鮮活物
資運抵口岸後直接進入鐵路沿線的倉
庫，經過消毒程序於次日凌晨運抵香
港。

2004 年

・從長沙東始發的「751」次列車停運。

2010 年

・鄭州北站供港專列「82755」次（即
「755」次）列車停運，至此「三趟快
車」均退出歷史舞台。圖為二〇一七
年，參加范長江行動的港生來到鄭州
北站進行採訪。

（原載大公報 2021 年 6 月 25 日 A10 版，記者劉蕊）

慶祝中國共產黨成立100周年
The 100th Anniversary of the Founding of
The Communist Party of China

第三章　同行者系列

中國共產黨的百年偉大征程，有香港人一同走過。即使在港英時期，香港海員也積極透過工運凝聚支持共產黨的力量，愛國學校也堅持着愛國教育，文化人由粵劇、流行曲到影視作品，以不同方式訴說着中國故事。每人在百年征程上貢獻了一段足印，就如散布不同角落的點點火種，一片片地照亮百年歷史，為這個不凡故事加添溫度。

劉智鵬：

黨辦高校育棟樑
兩年栽培近千人

香港現時的升學途徑眾多，享受高等教育對香港學生而言幾乎是理所當然，但對經歷抗日戰爭的一代人來說，高等教育學額非常矜貴，他們格外珍惜。一九四六年十月十日，中國共產黨於屯門建立達德學院，是繼香港大學之後本地第二所綜合性大學，為當時年輕人提供更多高等教育機會。礙於政治形勢變化，學院成立後僅兩年零四個月便遭港英當局封校。長期研究達德學院歷史的嶺大協理副校長劉智鵬接受香港文匯報訪問時表示，達德當時的師資可謂星光熠熠，培養出近千名相當傑出的愛國學生，部分學生和教授後來更擔任國家要職，在方方面面為國家作出貢獻。

達德師資雄厚星光熠熠 師生北上貢獻新中國

劉智鵬：黨辦高校育棟樑 兩年栽培近千人

慶祝中國共產黨成立100周年 特別報道

香港現時的升學途徑眾多，享受高等教育對香港學生而言是理所當然，但對劉智抗日戰爭的一代人來說，高等教育學額非常矜貴，他們格外珍惜。1946年10月10日，中國共產黨於屯門建立達德學院，是繼香港大學之後本地第二所綜合性大學，為當時年輕人提供更多高等教育機會。礙於政治形勢變化，學院成立僅僅兩年4個月便遭港英當局封校。長期研究達德學院歷史的嶺南大學協理副校長劉智鵬近日接受香港文匯報訪問時表示，達德當年的師資可謂星光熠熠，培養出近千名相當傑出的愛國學生，部分學生和教授後來更擔任國家要職，在方方面面為國家作出貢獻。

香港文匯報 撮稿看片 記者 姬文風

劉智鵬形容該校師資於當時可謂星光熠熠，栽培出一批相當傑出的愛國學生，在方方面面為國家作出貢獻。　　香港文匯報記者 攝

「背」景最深厚的中國內戰開始，對於劉德國國民黨控制的文人、學者、記者、作家、藝術家等人來說，前往香港是最好選擇，」劉智鵬介紹說，香港當時是一個相當有彈性的政治環境，而不少在抗戰期間參與辦報、地下工作的群眾，在戰時經歷了戰爭洗禮，部分其後轉移來到香港，「所以當時香港一方面有一群有頭有臉、有水平、有地位的學者，亦有一群正尋求讀書機會的年輕人。」

因此，中國共產黨看了在香港成立高等院校的機遇。達德學院是由中共黨建立的第一所有完整學分制的正式大學，師資當時相當一時無兩，星光熠熠，劉智鵬表示，當時就達德匯百賢之能，建德學校的教應水平比當時的香港大學更好，顯示中共抱有資質力強大。

他舉例，學校的教師包括千家駒、司馬文森、沈志遠、章乃器、鄧初民等，「同學對當時一般人來說是必須十分尊崇，但『熠熠』於今一群有聲望，就如德望之盛離鴻儒，大家必須理解。1946年這批舉辦人們來說充斥了一片辦學者，十分偏頗，到底當局考了要平和偏頗的，」由此可見，達德學院到其師之實不算是組互吸引力。

1949年，港英當局只知有在解放戰事中節節勝利，擔心中共成功在內地建立政權，進一步影響香港，因此開始出現各方在港活動新的中共組織機體，包括達德院。

劉智鵬表示，縱使不少資料已有所不足，但從學的學生隨時不少，但據達德校友會等對法繼續學的名師集中了名學生。

絕大部分學生投入新中國建設

「組名辦學人員之後成立的達德各棟梁職稱，同時吸引獲得大批港生進入海外或者國家，」劉智鵬舉例說，當年有一批學校畢業系學生、到畢業、要加地畢業地接管兒地新銀行系統，「因為接地的經費、就迅即以一群名教、曾打得地的報界，而又為此地，直至新中國成立後統一管理、這些臨時紙得才被取代。」

劉智鵬指出，達德學院當年具有長期辦學的初心，為學生提供優良教育。

劉智鵬將收集得來的資料結成書。　　香港文匯報 記者 攝

校友口述歷史 資料集結成書

香港文匯報訊（記者 姬文風）劉智鵬在2004年開始從事有關香港達德學院的研究，自此進行他一系列的明查暗訪，包括到廣州達德校友會、達德校友會得到口述歷史、並將收集得來的資料結成書，也連續發表觀點，國與水平頗為校院，網與更不慚不罪。「我覺得校友聯得，他們口同是當時中國最傑出的一批大學生，即使放到現在任何一個年代，他們都是優秀的。」

在搜訪達德學院當年情況時，「在後還港當局的香港非論述中，基本上當黏學生做生，」加上盒約當年大都描照到內地建設，令學校在導得追生，這些約於2002年陸出訴訟潮起，「達德學院的所在地，後出地因不能會原及鄰物，但中華基督教會的物業，因他們跟發原向出訴發展解地段、已進入與政府劉議地地。

建校與東江縱隊有關 搵人出面辦校護師生

香港文匯報訊（記者 姬文風）達德學院是由中國共產黨與抗日愛國人士合辦的大學校，劉智鵬解釋，這涉及許多的形勢變量，面該校立辦了兩年半便被港英封校，也坎團於當時不願轉租的浮沉複離。

「在黃顯玩，其實學院有相當比例是來自民主黨派人士。」劉智鵬分享其日學院的成立史，指與抗日縱隊和輔十進九人採出於在抗戰為及協助當局疏導的重大貢獻，因為以抗戰驕和港，地領容許中共出應把握當這例識和關照權。

即使如此，當時中國共黨若於以私多個第仍未公開放置，需要予護方港國以黨杆務會致地德建校，甚至對教職員和學生的人身安危帶來威脅。

「中共才是創校主要推手」

劉智鵬指出，在當時形勢需要下，中共在成立學院一事上的角色表面上甚不明顯，而是找來不少民主黨派人士出面辦校，以至當時當導部分學生以為達德是民主校校以以主義驅動的學些校，「但實際上我們徹底多研究，知道中國共產黨才是主要的推手。」

不過，延因配當亦鬆套付當時香港的複雜形勢。

達德學院學生在校園耕。　　受訪者供圖

香港達德學院小資料

成立日期：1946年10月10日

註冊資格被撤銷日期：1949年2月22日

學生人數：近1,000人

校舍：為抗日名將蔡廷鍇將軍的芳園別墅，芳園於抗日時期曾借予廣東國民大學作臨時校舍；校舍背靠青山面對青山灣，內有草地涼亭。現校舍版本的建築只剩下本部大樓，現稱馬禮遜樓，為香港法定古蹟之一

董事長：李濟深

院長：陳其瑗

部分知名學者、教授、講師：郭沫若、千家駒、茅盾、鄧初民、沈志遠、喬冠華、何香凝、陳丙森等

學院教育方針：廣泛的愛國教育、和平的民主教育、進步的科學教育、人本的自由教育、集體的互助教育

開辦專業：商業、經濟、法學、文哲、會計、新聞等

整理：香港文匯報記者 姬文風

前身為達德學院的阿攝堂會所馬禮遜樓。　資料圖片

香港達德學院於1946年10月10日宣告成立，以抗日將領、前十九路軍名將蔡廷鍇的芳園別墅作為校舍，劉智鵬指出，達德學院校舍採用西式，一所學分制度，開設商業、經濟、法學、文哲、言論、新聞等專業，更設美式120學分學制，與校各舍同政治相關。

「達德學院開辦的學科，主要考慮到是階層特的國際國家。」劉智鵬指出，國家當時正處於戰後正處的新的國陸、商業、經濟、會計等專業化互重要，而要畢業國學專業，同說文理及數、因此也需新開專業、國陸文哲等專科，則涵各界不同意務，但實就是分之大。被同到達德學院當年為何未有辦學問題的真正，劉智鵬解析，這主要觀於經經服務背負。

採用美式120學分學制

劉智鵬說到，達德學院採用了美式120分學分的學制，「原圖上是4年制，但當時普通的註冊大學只要3年制，因此得了調整，變相1年修約40學分。」

德江村，達德學院的正規模式着重小組討論，自由寫作和互相學重，對學生個人品格、學養培育起到相當的作用。

達德學院師生合影。　　受訪者供圖

「背景是源於中國內戰開始,對於要逃避國民黨追捕的文人、學者、記者、作家、藝術家等人來說,前往香港是最好選擇。」劉智鵬介紹說,香港當時是一個相當有效的「政治避風港」,而不少在抗戰期間參與游擊隊、地下工作的年輕人,在戰時錯失了就學機會,部分其後輾轉來到香港,「所以當時香港一方面有一群有頭有面、有水平、有地位的學者,亦有一群正尋求讀書機會的年輕人。」

因此,中國共產黨有了在香港成立高等院校的構思。達德學院是由中共領導人周恩來和董必武指導創辦,由左翼民主人士、愛國進步人士出面管理和營運,校名取自《禮記‧中庸》:「智、仁、勇三者,天下之達德也。」

達德學院師資實力備受肯定

「學院成立的一大意義,在於這是中共建立的第一所有完整學分制的正式大學,師資當時而言是一時無兩,星光熠熠。」劉智鵬表示,當時就連港英官員也說,達德學院的教師水平比當時的香港大學更好,顯示學院師資實力備受肯定。

他舉例,學院的教師包括千家駒、司馬文森、沈志遠、章乃器、許滌新等,「開學對當時一般人來說未必算好轟動,但『熟路』的人一睇(師資)就知勁。」每當達德學院舉辦公開講座,也邀請到郭沫若、茅盾等名人任主講嘉賓,「即使講座發生在今日的屯門新墟(學院位置),大家必須理解,1946年這裏對人們來說交通不便、十分偏僻,但每次講座一舉辦還是要爭相霸位的。」由此可見,達德學院對某些群眾而言還是很具吸引力。

1949年,港英當局見中共在解放戰爭中節節勝利,擔心中共成功在內地建立政權後,進一步影響香港,因此逐步註銷在港合法註冊的中共相關團體,包括達德學院。

劉智鵬表示,礙於不少資料已於封校時銷毀,準確的學生總數已不可考,但據後來校友會等統計方法推算,學院共栽培約千名學生。

絕大部分學生投入新中國建設

「很多辦學人員之後赴京擔當各樣重要職務,同時這裏的確培養出一批愛

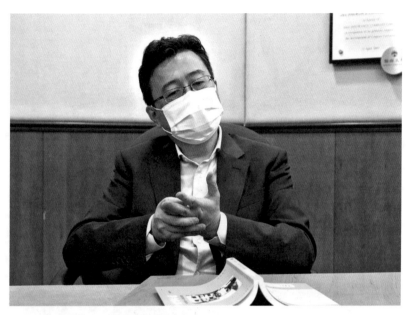

劉智鵬形容達德學院師資於當時可謂星光熠熠，栽培出一批相當傑出的愛國學生，在方方面面為國家作出貢獻。

國學生，絕大部分後來也是投入到新中國建設之中，方方面面貢獻國家。」劉智鵬舉例說，當年有一批學院商經系學生，到粵東、潮汕地區率先接管當地的銀行系統，「因當地無咗貨幣，於是自己以銀行名義，發行臨時紙幣，而又居然流通，直至新中國成立後統一貨幣，這些臨時紙幣才被取代。」

建校與東江縱隊有關　搵人出面辦校護師生

達德學院是由中國共產黨與民主黨派人士合辦的大專院校，劉智鵬解釋，這涉及眾多的形勢考量，而該校只辦了兩年半便被港英當局封校，也是源於當時不斷轉變的香港局勢。

「在營運上，其實學院有相當比例成員是來自民主黨派人士。」劉智鵬分享昔日學院的成立歷史，指東江縱隊和轄下港九大隊由於在抗戰及協助盟軍等

達德學院學生在校園用膳。

方面有很大貢獻，所以，抗戰勝利後，英國容許中共在港根據香港法例註冊相關組織。

即使如此，當時的中國共產黨始終處於「半公開狀態」，需要考慮在港國民黨特務會破壞達德建設，甚至對教職員和學生的人身安危帶來威脅。

「中共才是創校主要推手」

劉智鵬指出，在當時形勢需要下，中共在成立學院一事上的角色表面上並不明顯，而是找來不少民主黨派人士出面辦校，以至今當時部分學生誤以為學院是民主黨派創立的學校，「但實際上我們做很多研究，知道中國共產黨才是主要的推手。」

不過，這般配置亦難應付當時香港的複雜形勢。劉智鵬舉例說，達德學院董事長李濟深在本港滯留期間，多次受到國民黨特務的跟蹤，其中一次的晚宴

上，李濟深臨危不亂，巧妙借水道脫身。這類情況講起來好似是電影情節，但實際上是時有發生。

另一方面，雖說港英當局容許共產黨在港根據法例註冊組織，但對共產黨始終存有戒心，逐漸限制共產黨在港的活動，結果達德學院於 1949 年 2 月 22 日被當局下令封校。

校友口述歷史 資料集結成書

劉智鵬約在 2004 年開始從事有關香港達德學院的研究，自此進行過一系列的明查暗訪，包括到廣州達德校友會，結識校友獲得口述歷史，並將收集得來的資料集結成書。透過親身接觸，劉智鵬深感這群達德校友的確相當優秀，知識水平普遍較高，個個更不煙不酒，「我覺得好難得，他們可算是當時中國最優秀的一批大學生，即使放到中國任何一個年代，他們都是優秀的。」

達德學院當年被港英當局取消註冊，「往後港英當局的香港史論述中，基本上當無發生過。」加上當時師生大都回到內地發展，令學院逐漸被港人淡忘，更約於 2002 年傳出清拆消息，「達德學院的所在地，即何福堂會所及相關地段，是中華基督教會的物業，當他們跟發展商洽談發展地段，已進入同政府傾換地重建的階段。」

清拆事件引起了部分達德校友關注，並去信政府反對清拆，更驚動了香港歷史博物館，決定立項舉辦達德學院展覽，「也因此委託我肩負探索達德歷史的重任。」

為進一步了解箇中歷史，劉智鵬當時積極地明查暗訪，認識在港及內地校友，「他們都幾符合達德智仁勇的品格，每位都很愛國，而且他們知識水平普遍較高，之後大都有繼續進修，成為方方面面的專才。」

他還分享了多年來跟校友們接觸的一些有趣觀察，例如發現他們竟然全都不煙不酒，亦不講粗口，「你試想一下，在那個年代從事企業或不同專業工作，應酬總少不免，但居然可以完全沒有任何習染，實在不容易。」

學院學科均與當時國家發展相關

香港達德學院於 1946 年 10 月 10 日宣告成立，以抗日將領、前十九路軍軍長蔡廷鍇借出的芳園別墅作為校舍主樓。劉智鵬介紹說，達德學院是採用美式 120 學分的學制，開設商業、經濟、法學、文哲、會計、新聞等專業，以配合當時社會發展及人才所需。

「達德學院開設的學科，主要考量均是跟當時的中國發展有關。」劉智鵬指出，國家當時正處於戰後百廢待興的階段，商業、經濟、會計等專業尤其重要，而要重建國家，法政也是必不可少的，加上要考慮到資訊流通，因此也需要新聞專業。開設文哲專業則主要是考慮到當時學院有不少相關專家，自然不能浪費人才。被問到達德學院當年為何未有開辦理工科，劉智鵬解釋，這主要礙於設備跟資源有限，並無條件開辦。

採用美式 120 學分學制

劉智鵬提到，達德學院採用了美式 120 學分的學制，「原則上是 4 年，但當時香港的註冊大學只得 3 年制，因此作了調整，變相 1 年要修 40 學分。」

據了解，達德學院的上課模式着重小組討論，自由發言和互相尊重，對學生個人品格、學養培育起到重要作用。

達德學院師生合影。

前身為達德學院的何福堂會所馬禮遜樓。

香港達德學院小資料

成立日期	1946 年 10 月 10 日
註冊資格被撤銷日期	1949 年 2 月 22 日
學生人數	近 1,000 人
校舍	為抗日名將蔡廷鍇將軍的芳園別墅，芳園於抗日時期曾借予廣東國民大學作臨時校舍；校舍背靠山坡面對青山灣，內有草地涼亭。現校舍原本的建築只剩下本部大樓，現稱馬禮遜樓，為香港法定古蹟之一
董事長	李濟深
院長	陳其瑗
部分知名學者、教授、講師	郭沫若、千家駒、茅盾、鄧初民、沈志遠、喬冠華、何香凝、司馬文森等
學院教育方針	廣義的愛國教育、和平的民主教育、進步的科學教育、人本的自由教育、集體的互助教育
開辦專業	商業、經濟、法學、文哲、會計、新聞等

（原載香港文匯報 2021 年 8 月 3 日 A12 版，記者姬文風）

愛國教育傳承
兩代人默默耕耘

一九四六年，愛國青年周捷君在抗戰勝利後，沒有選擇承繼家業，反而與友人籌資九千元，在港島貧困住區興辦大同學校，堅持愛國教育，作育英才三十年。一九四九年十月中華人民共和國成立，大同學校是香港最早掛起五星紅旗的學校之一。「大同」不只是失學小童的求學之地，也是區內居民的避難所，是愛國種子的培育地。「大同」的校長不僅是學校的領航人，還是學生最信得過的「婚姻把關人」。如此的良師益友，過身時，獲千人自發送殯，作最後致敬。九十年代末，周家六兄弟姊妹再續父母大愛，將遺產悉數用於內地復建大同學校，支持國家農村教育，傳遞父母的大同理想，「年輕一代成長的土壤，需要有愛國的氛圍。」

愛國教育傳承 兩代人默默耕耘

「成長的土壤，需要愛國的氛圍」

校友同大

「原來爸爸是東江縱隊成員」

孤雛小姊弟 知識改變命運

六兄弟姊妹 微電影大同觀演看共鳴

香港大同學校足跡
周建君校長資料

大姐第有話說

周月梅：網家變化說滄桑 好感慨！

周光棠：盼港人能真正熱愛祖國

周光宜：愛國是基本 做忠誠中國心

周光康：做好中華兒女 一種人格魅力

周光宏：愛國精神 一代一代傳承

周蔚：讓中華薪火傳下 教化學生

戰後的香港，百廢待興，失業、失學問題困擾着無數香港同胞。那時候的港島筲箕灣，岸邊泊滿了漁船，岸上到處是凌亂蓋搭的鐵皮屋，山上擠滿了難民。那年周捷君年方二十五，卻早就投身抗日救亡運動，參加共產黨領導下的東江縱隊，直至抗戰勝利。這位信仰堅定的愛國青年，毅然決定投身愛國教育事業——在筲箕灣一處舊樓宇中創辦大同學校，為勞苦大眾子弟創造就學機會。

但興學辦校的資金從哪裏來？原來，周捷君的父親經營長生店，據周校長的兒子周兆康說：「生活起碼是小康，爸爸是獨子，爺爺希望他繼承父業，但他決定要搞教育，反而跟爺爺要錢辦學校。」

「好蠢，有錢不賺，返學校都無人工……」家人的不解並沒有阻擋周捷君辦學的決心，他拿着問父親要來的 4500 元，連同三位朋友另外籌集的 4500 元，在 1946 年辦起大同學校。

多功能學校 「有困難就搵校長」

「大道之行，天下為公」，孔子眼中的「大同」是人類的理想世界。周兆康說起父母的理想，「爸爸媽媽是希望民族強大，老百姓過上好的生活，他們用行動踐行理想。」

大同創校後升起的第一面五星紅旗、圖章、功課簿等，充滿紀念價值的物品都一一保存下來。當中功課簿的封面是地球繫着一條紅飄帶，正正顯示大同跟父母那一代人追求國家富強、民族解放的理念很有關係，「解放戰爭期間，父母上課會耐心地對學生解說，解放一個城市，插支紅旗，是很鮮明的表現。」兆康說。

這間為「知識改變命運」而建的學校，白天書聲琅琅，夜晚靜靜地「變身」，便是一家人的寢室：廚具收起，是父母的臥室；課桌拼開，是六兄妹的睡床。這間多功能校舍除了是求學問的地方，亦伴隨着許多貧困家庭度過難捱無助的夜晚。

在無數個疾風驟雨的日子，父親會上山將學生及家長接到校舍以避山泥傾瀉之災；多少次飽受家婆虐待的婦女，拖着滿身傷痕從山區跑來求救，這裏又成了遠離捱打受氣的庇護所，「媽媽一邊收留捱打的家長，又會去山上勸解家長嘅家婆，和好後接佢返回。」

1949年10月，大同學校位於西灣河街的校舍掛起了五星紅旗。

　　不僅如此，這對校長夫婦亦是學生美好姻緣的見證者、促成者。大同的學生劉金權，是班裏的調皮搗蛋王，「爸爸媽媽為了培養佢嘅責任感，畀籃球隊隊長佢做。」一次飲茶時，劉金權妻子談起往事，「當年我唔知點解咁鍾意佢，我哋拍拖之後，佢話『我阿媽覺得 OK，但唔係真正 OK，我帶你見校長，校長話 OK 就 OK，唔 OK 就算數』，我真係好忐忑。我同時又覺得好奇怪，點解結婚要問埋校長？點解校長嘅意見咁緊要？」見過校長，劉太得到「認可」，「我嗰時才安心。」

憂心下一代　無國無家無骨氣

　　從創校日起，歷經風雨飄搖，大同無懼港英政府打壓，堅持愛國教育三十載。校長夫婦曾經這樣說：「我們在香港，好像離內地很近，但如果不從小就告訴學生，我們祖國的歷史有多麼悠久，土地有多麼富饒，我擔心他們將來不知不覺會變成無國無家的人，沒了骨氣。」

　　周兆康憶述，學校在開學禮、畢業禮、國慶日等重大日子都會舉行升旗儀

式,三十年間培育了許多愛國桃李,「鼎盛時期學生超過七百人」,很多舊生成長結婚後,還會將子女送回母校就讀。直到 1976 年,隨着港英教育政策改變等原因,大同學校和另外兩間學校合併,之後在 1979 年結束辦學。

周捷君校長伉儷於 1988 及 1999 年先後離世,讓周家六兄妹悲痛萬分。他們都是普通工薪階層,但處理父母留下七十多萬的遺產時,不到半小時就有共識——要以更好的方式延續父母的愛。那一天與弟弟飲茶,周兆康提出希望將父母留下的錢辦學校,「弟弟隨即贊成,連我當時只有十歲的兒子都好支持」,兆康即刻打電話給四兄妹,包括遠在加拿大的大家姐,「前後不到半小時,大家都很同意。」

「其實不是六個人,是我們六個家庭的意見。但我們提出的時候,都知道不會有人反對,因為這是一種家族文化、家庭的氛圍,我們所有的兄弟姊妹、兄弟的家嫂、我姐夫、妹夫,所有人一談起這件事,都即時同意,沒有第二句說話。」周兆康說道。

說起到內地辦校的想法,兆康說,自小看着父母為教育傾盡心血,加上自己工作的工會,曾於 1993 年在內地捐建希望小學。「當時我心想,如果我都能辦一間學校叫媽媽來剪綵,不知有多好!不過最後沒有辦法,我們沒有錢,這希望只能放在心裏。」周兆康淚眼婆娑。

中聯辦牽線　父母積蓄內地建校

1999 年,周兆康兄妹帶着父母畢生積蓄,找到了新華社香港分社(現在的中聯辦)的廣東辦事處,提出再續父母愛國教育事業的心願,並提出兩個希望,「也是我工會辦學校時提出的。一是真的窮、值得幫;二是交通能去到的地方。新校也要延續工會辦校原則,跟進情況,唔會話辦完就唔理,我們一家人、家長、校友要常常來看的。」

得到中聯辦的鼎力相助,學校選址定在了廣東省清遠市佛岡縣龍南鎮石聯村,「我們考察過,覺得條件符合,故在那地方辦」。那一年,一間位於佛岡縣著名的石山區,原是校舍殘缺的學校,變成了有電腦室、電化教育平台、塑膠跑道、籃球架等設備,讓鄉村孩子可以享受優質現代化教育的求學地,是為「石聯大同學校」。

周捷君校長（右）與妻子呂儀和，把畢生
青春奉獻給愛國教育事業。

六十年代，大同學校學生的上課情況。

六兄弟姊妹有話說

周月梅：
國家變化浪接浪　好震撼！

　　周月梅是周家長女，上世紀 80 年代移居加拿大，雖長年身在海外，卻十分關心祖國發展。她透過視頻與弟弟妹妹同日接受記者採訪，說到國家發展成就馬上舉出例子，「衛星、高鐵，抗疫成效」等，還有「十天之內興建方艙醫院」，言語間充滿驕傲和自豪，「好震撼啊，（國家）變化真是一浪接一浪，在外國我的感受是特別深刻的。」

周兆東：
盼港人能真正熱愛祖國

　　在周捷君校長晚年時，周兆東作為家中長男，經常陪伴父親左右，父子間感情深厚，也較其他兄弟更早了解父親的愛國背景與堅定不移的信仰。已退休的周兆東，現時業餘教普通話，向學生傳遞國家發展訊息。周兆東也提起自己的女兒，雖有愛國底線，但尚未符合他的理想，令他有點內疚，「說明我在培養子女的過程中，沒爸爸媽媽做得那樣好，差太遠了。」周兆東期盼，香港人能夠真真正正熱愛祖國。

周兆西：
愛國是基本　做事要用心

　　惜字如金、不苟言笑的周兆西談起父母臉上泛起笑意。「父母無論待人接物還是愛國心意都是真心實意，對我們、對學生以及身邊的人都有好正面的影響。」畢業後在文匯報雅典印刷公司工作的周兆西，談起自己43年的工作原則，「愛國理念是最基本的，做事用心，用真心先最緊要。」父母真心實意辦好愛國學校培育桃李，潛移默化的家風下，自己亦真心實意地想把工作做好。

周兆康：
做好事是一種人格魅力

　　周兆康小時候，筲箕灣發生過一場大火，災民只能暫時棲身在硬地足球場，「當時我媽媽煲了飯，叫我們兄弟提到球場，去找學生及家長，看哪位沒飯吃。我們自小覺得做好事，是正常的、是自然的，是一種人格的魅力、有一種感染力。」周兆康在父母身上，領會到何謂真心實意，「在爸爸離世時，有多達一千人送殯；及至媽媽過身，又有一千人送殯，去的人都是自發的。」

周兆強：
愛國情操　一代一代傳承

　　「爸爸媽媽當年未有整天說共產黨好、中國好，但他們傾談當中，他們談及國家的發展、歷史、地理，更包括對身邊人的關心。」父母的潛移默化，深深印在周兆強的心裏。談及家族第三代，「我覺得我們很幸運，起碼沒有出現『黃』的，沒這個問題。」而這種愛國情操，周兆強相信是由父母開始，一代代傳承下來的，包括女兒主動為內地大同學校開設網站，以傳承「大同」精神。

周月齡：
講事實講例子　教化學生

　　么妹周月齡是唯一繼承「父母衣缽」的，她以自己的老師身份為榮。她享受教書時傳道授業解惑的快樂，她經常向學生分享遊歷祖國河山的感受，她在課堂上面對「港獨」學生時仍然從容不迫地講述中華文化。有一次班上一位同

早年大同學校的老師帶着學生放學，盡顯老師的愛心。

學突然站起大聲喊道，「我唔係中國人，香港要『獨立』……」周月齡沒有直接爭辯，「麻煩你坐低先」，她繼續講述，「事實是我哋中國的傳統文化博大精深，歷史悠久，有五千年的歷史……」周月齡認為，香港自古是中國的一部分，中國擁有五千年的文化，這些都是不爭的事實，「說到我們中國的傳統文化是無可辯駁的！」面對極端學生，她會講究教育方法，「講事實，講例子，讓他們去感受，去了解。」周月齡教書 27 年，她希望像父母一樣，用人格魅力影響學生，「希望他們（學生）做一個善良的、熱愛自己國家的人，我講得幾多得幾多。」

六兄弟姊妹親演　微電影《大同》有共鳴

「沒有國，哪有家？」周家兩代人的愛國教育路，在微電影《大同》裏都生動地還原活現。電影特別之處，除了周家六兄弟姊妹粉墨登場演回自己外，在台灣導演林立書鏡頭下拍攝出的香港故事，巧妙地由兩岸三地合作呈現「大

同」精神，結果引起了社會各界的共鳴回響，屢獲獎項。

這部二十一分鐘的影片，從周捷君、呂儀和夫婦逝世後，周家六子女商量分財產開始講起。其間，一名大同學校舊生突然拜訪，帶來了學校的老照片，將電影主線拉回上世紀四十年代，在國家經歷日本侵華、百廢待興的艱難背景下，周捷君立志辦學救國。電影透過左至右或右至左的鏡頭移動，來切換新舊不同年代場景，營造出舞台劇的效果。

屢奪獎項　感動觀眾

電影中不少出現過的物品，包括學校當年升起的第一面五星紅旗、圖章、功課簿，都是從當年保存至今的實物，非常難得。

編劇及製片人呂丹曾透露，製作團隊本來打算找專業演員來演周家六子女，但導演採訪六人做資料搜集時，卻發現他們很有「表演力」，於是決定直接讓他們參演。而且幕前幕後的工作人員也覺得這電影很有意義，都不計較報酬。

結果《大同》感動了不少觀眾，在 2017 年於央視主題微電影大賽中，從五百個作品中脫穎而出，成為二十九個優秀作品之一；並獲得央視「社會主義核心價值觀主題微電影徵集展示活動」優秀作品一等獎。

「原來爸爸是東江縱隊成員」

香港在抗日戰爭時期是共產黨領導下的特殊戰場，周捷君創辦愛國學校之前，早已投身愛國運動，參加抗戰，而其妻子呂儀和的許多家人亦是共產黨所領導東江縱隊的成員。當兄長在訪問中提到當年往事時，周家幼女月齡也是初次聽見，不禁驚訝道：「吓！原來爸爸是東江縱隊成員？」

在周家兄弟姊妹印象中，父母生前很「口密」。爸爸只在晚年病重的時候給子女留下一份簡歷，當中簡單講及過他在一九三七年參加過抗日戰爭，子女後來只能從內地親友口中得知父母的一些往事。

大哥周兆東透露，他的舅父、大姨丈和父親當年是同學，一同參加抗日活

（左起）周月齡、周兆康、周兆西、周兆東（坐下者）與身處內地的周兆強視像對話，言談甚歡。

周家六兄弟姊妹，按長幼順序（右起）為周月梅、周兆東、周兆康、周兆西、周兆強、周月齡。

動、演話劇。之後父親參加過「香港學生回國服務團」，1942 年隸屬東江縱隊，直至抗戰勝利後，於 1946 年在香港創辦大同學校，開啟三十年的愛國教育事業。兆東說，因自己三歲時已被送返內地由外婆照顧，最早得悉青少年時代已加入抗日大軍的爸爸是共產黨黨員。

打麻雀傳送情報

周家兄弟姊妹小時候就深受父母言傳身教，長大後投身不同的行業，保持着一顆愛國的心。但是，他們年輕時對於父母的往事所知不多，直至籌辦內地大同學校後，才更多地了解長輩的經歷。原來，除了父母之外，他們有一位沒受過文化教育但非常勇敢的外婆，早年守寡靠當傭人養大五個兒女，在國家危難之時，毅然送他們參加革命工作。在香港淪陷的歲月，外婆居於九龍太子道，樓上樓下都是漢奸日寇，就在敵人眼皮底下，外婆的住所成為「東江縱隊港九大隊市區中隊」聯絡站。神奇勇敢的外婆為日軍司令部的軍官做飯、洗衣服刺探軍情，然後聯絡其他東江縱隊成員回家，以打麻雀為掩護，傳送軍情。

還有外婆的女兒、周家兄弟的姨媽，今年已經 95 歲了，當年就是該中隊的女戰士，曾在西貢拿着槍炮打游擊。1944 年春，游擊隊把被日軍擊落的美國飛機的飛行員救回，姨媽把刀叉藏在生日蛋糕內，由九龍運往西貢供飛行員使用，路上幾乎被嚴密盤查的日軍發現，最終憑着機智應對完成任務。

孤雛小姊弟 知識改變命運

位於清遠的石聯大同學校有逾二十年歷史，周氏六兄妹經常前往探望學生，關心他們的成長，幫助有需要的學生。他們分享了多年前幫助過一名叫金雄的小朋友的故事。

金雄讀小學二年級時，父母因交通意外和健康原因先後離開，只留下他與姐姐彩紅相依為命。儘管家庭破碎，小金雄的學習成績卻是名列前茅。「我印象好深，他們住的土屋裏有幾張獎狀，都是全級第一、第二名。」周月齡探訪過金雄家，當時看到小屋子殘破不堪，她擔心小姐弟的居住安全，協助他們修整了房屋，她的一位舊生陳堅知道小姐弟情況後，迅速聯繫表示想提供幫助。

寧買書不買玩具

周月齡曾和陳堅探望姐弟倆，帶着金雄一起購買日用品。首次去到超級市場的金雄沒有選擇食品玩具，而是問「我可否買書？」在周月齡的鼓勵下，買了《十萬個為什麼》和《百科全書》等，抱着書的金雄心滿意足的連連道謝，最後才買了幾件簡單的日用品。金雄現已升讀中學，姐姐也在五月結婚了，「陳堅好似爸爸嫁女般添置了大金鏈作嫁妝。」

周月齡告訴記者，看到小朋友學習環境日漸變好，「我自己好開心，可以如此切實地幫助一個家庭，好似爸爸媽媽咁。」周家六兄妹都無法忘記，父母數十年如一日，以校為家，把教職員、學生、家長當家人的一份情。

「家庭的影響、學校教育以至到工會工作，完全是一脈相承。」周兆康說，自己在工作中遇到很多跟父母抱持一樣情懷的長輩，「很多值得尊敬的人，引導我們的成長，做好自己，很多基層的愛國工人，幾十年不變的默默奉獻着，希望自己和下一代也繼續堅持。」

香港大同學校足跡：

1946 年 8 月

· 抗日戰爭剛結束，香港正處於百廢待興之時，當時 25 歲的周捷君和三位志同道合的愛國青年，合資九千港元創校，校址位於香港港島西灣河街。

1949 年 10 月

· 大同學校掛起五星紅旗，一直是旗幟鮮明的愛國學校。

1964 年

· 原校舍拆卸，校舍遷往西灣河成安大樓，初期二樓有一半是課室，後來擴至二樓全層。發展至鼎盛時期，小一至小六學生人數超過 700 人，並增設了幼兒園。

1976 年

· 大同學校停辦，與另外兩間學校合併。大同 1979 年正式結束辦學。

1999 年

· 周氏六兄弟姊妹在母親離世後，為了延續父母畢生愛國教育事業的心願，以及支持內地的農村教育，決定把父母留下來的遺產，捐建一所學校留念。

2000 年 5 月

· 「石聯大同學校」在廣東清遠佛岡重新建立。

創校時期的周校長、呂校長和老師們合照。

廣東省清遠市佛岡縣的石聯大同學校，其教學大樓樓高三層，為約二百名山區學童提供良好的學習環境。

（原載大公報 2021 年 7 月 9 日 A12、13，記者解雪薇、胡家俊）

陳清泉：

國家引領我向科學進軍

一九九七年香港回歸祖國，同年，時任香港工程師學會會長陳清泉當選為中國工程院院士。他帶隊赴芬蘭考察當時的手機巨頭——諾基亞，為打造香港科技實力規劃藍圖。不過後來遇上重重阻滯，先是金融風暴重創經濟，及後香港一班反對派議員肆意「拉布」，阻撓社會發展。

陳清泉：香港由亂及治 迎來科創春天

「國家引領我向科學進軍」

1997年香港回歸祖國，同年，時任香港工程師學會會長陳清泉當選為中國工程院院士。他帶隊赴芬蘭考察當時的手機巨頭──諾基亞，為打造科技實力規劃藍圖。不過後來過上重重阻滯，外界金融風暴重創經濟，及後香港一班反對派議員肆意「拉布」，阻撓社會發展。

「現在是時候了！香港由亂及治，這是香港發展的機遇，更是科界的春天！」陳清泉說，早前他與一群本港科學家聯名寫信，向國家主席習近平反映科創需要解決的問題，得到習主席親自回信。「習主席對我們的來信做出重要指示，信中反映的問題已是基本解決，這是國家和軌政黨對香港科技工作者的關愛和期望。」

大公報記者 湯嘉平
圖片由受訪者提供

陳清泉院士原籍福建晉江市市，1937年出生於一個印尼企業家的家庭。1953年，他回國的北海礦業學院就讀（現為「中國礦業大學」），然後再讀清華大學電機專科研究生。自此，他一直置身中國共產業的領導下，國家幾十年來科技發展的偉大跨足。

陳清泉自己總結了三個里程碑：第一個里程碑是1956年，周恩來總理提出「向科學進軍」的口號，激發了科技工作人員的巨大熱情。當時北京礦業學院讀三年級的陳清泉，便與同學求報閱讀「1991年當選為中國科學學部委員，後來更師身具機械為院士」一同創辦學生科學技術協會，組織高年級的同學幫助低年級同學技研工作，還出版了論文集。

曾帶隊赴芬蘭 考察諾基亞

北京礦業學院後來演變成中國礦業大學。2016年，陳清泉與諾貝爾物理獎得主Carlo Rubbia教授，在俄州卡諾貝爾大學聯合做了持續電動車研究院。陳清泉驕傲地向大公報記者說：「徐州市的責任政審權利社的身影，特別是見業案這Carlo Rubbia和我一同研究的，我會我們的意見，讀地我們很好呢！」

第二個里程碑是1978年。1978年中央石開第全國科學大會，鄧小平在會上作出科學技術是生產力的重要論斷，我國迎來了「科學的春天」。大會也批評了「1978一1985年科技術領導周理翻譯譯（素輩）」。此時陳清泉剛已在香港念書，受到很大啟發，他到英國全國電機電子工程師學會會歐洲的院士，了解到英國繼命了支持電動汽車發展的法案，於是下決心投入到電動汽車的研究。1997年，陳清泉成為香港回歸後首位中國工程院院士科學家。當時的特區行政委主宣董建華指出，香港將重繁榮瑞繁澳穩定繁，其中包括營獻出科技產業才，改善提供打造成國際的科技中心，因此也列入、瑞士、芬蘭學習。

三年後，陳清泉赴多倫顧，提自帶隊到孵器、創業園等各院科技園、大學、孵化器、高科技基金、開發商等，學習如何發展科技。當中包括看當年的手機巨頭──諾基亞公司。「諾時諾基金的一把手，之前在外交談會作業裡，他見面問我，你若看我還外交辦的工作都不做了來加國諾基，因為科技對升閣的發展起了根重要的作用。」

首位港人獲光華工程科技獎

陳清泉說，自己當時亦海譯諾基亞到港發展，現今海科技產品──但後來金的風暴爆發，加上諾基亞創方市場對關錯誤，諾基不甘槽虧市場，就逐自只好作罷。他感慨諾基亞科技發展關別力大，香港某些場勢大土她多科技熱情，但同劃明朝本地亦重要驅動氣動汽車科技企業，到熱平的電動機電裝備亦進不出口。「就然政在立法會強論大約兩年，直是滾動清醒和淡源」反觀中的，科技發展一日千里端。陳清泉表示，從時內地關放度這來及現今，在香港若也優待，但內地盛友是上，其約子一系列的政策案是香港，而接滿路本人佔受益。「2002年我在香大選休之後，有內地設立了個別的發基地，全閱關家對利技的熱切，知識分子才有用武之地。」

第三個里程碑是2016年的全國科技創新大會。陳清泉當年有很多針，對事習得夢記的會議上提出，我國科技要事是做資的幼目標。2020年進入創新型國家行列；到2030年進入創新型國家前列；到新中國成立100年時，使我國成為科技強國。在2016年為中國工程院士上，同上了，陳清泉更獲得光華工程科技獎，是首位香港科學家獲此殊榮。

珍惜機遇 擋起袖子加油幹

陳清泉表示，現時香港看到國家支持，發展科技界重加積極。「現在是於持國家可辦《一寸國安法以緊密執行》，有了安居定選舉制度變也通過了，所以現在香港要珍惜國家給的機遇，擋起袖子加油幹，儘補失去的機遇。」

2017年6月，陳清泉等23位在港院士，給習近平主席寫信，表達了香港科技工作者致效祖國的追切願望和發展創科技的高大熱情，同時也反應了一些問題，例如科研基金令能過河等。令港主席很快就作出指示，國家有關部門迅速予以落實，令香港科界十分振奮。「我自1953年回國，在科研路上不斷地感受到國家和黨的關懷，受過很多幫助和提醮。今次習主席的回信，代表國家和黨對香港科技工作者的雲護、關心和期望。」

掃一掃有片睇

▲2019年，陳清泉赴北京參加國慶70周年晚會。他感言，自己1953年回國，在科研路上不斷感受到國家和黨的關懷，十分自豪。

▲1956年，年輕的陳清泉在北京礦業學院的學生球隊上做裁判。

上海隔離 受訪熱情不減

採訪手記

縱電動汽車科技，自然要採聽陳清泉。

透過中國車產業成立100周年之際，大公報記者遠赴陳清泉，並做訪問，怕幼他由上海，只好用語音訪諮。

因為不是面對面訪問，記者有點擔心的問效果。出人意外的是，陳清泉在入住很很隔雕酒店期間，十分詳細地用語音

回覆記者，並提供相關照片、背景資料，生怕不齊全。末了，還給記者說：「你有不明白的，可以再問我！」為了加強陳報傳給效果，記者向陳院士提出錄音一段視頻的要求，他都心滿意足地自己在隔離酒店不方便錄，但主動提供了音頻和基上的記者做成視頻之用。陳院士的熱心助人，令人感動。

大公報記者 湯嘉平

中國發展電動車路線正確

◀2008年，陳清泉與中國長安混合動力汽車總裝合影

專業見解

陳清泉院士被譽為「發展電動車之父」，是有資格評論電動泉的發展。他說，自本世紀初開始，電動汽車的發展重心已從美國轉移到中國，這歸功於中國快速的經濟發展和龐大的需求市場。現時中國的電動汽車產量超過世界的一半，當然這一些核心技術方面遠有份差少，但是中國發展電動汽車的路線是正確的。

陳清泉說，1976年來港時，中國激烈改革開放做為，電動汽車還未開始發展；然後大洋彼岸的美國因安

到石油危機的困擾，遂立法支持發展電動汽車。

創辦世界電動車協會

「在電動汽車的研究方面，辦我一起（研究）、同一時期的人，有的呢，已經走了（逝世），有的已經退休了；實屬上還坐那唯一的那些──真堅守的人。」陳清泉說，有個美國朋友及諾州能源業文代子才電話給他，寄语他「一定要繼續下去」，後來陳清泉便創辦了世界電動車協會。

陳清泉說，電動汽車發展的第四次革新：第一是劃節節能；第二是發驅動市場增動；第三是三部分的產品、對的基礎設施和對的運轉態。第四是把網設計，對社的產品、對的基礎設施和對的運轉態。第四是把網設計，即交通網、能源網、資訊網和人文網的結合。而這中收發驅動市場動需配合方面，而國政府做得怎好了。

融入國家發展大局 香港創科才能騰飛

陳清泉於2019年獲香港特區政府頒授銀紫荊星章。圖為陳清泉與香港特區政府行政長官林鄭月娥合照。

優勢互補

中國工程院院士、香港大學教授陳清泉認為，香港在科創道路上充滿曲折，只有融入國家發展大局，才能成功。他說，香港發展科研人才，需具備四大條件：一，有國際視野的科學研究型的名牌高校；二，建立好資本市場；三，更有科技企業市場；四，要健全科技企業。

他說，第一和第四條件，香港已有具備，缺乏的是第二和第三條。不過，香港毗鄰大灣區其他城市合作，就能起到強的的互相作用，做好研發。他說，香港也可以是第三環。陳清泉認為，香港一定要有科技產業，這樣才是高附加值科技產業，比如設備件感係，就需要靠的生物醫藥。「這需靠物技術，而且不需要大灣地方方。」

要有高附加值科技產業

關於第三環，陳清泉認為，香港一定要有科技產業，這樣才是高附加值科技產業，比如設備件感係。高科技唱者多數是「靠項目吃飯」，因為懂了博士以後攀科技工作，香港在這麼一個很小的地方，加之香港沒有太多的研發中心，只有一個規模細小的應用研究院，不像深港廣州、東莞都有國家的研發中心。

▲2019年5月，陳清泉在山東省日照市出席首屆國際院士論壇及科創中心交流會。興山東省副省長凌文士（右）、山東科技大學宋振鑑院士（中）合照留念。

中國工程院院士、香港大學教授陳清泉圖為陳清泉赴北京人民大會堂出席中國科學院第十五次院士大會、中國工程院第十次院士大會。

「現在是時候了！香港由亂及治，這是香港發展的機遇，更是科技界的春天！」陳清泉說，早前他與一群本港科學家聯名寫信，向國家主席習近平反映創科需要解決的問題，得到習主席親自回信。「習主席對我們的來信做出重要指示，信中反映的問題已基本解決，這是國家和執政黨對香港科技工作者的關愛和期望。」

陳清泉院士原籍福建漳州市，1937 年出生於一個印尼企業家的家庭。1953年，他回國於北京礦業學院機電系（現為「中國礦業大學」）就讀，然後再升讀清華大學電機系研究生班，自此，他一直見證在中國共產黨的領導下，國家幾十年來科技發展的偉大歷程。

陳清泉自言已經歷了三個里程碑。第一個里程碑是 1956 年，周恩來總理提出「向科學進軍」的口號，激發了科技工作人員的巨大熱情。當時在北京礦業學院讀三年級的陳清泉，便與同學宋振騏（1991 年當選為中國科學院學部委員，後來學部委員稱號改為院士）一同創辦學生科學技術協會，組織高年級的同學做科學研究工作，並且出版了論文集。

曾帶隊赴芬蘭　考察諾基亞

北京礦業學院後來演變成中國礦業大學。2016 年，陳清泉與諾貝爾物理獎得主 Carlo Rubbia 教授，在徐州中國礦業大學創辦可持續能源研究院，陳清泉興奮地向大公報記者憶述：「徐州市委書記很重視科技的發展，特別接見並宴請 Carlo Rubbia 和我。每年春節前夕，都會到礦大校園慰問我們，講一講徐州的發展，聽一聽我們的意見，還給我們發利是。」

第二個里程碑是改革開放時期。1978 年中央召開全國科學大會，鄧小平在大會上作出科學技術是生產力的重要論斷，我國迎來「科學的春天」，大會通過了《1978-1985 年全國科學技術發展規劃綱要（草案）》。此時陳清泉剛定居香港不久，受到很大鼓舞，他到美國參加電機電子工程師學會學術會議，了解到美國頒布了支持電動汽車研究的法案，於是下決心投入到電動汽車的研究。1997 年，陳清泉成為香港回歸後首位中國工程院院士的科學家。當時的特區行政長官董建華指出，香港將重點發展兩個產業，其中包括資訊科技產業，欲將香港打造成國際的科技中心，向以色列、瑞士、芬蘭學習。

2009 年，陳清泉在香港大學的實驗室內做研究工作。

　　三年後，陳清泉義不容辭，親自帶隊到芬蘭，訪問政府有關部門、大學、孵化器、高科技基金、開發區等，學習如何發展高科技。當中包括考察當年的手機巨頭——諾基亞公司。「那時諾基亞的二把手，之前在外交部擔任要職，他見面時我說，你看看我連外交部的工作都不做了來加盟諾基亞，因為科技對芬蘭的發展起了很重要的作用。」

首位港人獲光華工程科技獎

　　陳清泉說，自己當時亦邀請諾基亞到港發展，擬引進高科技產品，但後來金融風暴爆發，加上諾基亞對市場判斷錯誤，被蘋果手機搶佔市場後，該項目只好作罷。他慨嘆往後香港科技發展阻力大，香港某些高層人士缺乏科技熱情，從回歸初期未能引進重量級高科技企業，到幾年前有建議成立創新科技局，「竟然要在立法會辯論大約兩年，真是浪費時間和資源！」

　　反觀內地，科技發展一日千里。陳清泉表示，彼時內地開放程度遠未及現

在，香港很有優勢，但內地後來居上，並給予一系列的政策惠及香港，而陳清泉本人也受益。「2002 年我在港大退休之後，在內地設立了幾個研發基地，全賴國家對科技的熱忱，知識分子才有用武之地。」

第三個里程碑是 2016 年的全國科技創新大會。陳清泉當年有份參加，習近平總書記在會議上提出，我國科技事業發展的目標是，2020 年進入創新型國家行列，到 2030 年進入創新型國家前列，到新中國成立 100 年時，使我國成為世界科技強國。在 2016 年的中國工程院院士大會上，陳清泉更獲頒光華工程科技獎，是首位香港科學家獲此殊榮。

珍惜機遇　撸起袖子加油幹

陳清泉表示，現時香港得到國家支持，發展科技將更加順利。「現在是時候了！一來國安法已經貫徹執行，二來完善選舉制度草案也通過了，所以我們香港要珍惜國家給的機遇，撸起袖子加油幹，彌補失去的機遇。」

2017 年 6 月，陳清泉聯合 23 位在港院士，給習近平主席寫信，表達了香港科技工作者報效祖國的迫切願望和發展創新科技的巨大熱情，同時也反應了一些問題，例如科研基金不能過河等。陳清泉說，習主席很快就作出指示，國家有關部門迅速予以落實，令香港科技界十分鼓舞。「我自 1953 年回國，在科研路上不斷地感受到國家和黨的關懷，受過很多幫助和獎勵。今次習主席的回信，代表國家和黨對香港科技工作者的愛護、關心和期望。」

中國發展電動車路線正確

陳清泉院士被譽為「亞洲電動車之父」，最有資格評論電動車的發展。他說，自本世紀初開始，電動汽車的發展重心已從美國轉移到中國，這歸功於中國快速的經濟發展和龐大的需求市場。現時中國的電動汽車產銷量超過世界的一半，雖然說一些核心技術方面還有待進步，但是中國發展電動汽車的路線是正確的。

陳清泉憶述，1976 年來港時，中國處於改革開放前夕，電動汽車還未開始

2008 年，陳清泉與中國長安混合動力汽車模型合影。

發展；然而大洋彼岸的美國因受到石油危機的困擾，遂立法支持研發電動汽車。

創辦世界電動車協會

「在電動汽車的研究方面，跟我一起（研究）、同一時期的人，有的呢，已經走了（過世），有的已經退休了。實際上我也許是唯一的那個一直堅持的人。」陳清泉說，有個美國朋友臨終前還交代兒子打電話給他，寄語他「一定要繼續做下去」，後來陳清泉便創辦了世界電動車協會。

陳清泉說，電動汽車發展的重心後來轉移了，中國在該方面的發展引領世界。據報道，美國總統拜登在今年五月中旬喊話稱，目前在電動車領域，中國排名第一、美國僅排名第八，他呼籲國民要加大在電動車、電池、汽車工業的投入，更揚言要「扭轉當前中國佔上風」的狀況。

陳清泉總結道，「發展電動汽車的四大要素，第一是創新驅動；第二是政策驅動和市場驅動；第三是『三好』，即好的產品、好的基礎設施和好的商業模式；第四是四網融合，就是交通網、能源網、資訊網和人文網的融合。而當中政策驅動和市場驅動配合方面，中國政府做得很好。」

陳清泉於 2019 年獲香港特區政府頒發銀紫荊星章。圖為陳清泉與特首林鄭月娥合影。

融入國家發展大局　香港創科才能騰飛

中國工程院院士、香港大學教授陳清泉認為，香港在創科道路上充滿曲折，只有融入國家發展大局，才能成功。他說，香港要發展好科技，需具備四大條件：一、有國際視野的科學家和國際認可的名牌高校；二、建立研發中心；三、要有科技企業和市場；四、要發展好科技金融。

陳清泉說，第一和第四項條件，香港已經具備，缺乏的是第二和第三項。不過香港只要和大灣區其他城市合作，就能起到強烈的互補作用，做好研發。他說，香港高校的學者多數是「靠項目吃飯」，因為讀了博士以後難找工作，香港各間大學的教授職位也有限，加之香港沒有大的研發中心，只有一個規模較小的應用研究院，不像深圳、廣州、東莞都有國家的研發中心。

要有高附加值科技產業

關於第三項，陳清泉認為，香港一定要有科技產業，最好是高附加值的科技產業，比如說先進的傳感器、高端先進的生物醫藥，「這些附加值高，而且不需要大塊地的地方。」

2019 年，陳清泉赴北京參加國慶 70 周年晚會。他感言，自己 1953 年回國，在科研路上不斷感受到國家和黨的關懷，十分自豪。

上海隔離　受訪熱情不減

談電動汽車科技，自然要找陳清泉院士。適逢中國共產黨成立 100 周年之際，大公報記者邀請陳院士做訪問，恰好他出差上海，只好用語音訪問。

因為不是面對面訪問，記者有點擔心訪問效果。出人意外的是，陳院士在入住隔離酒店期間，十分詳細地用語音回覆記者，並提供相關照片、背景資料，生怕不周全。末了，還告訴記者：「你有不明白的，可以再問我！」

為了加強網絡傳播效果，記者向陳院士提出錄製一段視頻的要求，他耐心解釋自己在隔離酒店不方便錄，但主動提供了音頻和圖片給記者做視頻之用。陳院士的細心和熱心，令人感動。

（原載大公報 2021 年 6 月 17 日 A9，記者湯嘉平）

黃玉山：

慶幸活在這時代
親歷國家走向強大

與新中國同歲的香港研究資助局（研資局）主席、公開大學榮休校長黃玉山可算是陪着國家一路成長，見證了國家飛躍性的發展。從到內地院校講學、開辦研究所，到為公大籌備肇慶分校等，其事業與國家發展緊密相連。如今他看見內地全面脫貧、成功控制新冠疫情，慶幸自己曾在不同崗位服務國家，亦寄語香港年輕人要有創新、奮鬥的精神與魄力，共同為建設國家及香港盡一份力。

黃玉山：港青要有創新奮鬥精神 盡力建設國家香港

慶幸活在這時代
親歷國家走向強大

慶祝中國共產黨成立100周年
特別報道

在中國共產黨執政領導下，新中國從當年一窮二白發展至今已成為世界第二大經濟體，在經濟、民生、科研等各方面的發展速度有目共睹。與新中國同齡的香港研究資助局（研資局）主席、公開大學榮休校長黃玉山，可謂是陪着國家一路成長，見證了國家飛躍性的發展。從到內地院校講學、開辦研究所，到為公大籌備望遠分校等，其事業與國家發展緊密相連。如今他看見內地全面脫貧、成功控制新冠疫情，亦寄語香港年輕人要有創新、奮鬥的精神與能力，共同為建設國家及香港盡一分力。

掃描觀片

■香港文匯報記者 詹漢基

近代中國遭到列強侵略，連年戰亂導致民不聊生，國家現在繁榮昌盛，發生了翻天覆地的變化。黃玉山近日接受香港文匯報訪問時表示，共產黨領導下的新中國不斷發展進步，為中華民族創造了一個嶄新天地，慶幸國家正站在世界民族之林，無數人才出了貢獻，讓國家逐漸擺脫貧窮。他說：「我很慶幸生在這個時代，目睹國家從苦難崛起之後，走向強大的社會主義現代化國家了。」

以學者身份推「知識脫貧」

年輕時的黃玉山在加拿大麥基爾大學取得生物化學博士學位，回基礎研後，他在不同大學任職、同時亦接觸與內地教育育科研工作合作，作為地區子一黃玉山深明「知識就是力量」的道理，故在上世紀八十年代中已有到內地講學、與內地成校一學合作，亦將以學者身份推動「知識脫貧」，為國家發展作出貢獻。

在1993年，香港率先籌資與國家科技科技扶貧辦公室正式商議建立「深東科技扶貧機勵基金」，向有志參與扶貧工作的科技人員發放獎勵。當年已是香港學者聯會理事會成員的黃玉山協助，在那往後二十多年中，每個獲取獎勵學的貧困學生、江西的鄱陽湖等，各貧困農戶出了實驗室、研究室…那是多少意義的工作，現在的地區已脫貧了。」

為了進一步加強對地區的交流，本身是紅樹林專家的黃玉山曾先後兼任香港城市大學校長（行政）、在內地行管同自然保護區內或掛田…一城大紅樹林研究中心，成為全國重要的紅樹林研究平台。

黃玉山在2014年身為公大校長，任內推動國家傑出《粵港澳大灣區發展規劃綱要》，進一步建立了港地教育的交流合作，公大也在去年與粵港及人民政府及推實質溝通。三方共同籌辦香港公開大學（肇慶），分校終建設正如如期順利推行。

在各層面為國貢獻感滿意

回想自己在教育、學術方面的工作歷程，他笑言「樂趣多」（到內地）講學樂趣，後來與教內研者與研究者作同在研究所，設立分校，能在不同領域為國家作出貢獻，自己也非常滿意了。

過去數十年，黃玉山亦積極提不同方面向貢獻國家。「我自1993年成為廣東省政協委員，後來亦為了福建省政協委員，為自己的故鄉做些事情，後來在2008年，我還擔任過屆全國人大代表，全國人大是最會會人大，代表委員，揄論國家的尾巴作的橋樑作色。」

繼他黃玉山協和福，包括分依然，雖然體會到國家關係，他笑言：自己是國家的一顆「螺絲釘」，「這些都是我做的本分，盡我能力做一點工作！」

■黃玉山接受香港文匯報專訪時表示，見證了國家飛躍性的發展，看見內地全面脫貧、成功控制新冠疫情，慶幸自己曾在不同崗位服務國家。　香港文匯報記者 攝

「教育科研是一輩子最重要事業」

「我自己一輩子從事與教學校」，公大榮休校長黃玉山如此總想價自己過去數十年的事業。他一生，其實他當年是想當一名中學教師，那本念書還準不想當一名中學教師哩！發表與教育科研方向出的志趣，從此轉變了人生道路，而自黃玉山雖已是27歲左右，但他仍然擔任研究員工作，然後科研難以情感表露文，經過論文為出導老師跟隨着，他慢慢對着大學感的黃玉山，在大學畢業後到中學念老師，「我只教了一年」發現自己「呀哂喇」，於是到加拿大念書深造，本打算成一名博士回國繼續當中學老師。

不過，當時黃玉山的科研助力出眾，1977年時已是那或有一名在權威科研雜誌《Science》發表論文。當時他只是27歲左右，後來又在不同科研難以情感表露文，經過論文為出導老師跟隨着，他慢慢對着大學科研是立國之本，也是國家發展的重要基石；而科技創新則是國家發展，步發展的重要力量，「我自己，從沒離開過學術、教育及科研研究這一輩子最重要的事業」言語中不斷流露黃玉山擔有或負起以實現初心或功感，亦讓人感受到他曾關懷不同的貢獻及為教育及科研服務的決心。　●香港文匯報記者 詹漢基

■黃玉山曾與多名時任港區全國人大代表視察深圳港人子弟學校。　資料圖片

■黃玉山在任職城大時，出席城大深圳研基地儀式。　資料圖片

■2010年黃玉山代表香港學者協會，與全國碩士後委會辦公室代表簽訂「香江學者計劃」合約。　資料圖片

■黃玉山笑言，一生中最重要的事業是教育及科研。　資料圖片

■曾經多次深入貧困地區的黃玉山，看到國家步入小康社會倍感欣慰。 圖為江西農戶。　資料圖片

中國打嬴脫貧攻堅戰，成功創造全面脫貧的偉大壯舉，有份推動扶貧工作的科研人員功不可沒，曾經多次深入貧困地區的黃玉山，看到國家步入小康社會，他親眼看到農村人民的生活有明顯改善，看見貧困家庭生活發展、改善了國民生活，中華民族逐漸向富強發展。

深入貧困地區 欣慰長足發展

用科技改善貧農生活

黃玉山憶述香港學者協會，由「協會由本人在香港各所大學的知名學者組成，在1992年4月，協會通過與貴州京原扶貧辦科學技術委員會科技扶貧獎助金公室設立人員派出計劃，向貴州西北部最貧困的縣派出農業科技人員，增強當地科技人員脫貧技術扶貧，管理方法等引入貧困地區，改善貧農生活的。」

1992年9月及當年9月，學者協會及新華社支援，先後生中國的大別山地區及貴州的黔東南等地區，是深圳縣在北京與國家科委科技人員派出了項目評估了。建立一個嚴關科技扶貧工作者的評估，亦將其資本為「深華科技扶貧獎勵基金會」，往後延十多年的時間，學者協會每年都會組織一兩名優秀青年科技骨幹深入地區工作。雖玉山每年都會融合進入不同地區考察。

黃玉山以「他愈工作比喻」，指科技扶貧是教學教傳入口必要的知識及技能，讓地那有更多手段提升和途，而非一味「輸血」。他提到當年不想已到內地去訪派一個獨領先愿感切身更易脫貧之心，他的家庭都是貧有，那風的是「家徒四壁」，嗚嗚嗚鬥中開有一疊被褥，他起那是是家裡唯一的財產，但自己…

正因為扶貧工作科研回憶，像他那貧困人口那，怕自然沒有自來水，只能以池塘蓄水多水真落；熬然貧地環境邊那那，為何間的環逆登有關山水書晚？我們起近一看，原來那邊發現了一碗碗飯酸菜。

正因為黃玉山看得那貧困家族的的一，今時今日能夠見到國家一步步走向富強，黃玉山言那問那還滿溢自意欣慰，「中華民族在過去是非常富強的，但近代一百多年的時間，國家衰弱，遭到列強欺凌，如今我們多人小康社會，這是國家奮鬥不起的地方！」

●香港文匯報記者 詹漢基

籲港青抓灣區機遇 對國家發展有信心

投身教育事數十載，公大榮休校長黃玉山認識最了不起的年輕人，他認為現今的年輕人思想豐富，但希望他們要保持創新奮鬥的精神，黃玉山寄望能抓緊粵港澳大灣區國家發展的機遇，發揮所長、貢獻社會，他對香港及國家的發展有信心。

「時代不同，一代人有一代人的風格」，黃玉山認為，現今的年輕人思想豐富，隨着科技發展，他們運用資訊科技渠道，數十年前相比，市民的生活質素提升，已經成就了年輕一輩腦力奮鬥的決心。

黃玉山認為，年輕人面對香港、內地處不少發展機遇，抓住與內地合作的平台及全世界的激烈競爭，必須不斷努力學習、創新，才能脫穎而出不停自強。他說：「近年香港紛紛多方面，都落後於周邊的城市，無論是科技發展、產業形式、靈活度等都有待提升。港生應比較的資訊了多多」

此外，他指不少香港年輕人對內地仍然存在誤解，抗拒與內地合作交流的機會，勸戒以所謂「移民」外國為解決問題的手段，但黃玉山認為，年輕人到國外可以走在西方，但若早已「不貢獻香港」，「香港有前途」等原因而離開香港，其實走不明智。他坦言無論走到哪兒也好，只要年輕人把自身渴望發展的機遇，而非用消極的態度逃避問題。

●香港文匯報記者 詹漢基

■黃玉山的北京參加全國人民代表大會。　受訪者供圖

近代中國遭到列強侵略，連年戰亂導致民不聊生。國家現在繁榮昌盛，發生了翻天覆地的變化。黃玉山近日接受香港文匯報訪問時表示，共產黨領導下的新中國不斷發展進步，為中華民族創造了一條康莊大道，讓中國屹立於世界民族之林。在這過程中，無數人付出了血汗，讓國家慢慢變得富強。他說：「我很慶幸生活在這個時代，目睹國家從貧窮落後，走向強大的社會主義現代化國家。」

以學者身份推「知識脫貧」

年輕時的黃玉山在加拿大麥基爾大學取得植物生化學博士學位，回流香港後，他在不同大學任職，同時亦積極與內地在教育及科研上合作。作為知識分子，黃玉山深明「知識就是力量」的道理，故在上世紀八十年代中已自發到內地講學，與內地院校、學生交流，亦曾以學者身份推動「知識脫貧」，為國家發展作出貢獻。

在 1993 年，香港學者協會與國家科委科技扶貧辦公室正式商訂建立「振華科技扶貧獎勵基金」，向有份參與扶貧工作的科技人員發放獎勵。當年已是香港學者協會理事會成員的黃玉山憶述，在那往後差不多十年間，每個暑假都會前往湖北、江西的偏遠地區，為當地貧農打打氣，「那是非常有意義的工作，現在那些地區已經脫貧了。」

為了進一步加強兩地學術交流，本身為紅樹林專家的黃玉山曾牽頭建設學術研究所。2003 年，他當時任職香港城市大學副校長（行政），在內伶仃福田自然保護區內成立福田——城大紅樹林研究中心，成為全國重要的紅樹林研究平台。

黃玉山在 2014 年成為公大校長，任內適逢國家推出《粵港澳大灣區發展規劃綱要》，進一步確立了兩地教育的交流合作。公大於去年與肇慶市人民政府及肇慶學院簽署協議，三方共同籌辦香港公開大學（肇慶），分校建設正如火如荼地進行。

在各層面為國貢獻感滿意

回想自己在教育、學術方面的工作歷程，他笑言「最初是（到內地）講學

黃玉山接受香港文匯報專訪時表示，見證了國家飛躍性的發展，看見內地全面脫貧、成功控制新冠疫情，慶幸自己曾在不同崗位服務國家。

幾天，後來兩地合作研究是一兩年，到後來成立研究所、設立分校，能在不同層面為國家作出貢獻，自己也非常滿意！」

　　過去數十年，黃玉山亦積極從不同方面貢獻國家，「我在 1993 年成為福建省政協委員，後來成為了福建省政協常委，為自己的故鄉做些事情；後來在 2008 年，我獲選為港區全國人大代表、全國人大常委會香港基本法委員會委員，扮演國家與市民之間的橋樑角色。」

　　雖然黃玉山年屆古稀，但活力依然，樂意繼續為國家服務。他笑言，自己是國家的一顆「螺絲釘」，「這些都是直接服務國家的機會，我只是在做自己的本分，盡我能力做一點工作！」

黃玉山曾與多名時任港區全國人大代表視察深圳港人子弟學校。

「教育科研是一輩子最重要事業」

「我自己一輩子從沒離開過學校」，公大榮休校長黃玉山如此總結自己過去數十年的教育工作生涯。其實他當初只是想當一名中學教師，卻在念書進修的時候發現自己在科研方面的志趣，從此轉變了人生道路。目前黃玉山雖已從大學崗位退下，但他仍然擔任研資局主席，為香港科研作出貢獻。

自小對教育事業有抱負及使命感的黃玉山，在大學畢業後到中學當老師，「我只教了一年，發現自己『唔夠料』，於是到加拿大念書進修，本打算碩士畢業就回港繼續當中學教師。」

不過，當時黃玉山的科研能力出眾，1977 年時已經在權威科學雜誌《Science》發表論文，當時他只是 27 歲左右；後來又在不同科學雜誌發表論文，經過論文指導老師鼓勵後，他毅然朝着大學科研方面發展。

黃玉山認為，教育是立國之本，也是國家發展的重要基石；而科技創新則是國家進一步發展的重要方向，「我自己一輩子從沒離開過學校，教育及科研是我一輩子最重要的事業。」言語間不期然流露着抱負得以實踐的成功感，亦讓人感受到他會繼續在不同崗位為教育及科研服務的決心。

黃玉山在任職城大時，出席城大深圳產學研基地奠基儀式。

深入貧困地區 欣慰長足發展

中國打贏脫貧攻堅戰，成功創造全面脫貧的偉大壯舉，有份推動扶貧工作的科研人員功不可沒。曾經多次深入貧困地區的黃玉山，回想昔日貧農的苦況，依然難掩心酸。看見國家脫貧、步入小康社會，他欣慰國家有長足發展，改善了國民生活，中華民族正在邁向偉大復興。

用科技改善貧農生活

黃玉山現時為香港學者協會主席，協會由來自本港各所大學的知名學者組成。在 1992 年 4 月，協會部分成員在北京與國家科學技術委員會科技扶貧辦公室負責人見面，了解「科技扶貧」的內容，意即透過科技人員隊伍將新技術、管理方法等引入貧困地區，改善貧農生活質素。

1992 年 9 月及翌年 9 月，學者協會透過中國國家科學技術委員會及新華社安排，先後往中國的大別山地區及陝北地區考察；及後協會在北京與國家科委科技扶貧辦公室正式商訂，建立一個獎勵科技扶貧工作者的計劃，並將其命名為「振華科技扶貧獎勵基金」。往後近十年的時間，學者協會每年都會籌款支

曾經多次深入貧困地區的黃玉山，看到國家步入小康社會倍感欣慰。

持扶貧工作，黃玉山等學者亦隨協會深入不同地區考察。

黃玉山以「造血」作比喻，指科技扶貧是教導貧窮人口必要的知識及技能，讓他們有更多手段提升收益，而非一味「輸血」。他提到當年到江西井岡山探訪一個獨居老婆婆時更是難掩心酸，「她的家什麼都沒有，那真的是『家徒四壁』，唯獨房子中間有一副棺材，她說那是家裏唯一的財產，以後自己用⋯⋯」

當年的考察，也有其他難忘的經歷，他憶述曾下榻一間招待所，「招待所沒有自來水，只能以搪瓷裝着水來洗臉；既然當地環境這麼困難，為何房間的牆壁會有幅山水畫呢？我們走近一看，原來那牆發霉了，遠看像潑墨畫。」

正因為親眼目睹過國家落後的一面，今時今日能夠見證國家一步步走向富強，黃玉山言語間流露着自豪感：「中華民族在過去是非常強盛的，但近代一百多年的時間，國家發展變得困難，農村也自然貧困；如今我們步入小康社會，這是國家非常了不起的地方！」

籲港青抓灣區機遇　對國家發展有信心

投身教育界數十載，公大榮休校長黃玉山認識不同年代的年輕人。他認為現今的年輕人思想靈活，但希望他們要保持艱苦奮鬥的決心，並抓緊國家發展的機遇，發揮所長、貢獻社會。他強調：「粵港澳大灣區是一個很大的機遇，年輕人要對香港、對國家的發展有信心。」

「時代不同，一代人有一代人的風格。」黃玉山認為，現時的年輕人思想靈活；隨着科技發展，他們運用資訊科技的能力很高。他指整體社會較數十年前富裕，市民的生活質素提升，或許會減磨了年輕一輩艱苦奮鬥的決心。

黃玉山認為，年輕人面對香港、內地乃至全世界的激烈競爭，必須不斷努力學習、創新，才能推動社會不停發展。他說：「近年香港在很多方面都落後於周邊的城市，無論是科技發展、商業形式、靈活度等都有待提升，進步速度比從前慢了許多。」

此外，他指不少香港年輕人對內地仍然存在誤解，抗拒與內地合作交流的機會，動輒以所謂「移民」外國為解決問題的手段，但黃玉山認為，年輕人固然可以志在四方，但若單以「不喜歡香港」、「香港冇前途」等原因而離開香港，其實並不明智，他呼籲年輕人要好好把握國家發展的機遇，而非用消極的態度逃避問題。

（原載香港文匯報 2021 年 6 月 7 日 A7 版，記者詹漢基）

楊耀忠：

培育青年獻力
爲國添磚加瓦

他是香港回歸歷史洪流的參與者，他是香港青年人教育的耕耘者，他服務愛國學校逾四十載，培育不少愛國愛港新一代⋯⋯他，就是教聯會榮譽會長、天水圍香島中學校監楊耀忠。在中國共產黨成立一百周年之際，楊耀忠接受香港文匯報訪問，回顧自上世紀八十年代中英談判起香港教育的歷史征程。他認為，回歸後香港年輕一代沒有好好受引導，在別有用心者操弄下，先後爆發違法「佔中」及黑暴事件，幸得到中央果斷出手訂立香港國安法，幫助慢慢扭轉整個社會氛圍；當前更是推動國家安全教育及國民教育的關鍵節點，讓年輕人更透徹明白「不要為國家添煩添亂，而是要為國家添磚加瓦。」

嘆學子遭攬炒荼毒　推國安教育尤為關鍵

楊耀忠：培育青年獻力 為國添磚加瓦

慶祝中國共產黨成立100周年
特別報道

他是香港回歸歷史洪流的參與者，他是香港青年人教育的耕耘者，他服務摯愛國學校逾四十載，培育不少摯愛國學校逾四十載，培育不少摯愛港新一代——他，就是教聯會榮譽會長、天水圍香島中學校監楊耀忠。在中國共產黨成立100周年之際，楊耀忠近日接受香港文匯報訪問，回顧自上世紀八十年代中英談判把香港教育的歷年征程。他認為，回歸後香港年輕一代沒有好好受引導，在別有用心者操弄下，先後爆發違法「佔中」及黑暴事件，辛得到中央果斷出手訂立香港國安法，幫助慢慢扭轉整個社會氣壓。當前更是推動國家安全教育及國民教育的關鍵時刻，讓年輕人更透徹明白「不要為國家添磚添瓦，而是要為國家添磚加瓦。」

●楊耀忠認為，中國共產黨與時俱進，隨著時代的發展而不斷發展。
香港文匯報記者 攝

▲為表揚楊耀忠貢獻，天水圍香島中學師生在校舍門口唱上「Thank you Mr Yeung」的字樣，並種下幾棵小樹，如今已蔥蔥青青。
香港文匯報記者 攝

●香港文匯報
記者 郭虹宇

楊耀忠生於1951年，大學畢業後為培育下一代出力，1980年他加入香島中學教師隊，年輕學養兼優得到國家認同，學校給予了他很多機會，他牢牢地把握住，一步步擔起教育人才大任。讓他二十歲起就是一人大代表，讓他親身見證香港回歸這一民族復興偉大時刻，他「毫不誇張地說實際上，為這下一代出力，1980年他加入香島中學教師隊……他，就是教成長」。

教界身份代表見證回歸

上世紀八十年代正值中英談判，楊耀忠憶述：「教育界往重國境，有些會關懷香港平穩過度回歸——為此，我1991年在前海學校委員會上，有到於前段教育界同工，並讓他們了解到相關的香港、祖國教育基本方針。到了回歸前後，楊耀忠也以教育界身份，直接參與大時代的變遷，在1997至2004年他先後擔任香港立法會及立法會議員，1998年起成為港區全國人大代表。」 建議立體制。

回到過去，中國共產黨與香港的「一國兩制」，事業在探索中不斷向前。「一國兩制」教育篇章中，楊耀忠成為見證者之一。他尤其關心下一代的教育與國際問題，到2014年違法「佔中」及2019年的黑暴不少青年學子參與其中感受很深。

他認為，違法「佔中」的背後，其實反映了回歸後香港社會對年輕一代沒有好好引導，別有用心者利用年輕人的無知，對他們的社會價值觀的不斷深化化政治的者；到2019年有關子感覺很混亂型，化成「違法」黑暴。雖然港澳攬炒破壞國安全的時期。

須引導學子建正確觀念

楊耀忠指，辛得中央出手訂立香港國安法，遏止香港亂局下沉淪、參照社會氣候安穩慢慢扭轉，不能望此安穩慢慢過往扭轉，不能望此社會氣候繼續惡化下去，一些錯誤思想其由旁出，所以他與國家安全教育的到繼續努力全觀正確正確下一代對國家的情感。他更以他國家對教育者、社會大眾觀，大眾認真正人大的立大局數。「香港發展需要的一些路是青年事過道，與祖國與是一體，有部份人不但任其自然扭而不顧，如果這樣下去，香港是打不倒的。」

把本國家發展的的維度要與越快，楊耀忠以「國家人的未來是國家信心，更希望透過社群月那教育學子國家繼續擔起培育的正確觀念，讓下一代建大局數，「不要為國家添磚添瓦，而是要為國家添磚加瓦。」

中共以民為本　發展與時俱進

楊耀忠在1976年於香港中文大學政治與行政學系畢業，在學時他積極參加「認社認祖」（認識祖國、關心社群）運動，到中國共產黨己有如少了解。他認為，「讀書時，曾經不太用力為什麼中國只在一個執政黨、沒有接受懷疑這觀點，中國共產黨也不是少數人私的臺業，並非代表黨的利益——最一個，充足代表中國全體人民的利益——最一個，因此政黨法政明代共產黨以執政黨。」

他認為，全世界相當多國家「政不與、人不同」，唯執的菁華，而中國共產黨和人民的關係緊密、執行力強、大公無私，對宗教、階級一視同仁。因此無往不利、受到全國人民的擁戴，「事實那終於那個年年，數據先說話，過去幾十年的共產黨成功帶領國家持續住進發展、已成為世界第三大經濟體。」

因時制宜放寬三孩政策

他以執生子女政策為（孩政策）為例，在上世紀八十年代時不少人不同但「不同」問題，適應有些農村人口多生幾個孩子被懲罰層、遠走家鄉國深山老林養育孩子，但是在轉換狀期，其實是察覺到國家的利益考慮，而因應該時代的變化、與時俱進國家已開放這孩的發展而發展，現已開放第三孩政策，是反映國家在現實狀況下順應地改善，因時制宜。

他認為中國共產黨以民為本，不忘初心、牢記信仰、牢記民眾、貫應民眾、牢應民眾、牢牢民眾初心，更有自主的發展而不斷發展，就像孟子所謂君子所為所行和《勞師》書所說：「君子博學而日參省乎己，則知明而行無過矣。」

●2009年，楊耀忠參加天水圍香島中學全體教師中山珠海之旅。 受訪者供圖

●2014年教師發展日，楊耀忠參加澳門國民教育交流團。 受訪者供圖

校內教育存限制　以身作則推愛國

楊耀忠投身教育教育大半生，愛國教育是當中核心，不過畢竟一名服職的香港教在校內開展推行並無限制得空間。「事實課種觀念從愛國思考，但明白得稍有遇到相挑戰，但明白得稍有困難程式並有如很長遠的，但目前多之始心目慮政治工作：以認識中國文國際學校從，就始了展開政治工作：以認識中國文國際愛國國情，是到回顧的作，然後把前，後把前國家及立法會議員身份，標準推動的工作與真正能不同學界緊密聯繫。而愛國教育在工作崗位上各種角色……

楊耀忠為絕不忽視出退身開對出象開頭的小故事，有一起思想服職的人議題，有一些思路服職的校友、指得深化「罵了很多爭生、出來罷不不服校友」及議不太感謝那些人，「用提起就說就會反對有、友對其他。」李復、他對議表，「那些你仍表自成在受，但我的很影深現很常完整。」

楊耀忠和信她在學校內多不是怪跟看的，有事工作或緊困付出上福裏治識全國的影響，思想發生了改變。

愛國教育應持續推進

從此，楊耀忠開始反思，單止在校內委心念工培養學生需的恩想來不足夠，我育工作者在單舉單枚與校教師就能遠遠，社會及傳社的影響力巨大。只有社會每個人家愈行白己工作，認念才可以轉變、建正確思有國同，那就算這回是的消極許，大腦思想也從一起不揮，然愛國整合必影推循行，只有他也想付校長之時，看有老師跟出的不屬國國字不一，無論，但在校工作，以下同認識明原加了。

●楊耀忠致力推動愛國教育，桃李滿門。
香港文匯報記者 攝

國家關切港教育「我們會繼續努力」

青年人教育關切到國家未來發展，楊耀忠表示，自己曾多次作為香港教育界代表向領導人反映，體現了國家對香港教育的重視，其中在2019年，國家主席習近平接見全國教育系統先進集體和先進個人代表，他代表香港前往北京領取公民教育的殊榮，肯定中與他致子關愛心惠奉獻「香港要繼續努力」。「我們會繼續努力」。

另一次向香園領的國那種的也是1965年，楊耀忠說，當年為教聯會成立26周年，他應任展示感受道多，獲每任國家主席江澤民會見，本獲告知「要寬紅花、時間很短」，但實際是到到別方「親友稍情」令會面遠遠超過原定時間，顯示出國家對香港教育的關注和重視。

●2011年，天水圍香島中學中一學生到深圳西域青少年軍校深圳分校進行軍訓。 受訪者供圖

失德「黃師」誤子弟　促教局果斷 DQ

楊耀忠認為，年輕一代需要轉型，特須政府更應徹底落實事。列如教育局對那些失德「黃師」，需要更須果斷行事。他提到，要彷彿時對於教師資格把關非常重要，針對例風或以來擁有大量教師失列個案。那有人不斷去誤違孩子，確政策令今個國家只把教人。

他認，特區政府「在民生上太老百姓太多賬」，其中土地房屋問題滯滯不少港人傷透了心，樓價太高、年輕人看不到前途，只要善管理不起房子。他強調，整個社會真正低徹底地有所覺悟、改變以往狀與做機，母親可與有所（不但要加好有可能出路），「只是打了，為什麼要緊緊，有種出路口的態度、撇開是短白地幹實事，展示服務市民的使命感，才能有效解決問題。」

籲港青抓灣區機遇　對國家發展有信心

　　楊耀忠生於 1951 年，大學畢業後便「毫不猶豫地從事教育」，為培育下一代出力。1980 年他加入香島中學當教師，年輕高學歷兼具愛國情懷，學校給予了他很多機會，他牢牢地把握住，更獲推薦成為廣東省人大代表，讓他「深入認識國家，接觸不同界別的人，拓寬視野，有所成長」。

教界身份代表見證回歸

　　上世紀八十年代正值中英談判，楊耀忠回憶指：「教育界任重而道遠，有使命幫助香港平穩過渡回歸。為此我 1991 年出任教聯會會長，有利於團結教育界同工，並讓他們了解回歸祖國的意義，毋須擔憂，同時加強在學校推廣基本法教育。」到了回歸前後，楊耀忠更以教育界身份，直接參與大時代的變遷，在 1997 年至 2004 年他先後擔任臨時立法會及立法會議員，1998 年起成為港區全國人大代表，一連做了四屆，共 20 年時間。

　　回歸以來，中國共產黨領導香港「一國兩制」事業在探索中不斷前進。在「一國兩制」教育篇章中，楊耀忠亦成為見證者之一。他尤其關心下一代的教育與發展問題，對 2014 年違法「佔中」以及 2019 年的黑暴不少青年學生參與其中感受殊深。

　　他認為，違法「佔中」的背後，其實反映了回歸後香港社會對年輕一代沒有好好引導，別有用心者利用年輕人的熱忱，將他們對社會問題的不滿激化成政治矛盾；到 2019 年有關矛盾更愈演愈烈，化成「港獨」黑暴，嚴重威脅國家安全，亦令香港社會陷入黑暗時期。

須引導學子建正確觀念

　　楊耀忠指，幸得中央出手訂立香港國安法，避免香港再往下沉淪，整個社會氛圍也開始慢慢扭轉。不過他強調，不能忽視的是部分年輕人受到攬炒派荼毒，一些錯誤思想還未改變，所以推廣國安教育此刻特別重要，讓他們在讀書成長的階段中培養國家安全觀念的認知，並進而透過更全面的國情與國民教育，讓學生建立大局觀，明白香港與內地發展唇齒相依，「香港發展的唯一出

楊耀忠認為，中國共產黨與時俱進，隨着時代的發展而不斷發展。

路是背靠祖國，與祖國融為一體，有部分人不信任甚至抗拒祖國，如果這樣下去，香港是行不通的。」

近年國家發展的速度越來越快，楊耀忠說，年輕人應對國家的未來充滿信心，更希望透過日積月累的教育，讓下一代建立主動為國家貢獻的心，「不要為國家添煩添亂，而是要為國家添磚加瓦。」

中共以民為本 發展與時俱進

楊耀忠在 1976 年於香港中文大學政治與行政學系畢業，在學時他積極參加「認祖關社」（認識祖國，關心社會）運動，對中國共產黨已有初步了解。他說：「讀書時，曾經不太明白為什麼中國只有一個執政黨。後來慢慢認識到，中國共產黨並不是少數人利益的黨，並非代表部分人利益，而是代表中國全民

2009 年，楊耀忠參加天水圍香島中學全體教師中山珠海之旅。

族的利益，是一個『全民黨』，不存在輪流執政的問題，也不能純粹從西方政治理論便能夠理解，因此國家憲法寫明共產黨是執政黨。」

他說，全世界很多國家「政不通，人不和」，耽溺於黨爭，而中國共產黨和人民的關係緊密，執行力強，大公無私，對宗教、階級一視同仁，因此無往不利，受到全國人民的擁戴，「事實勝於雄辯，數據在說話，過去幾十年在共產黨領導下國家持續在進步，已成為世界第二大經濟體。」

因時制宜放寬三孩政策

他以獨生子女政策（一孩政策）為例，在上世紀八十年代時不少人不明白、不認同該政策，聽聞有些農村人為了多生幾個孩子逃避懲罰，遠走家鄉到深山老林裏生孩子，但現在轉過頭來看，其實是從整個國家的利益考慮。而因應國情的變化，前段時間國家已開放兩胎，現已開放第三胎政策。足以證明國家的政策是根據國情的改變而改變，因時制宜。

楊耀忠認為，中國共產黨以民為本、不忘初心，能貼近民意、聽到民意、

2014 年教師發展日，楊耀忠參加澳門國民教育交流團。

順應民意，錯誤幾率很少，更有自我糾正的機制。他形容，中國共產黨與時俱進，隨着時代的發展而不斷發展，就像君子不斷反省自己，荀子《勸學》篇曾說：「君子博學而日參省乎己，則知明而行無過矣。」

校內教育存限制 以身作則推愛國

　　楊耀忠投身青年教育大半生，愛國教育是當中核心。不過早年一名偏激的香島校友在坊間論壇上突然指控學校「騙人」，事件讓楊耀忠從更深層思考，明白到學校培養雖然重要，但社會及傳媒對年輕人亦有很大影響力，需要結合各界力量，才能真正讓香港建立愛國氛圍。及至回歸前後，楊耀忠開始參與政治工作，以港區全國人大代表、臨時立法會及立法會議員的身份，積極推動教育界與其他不同界別緊密聯繫，希望讓愛國教育工作遍及社會各角落。

　　楊耀忠不徐不疾道出這個印象深刻的小故事。回歸前他參加了一個以「香

2011 年，天水圍香島中學中一學生於深圳黃埔青少年軍校深圳分校進行軍訓。

港前途」為主題的論壇，有一名思想偏激的女觀眾舉手發言稱自己是香島的校友，指控學校「騙了很多學生，出來還在外面騙人」，其言論令楊耀忠深感震驚與不解，「用現在說法就是反社會、反內地的言論。」事後，他對該女生說：「雖然你是香島校友，但我對你的表現非常失望。」

楊耀忠相信她在學校時並不是這麼想的，但畢業工作後受到社會上偏激言論及偏頗傳媒的影響，思想發生了改變。

愛國教育應持續推進

從此，楊耀忠開始反思，單是在校內盡心盡力培養學生愛國教育的思想並不足夠，教育工作亦非單單學校與教師就能處理，社會及傳媒的影響力很大，只有社會上每個人都做好自己的工作，風氣才可以轉變，建立國民身份認同。他形容，「社會就是浪淘沙的地方，不斷有新的浪沖來，人的思想也不是一成不變，愛國教育亦應持續進行。」例如他任校長之時，有些老師起初亦對國情不了解、不關心，但在校工作久了，對國家認識明顯加深，學會從更多角度看待問題。

國家關切港教育 「我們會繼續努力」

　　青年人教育關係到國家未來發展，楊耀忠表示，自己曾多次作為香港教育界代表與領導人見面，體現了國家對香港教育的重視。其中在 2019 年，國家主席習近平會見全國教育系統先進集體和先進個人代表，他代表香港前往北京領取公民教育的獎牌，習近平與他握手並關心地寄語「香港要繼續努力」，他隨即回應：「我們會繼續努力的。」

　　另一次印象深刻的經歷則在 1995 年，楊耀忠說，當年為教聯會成立 20 周年，他擔任團長帶隊赴京，獲時任國家主席江澤民會見，本獲告知「象徵式見一下，時間很短」，但實際見面時對方「興致勃勃」令會面遠遠超過原定時間，顯示出國家對香港教育的關注和重視。

失德「黃師」誤子弟　促教局果斷DQ

　　楊耀忠認為，年輕一代需要轉變，特區政府更應嚴肅做實事，例如教育局針對失德「黃師」，需要更旗幟鮮明地「是其是，非其非」，對應該除牌者要果斷快速行事。他提到，港英時期對於教師資格把關非常嚴格，但修例風波以來雖有大量教師失德個案，卻有人不斷上訴拖延處理，導致至今除牌者只得數人。

　　他說，特區政府「在民生上欠老百姓太多賬」，其中土地房屋問題讓不少港人傷透了心，樓價太高，年輕人若非父母幫忙，只靠苦幹買不起房子。

　　他強調，整個公務員隊伍都應有所覺悟，改變以往軟弱渙散、是非模糊、得過且過的作風，更不可再抱「只是打份工，為什麼要這麼緊張，有糧出即可」的態度，應該雷厲風行地幹實事，展示服務市民的使命感，才能有效解決問題。

（原載香港文匯報 2021 年 6 月 15 日 A11 版，記者郭虹宇）

黃頌良：

充滿使命感
矢志育英才

當新中國一九四九年十月一日成立，一直高舉愛國教育旗幟的香島中學成為最早一批在校內升起五星紅旗的香港學校。與香島中學一樣，一些愛國機構在香港創辦學校，默默為國家培育人才而努力。然而，在當時的港英政府打壓下，這些一直秉承愛國傳統的學校，只能在夾縫中掙扎求存，咬緊牙關培養一個又一個、一代又一代的愛國人才。香島中學校長黃頌良接受香港文匯報專訪時說：「我們學校的教職員充滿了使命感，大家一直朝振興國家和民族的目標努力。」

香島秉承愛國教育理念　為振興國家和民族努力

黃頌良：充滿使命感 矢志育英才

慶祝中國共產黨成立100周年
特別報道

中國共產黨領導中國人民推翻壓在頭上的「三座大山」，建立新中國。當新中國1949年10月1日成立，一直高舉愛國教育旗幟的香島中學成為最早一批在校內升起五星紅旗的香港學校。與香島中學一樣，一些愛國僑領在香港創辦學校，默默為國家培育人才而努力。然而，在當時的港英政府打壓下，這些一直高舉愛國傳統的學校，只能在夾縫中掙扎求存，咬緊牙關培養着一個又一個、一代又一代的愛國人才。在中國共產黨今年即將迎來建黨一百周年之際，香島中學校長黃頌良日前接受香港文匯報專訪時說：「我們學校的教職員充滿了使命感，大家一直朝振興國家和民族的目標努力。」

●香港文匯報記者 詹漢基

掃碼看片

香島中學校長黃頌良介紹，該校成立於1946年，當時正值二戰之後，香港各階層正忙着重新出發、不過，香港的不同政治背景的社會賢達，都深明教育對於栽培下一代的重要，因此陸續有志士來到香島中學執教。至於當時香島為數不多的國營學校便包括了「香島創校之時什麼都沒有，實在有賴充滿理想的創校先賢團結統籌、凝聚力量，香島才得以創之至今。」

香島中學創立後，一直高舉愛國教育旗幟。當新中國1949年10月1日成立，該校是最早一批在校內升五星紅旗的香港學校，儘管香島中學經歷多次校長被逼離港出境、學校被接辦、建築校舍「關閉」等事件，但學校始終堅持着愛國崗位。未能畢業，只爭仍然終於以愛國精神去孕育下一代，薪繼承風氣流長，作育英才。

在該校服務超過40年的退休教師科長梁少華，對學校的歷史有很深的了解。他指1950年一派衷懷國府任校校以盡盘教育的愛國旗幟是無不落的。

屢受針對 校長被逼 校舍遭焚

事實上，香島中學創辦之初除了要面對政府打壓，來自不同的立場的反對及被誹謗案。該校最初在九龍密打道過這至於沒。共度國防學生人數增加逾多次遇襲。遇黃中自身港英政的金錢資助。更令遭禁焚至過收物資。穩固新校舍「關焚」。令學生權利受阻護結果事。1956年10月16日至10月12日、爆國民黨分子香港接壤破畫暴重事件、香島中學正校俗舍物遭焚焦、幸尚六塊、能應及地外同場附友支持、修復校開、時任國防院應用周忘來在北京分反為香島中學事多後為始婦而作持接所焚。

愛國教育孕育香島人韌性

黃頌良指，香島人面對持續打壓、需要的是香島中學師的秉承愛及愛國教育理念。該校一直奉行國國教育，已配合國愛國國繁及時代特點。但培了解中國歷史是過去認、都打起民族基國愛國教育、讓學生了解國家有更全面的認識。

由於校之初，香島中學已經推行閱讀報現的活動，至今仍然堅持這個。一傳統、讓同是多，閱讀報紙為助學生了解時事、更重要的是教師、愛鄉守港、並路交待身邊學生推等交流。此外，學校曾安排學交流波成樓學校有這多加地數、以地如學生到內地的了，既鼓勵教育學是的其學外導往好好把學國家空間的教育賞觀。

●黃頌良表示，香島人的堅持與韌性，需歸功於學校的辦學理念及愛國教育。　香港文匯報記者 攝

●香島中學早年已積極籌劃內地探訪活動。圖為20多年前，該校師生到粵北山區考察，並為當地學生捐贈文具及書本。受訪者供圖

●20年前，時任香島副校長的黃頌良（右）帶領學生到青海的香島希望小學考察。　受訪者供圖

●香島中學生到青海考察，與當地小學生唱歌談教交流。　受訪者供圖

●香島中學生到青海交流，認識當地少數民族的民俗風情。　受訪者供圖

兼備課程與交流

中國共產黨建立了新中國，為國家的繁榮富裕奠定了重要基礎。香島中學校長黃頌良表示，共產黨為國家帶代史有所切關懷，加上香島中學由愛國人士建立，對該校有關歷史、他認同，學校，會雙管齊下，在課程設計及交流活動中進行歷史教育。

黃頌良表示，學校會在初中的綜合社會科，有系統地介紹共產黨的階段性發展，針對各階段重要政策及事件作介紹，包括中共五四以口的歷史；1978年中共十一屆三中全會與改革開放的關係，中共引領國家走上富裕現況。

教導學生識黨史

上具有中國特色的社會主義道路的過程中，學校是全面認識國家歷史。

為了讓學生有機會體國歷史，香島中學多年來均會安排學生深入內地不同省份考察黨史、黃頌良指、不稍高中課程緊接，學校主辦卻舉辦家國歷的深度核心、帶學分愛國感動學生參加增現恩城學習成效相結合。他認為，跟實體的社會所社會會得相結、個別好玩感應、香島內地的學校相觀全更自由加、讓學生了解國近況的機會、未來可以不讓國內地的學校相觀全生、讓學生了解國家親身現況。

●香港文匯報記者 詹漢基

●黃頌良中學畢業證書。　香港文匯報記者 攝

「香島人」薪火相傳 執教鞭回饋母校

香島中學校長黃頌良，畢業後數學科教師夢寐，剛從畢業於意大利當初的「香島人」，他們在香島成長、畢業、工作，與香島結下了長達數十年的情誼。二人均認為，「教育」並非只是「打一份工」，而是一份愛和理想，以為國家培育人才為己任。

1966年出生的黃頌良，從小在香島接受教育，先把香島中學開始讀書。由於出類拔萃，其後升讀香島中學部時、就已獲晉升成績考入香港中文大學、大學畢業後，黃頌良毅然選擇回母校任教，在了解眾師友過，其後以35歲之齡晉升為香島中學校長。

「教學要做得比本分更好」

「何母校教書時，感慨大家關係起得好，因此以後有點價值感。現在那並不同樣。」黃頌良認為，香島的師都認同薪火相傳都的理念，都是有系統、有想法的人、「在國教之下沒有懈怠的人、大家都設法教學不只好好付出，越認真投入」、與是需要做得比本分更好！

難忘恩師代付學費

梁夢高同懷在香島服務了四十個春、至2016年才正式退休，梁夢是外四屆中四畢業、這實恩師不教、黃頌良開學就交校學費、家庭不解、他學校便自然隨包為負寒、一年多後、那時梁、個月學費都要付不止難！

為了讓國時隨機制全面可行，包括各小成機帶、到關緩數、擋錢之堪電恩師亦認、一切還新制了自己、梁毫不不動、能願將書都在他有、「香島國一段難求、國家又有一個大家庭、我當然是為這份一份！」梁夢善善竟上把此幾十年把校事與一副到得校將傳學生越數度認了、其實去便他在了大學之外是不再教便時、經過一不知恩的國際的熱情、為現在下一代又一代的青春年、真正做到「以生命影響生命」。

●香港文匯報記者 莊漢基

愛國教育挑戰大 師長應引導求真

2019年例風波中，不少年輕學生被洗腦、荼毒，無法上通達法力的不歸路。香島中學校長黃頌良認為，在當的時代，進行愛國教育有着不少挑戰。例如網絡上真真假假的資訊，學生容易受到影響。學校應如何引導學生追求真相，以助他們對國家建立正確的民族觀及主讓育，是如今教育的挑戰。

黃頌良認為，印象最深刻的是，一位同學本來是重中之人，那班不少的愛國教育活動都寥寥了。不過，上堂聽著學生不屑的言辭，加上堂課有不少教育活動的關心，以及希望振興中華民族的決心。

嘆有港人仍對內地持員面態度

隨着年齡增長，黃頌良對不少事情感到興趣，讀報不再是「讀報」，而是主動關注不同的社會話題。加上學校有不少愛國教育活動，慢慢培養起他對國家的關心，以及希望振興中華民族的決心。

該及現時本港推行愛國教育的情況，黃頌良表示現時的環境嚴峻，「粗淺內地的營經太少、縱然香港人仍內地有一河之差、但普通不解的追、與內地發展多年似有的「隔閡」十「有心交流的機會其實很難，讓得的人」。

此外，網絡免除報訊息，「學生能隨時接觸到不少資訊、當中不少是煽情的，這對於教育成是重大挑戰」。

畢竟他們受到到學校的影響有時總空白、黃頌良認為，必要教育學生教師付出更多時間與耐心，幫助學生辨清善惡。

「學生在不停看着天上的星星時，也能該看看自己腳下的世界。當你有足夠的知識，自然會在自己思考判別」，他認為學生應該多了解中國文化，多看香中國由詞、好好裝備自己，把中國國富強及香港發揮的巨大激情。

●香港文匯報記者 詹漢基

●梁夢與以自身的經歷與熱情，為正做到「以生命影響生命」。　香港文匯報記者 攝

香島中學校長黃頌良介紹，該校成立於 1946 年，當時正值二戰之後，香港各個方面正逐漸復甦，不過，香港的不同政治力量仍在拉扯角力。他說，當年港英政府對共產黨仍相當忌憚，總怕會威脅到他們的管治威信，於是對香港為數不多的愛國學校進行打壓，「香島創校之時什麼都沒有，實在有賴充滿理想的創校先賢無懼困難、凝聚力量，香島才得以創立起來。」

香島中學創立後，一直高舉愛國教育旗幟。當新中國於 1949 年 10 月 1 日成立，該校是最早一批在校內升五星紅旗的香港學校。

儘管香島中學經歷過首任校長被遞解出境、學校被逼遷、造謠校舍「鬧鬼」等事件，但學校抱持着愛國風骨，未被擊倒，至今仍堅持以愛國精神為辦學方針，繼續春風化雨，作育英才。

在該校服務逾 40 年的退休數學科教師梁夢舞，對學校的歷史有很深的了解。他指 1950 年，港英當局對首任校長盧動在香島中學開展的愛國運動甚為不滿，於是將他遞解出境，並由黃承燊接任校長一職。

屢受針對　校長被趕　校舍遭焚

事實上，香島中學創辦之初除了要面對政府打壓，來自不同立場的攻擊亦接踵而來。該校最初在九龍窩打老道建立校舍，其後因為學生人數增加而多次遷校，過程中沒有港英政府的金錢資助，更曾遭到業主強收物業、造謠新校舍「鬧鬼」，令辦學過程變得困難重重。

1956 年 10 月 10 日至 10 月 12 日，親國民黨分子在香港發動嚴重暴亂事件，香島中學正校校舍慘遭焚毀，幸得內地、港澳及海外同胞捐款支持，修復校園。時任國務院總理周恩來在北京會見香島中學董事長吳炳昌，勉勵全體師生再接再厲。

愛國教育孕育香島人韌性

黃頌良指，香島人的堅持與韌性，需歸功於香島中學的辦學理念及愛國教育。該校一直推行愛國教育，以配合國家發展及時代脈絡，包括了解中華民族文化、探討民族振興課題、中國特色社會主義等概念，讓學生對國家有宏觀全面的認知。

黃頌良表示，香島人的堅持與韌性，需歸功於學校的辦學理念及愛國教育。

　　由創校之初，香島中學已經推行閱讀報紙的活動，至今仍然保留這一傳統。黃頌良認為，閱讀報紙有助學生了解時事，更重要的是教師從旁引導，並結合自身經歷分析事件，為學生建立正確價值觀及態度。

　　此外，學校經常舉辦交流團，或推薦學生參加內地團，以增加學生對內地的了解，擴寬視野，教導他們把握好國家空前的發展機遇。

「香島人」薪火相傳　執教鞭回饋母校

　　香島中學校長黃頌良、退休數學科教師梁夢莎，兩位都是名正言順的「香島人」。他們在香島成長、畢業、工作，與香島結下了長達數十年的情誼。二人均認為，教育並不只是「打一份工」，而是一份使命與理想，以為國家培育人才為己任。

香島中學早年已積極舉辦內地探訪活動。圖為 20 多年前，該校師生到粵北山區考察，並為當地學生擔任小老師。

20 年前，時任香島副校長的黃頌良（右），帶領學生到青海的香島希望小學考察。

香島中學學生到青海考察，與當地小學生唱歌跳舞交流。

香島中學學生到青海交流，認識當地少數民族的民俗風情。

　　1966 年出生的黃頌良，從小在香島接受教育，先於香島中學附屬的幼稚園、小學就讀，其後升讀香島中學預科，及後以優異成績考入香港中文大學。大學畢業後，黃頌良毅然選擇回母校教書，成為了經濟科教師；其後以 35 歲之齡接任香島中學校長一職。

「教學要做得比本分更好」

　　「回母校教書時，感覺大家關係很奇妙，因為以前有點怕老師，現在卻成為了同事。」黃頌良認為，香島的教師都認同學校的辦學理念，都是有承擔、有想法的人，「在國旗之下沒有懶散的人，大家都認為教學不只是打一份工這麼簡單，而是需要做得比本分更好！」

黃頌良中學畢業照。

難忘恩師代付學費

　　梁夢蕣同樣在香島經歷了四十個寒暑，至 2016 年才正式退休。梁夢蕣小四時成為了香島的插班生，一直念到中學畢業，「我以前住在觀塘的徙置區，家裏曾經窮到交不起學費；在我中一的時候，班主任自掏腰包為我代交一年學費，那時候一個月學費都要幾十塊錢！」

　　為了還錢給老師，梁夢蕣積極做暑期工，包括為小孩補習、到製衣廠打工，還錢之餘也幫補家計。有感恩師對自己的幫助，梁夢蕣決心回饋母校，他提到香島的校歌歌詞：「『香島像一個熔爐……香島又像一個大家庭』，我當然是香島的一分子！」

　　梁夢蕣在上世紀七十年代中學畢業後，回到母校擔任實驗室職員；其後去廣州念了大學學位，又在教育學院修讀文憑，最終成為一名數學教師。多年來，他以自身的經歷與熱情，言傳身教一代又一代的香島學生，真正做到「以生命影響生命」。

黃頌良小學畢業證書。

梁夢猻以自身的經歷與熱情，真正做到「以生命影響生命」。

兼備課程與交流 教導學生識黨史

中國共產黨建立了新中國，為國家的繁榮富強奠定了重要基礎。香島中學校長黃頌良表示，共產黨與國家近代史有密切關係，加上香島中學由愛國人士建立，學生自然要了解有關歷史。他提到，學校會雙管齊下，在課程設計及交流活動中進行歷史教育。

黃頌良表示，學校會在初中的綜合社會科，有系統地介紹共產黨的階段性發展，針對各階段重要政策及事件作簡介，包括中共英勇抗日的歷史、1978年中共十一屆三中全會與改革開放的關係、中共引領國家走上具中國特色的社會主義道路的過程等，讓學生全面認識國家歷史。

為了讓學生親身體驗國情，香島中學多年來均會安排學生深入內地不同省份作考察交流。黃頌良坦言，新高中課程緊迫，學校主動舉辦考察團的空間較小，惟學校會鼓勵個別學生參加坊間組織的遊學團吸收經驗。他表示，即將推行的公民與社會發展科是一個很好的機會，讓學生增加內地考察的機會，未來可以考慮與內地的學校或相關企業合作，讓學生正確認識共產黨的發展與現況。

愛國教育挑戰大 師長應引導求真

2019 年修例風波中，不少年輕學生被洗腦、荼毒，最終走上違法暴力的不歸路。香島中學校長黃頌良認為，在新時代下，進行愛國教育面對不少挑戰，例如網絡上真真假假的資訊，學生容易受到影響，學校師長更應該耐心引導學生追求真相，以防他們被誤導。

黃頌良憶述，在他小時候接受的愛國教育中，印象最深刻的莫過於「讀報」，更笑言：「當時我們當然有讀《大公報》及《文匯報》！幼稚園的時候只是看一下報紙上的照片，老師在講解時還會分享自己的經驗。」

嘆有港人仍對內地持負面態度

隨着年齡增長，黃頌良對不少事情感到興趣，讀報不再是「讀圖」，而是主動關注不同的社會議題；加上學校有不少愛國教育活動，慢慢培養起他對國家的關心，以及希望振興中華民族的決心。

談及現時本港推行愛國教育的情況，黃頌良坦言現時的環境複雜，「祖國內地的發展太快，雖然香港與內地只有一河之隔，但香港不進則退，與內地發展步伐有些『脫節』了，有時收到的資訊竟滯後很多。」有些香港人對內地的印象仍停留在以往的負面形象，產生了誤解。

此外，網絡充斥假訊息，「學生能隨時接觸到不少資訊，當中不少是煽情的，這對於學校教育是重大挑戰，畢竟他們受到學校的影響有時甚至還不如陌生人……」黃頌良認為，這更需要學校教師付出更多耐心與時間，幫助學生辨別真偽。

「學生在不停看着天上的星星時，也應該看看自己腳下的世界，當你有足夠的知識，自然會有自己的思考與判斷。」他認為學生應該多了解中國文化，多看看中國山河，好好裝備自己，把握國家發展給香港帶來的巨大機遇。

（原載香港文匯報 2021 年 6 月 9 日 A9 版，記者詹漢基）

伍煥傑：

育才爲己任 培僑迎難上

為了讓學生正確認識中國歷史及國情，傳統愛國學校培僑中學在中國共產黨成立一百周年之際，結合校史及中國近代史，向學生講解中國共產黨如何帶領國家走向繁榮昌盛，學校如何在港英時期掙扎求存，體現出中國人堅毅不屈的精神。

時光回到一九四九年十月一日新中國誕生，培僑成為香港第一批升起五星紅旗的學校之一；之後每年十月一日，培僑都有國慶活動。而升起五星紅旗，卻是當時港英當局所不容的「政治表態」，但是該校無懼打壓，不言放棄，懸掛在校內的五星紅旗依然迎風招展。在中國共產黨迎來建黨百年之際，多位培僑老校友接受香港文匯報訪問時不約而同表示，學校經歷千辛萬苦才走到今天，看着母校堅持推動愛國教育，培育人才為香港、國家作出貢獻，為此感到自豪。

校長校友聚首回顧奮鬥史：無懼港英打壓推愛國教育

伍煥傑：育才為己任 培僑迎難上

為了讓學生正確認識中國歷史及國情，傳統愛國學校培僑中學在中國共產黨成立一百周年之際，結合校史及中國近代史，向學生講解中國共產黨如何帶領國家走向繁榮昌盛，學校如何在港英時期擇扭求存，體現出中國人堅毅不屈的精神。時光回到1949年10月1日新中國誕生，培僑成為香港第一批升起五星紅旗的學校之一；之後每年10月1日，培僑都有國慶活動。而升起五星紅旗，卻是當時港英當局所不容的「政治表態」，但是該校無懼打壓，不言放棄，懸掛在校內的五星紅旗依然迎風招展。在中國共產黨迎來建黨百年之際，多位培僑老校友近日接受香港文匯報訪問時不約而同表示，學校培育人才為香港、國家作出貢獻，為此感到自豪。

掃碼看片

●香港文匯報
記者 詹漢基

走進培僑中學的校史室，一張張歷史照片，展示着該校校舍的變遷及歷代校長的辛勤成果。培僑中學校長伍煥傑謙述，1949年10月1日新中國成立，學校藉升旗儀式慶祝，時任校長演講時提到「這面紅旗也染有我們香港人的鮮血」，講話激動人心，更憶起年幼時那份悸動之情，「培僑的老校友對學校的感情是巨大的」。

伍煥傑表示，培僑不少校友早年已移居海外，但每逢國慶，總有老校友回校慶祝，緬懷當年升起愛國旗幟的情景。培僑不但是香港首間升起五星紅旗的學校，更是香港首間愛國學校。「以育才為己任，一直都是培僑的辦學宗旨。」

畢業生曾拒投考公僕警察

另一名老校友、培僑中學校友會監事長陳恆昌亦娓娓道出學校昔日的奮鬥史。他憶起2009年的母校校慶宴會上，看到不少老校友穿着自製的「十校牌樓」，過馬路時的舊照，「這些都是當年培僑成長的歲月」。

伍煥傑亦指，過往當局的種族歧視氛圍下，全港學生、報考警員或是公務員時，一旦發現校友是培僑中學的畢業生便會有所阻礙。陳恆昌、伍煥傑與多位老校友，憶述當年港英當局如何打壓愛國學校的種種，「可見當年愛國學校招攬的無一不為人才」。

捱過收生寒冬 轉直資壯規模

隨着辦學12載影響深遠，培僑亦經歷過收生寒冬。但伍煥傑表示，培僑中學無懼艱辛，全校師生上下一心，迎難而上。

●伍煥傑表示，培僑一直以培育愛國人才為己任。　香港文匯報記者 攝

●蔡喜廉（右）及陳恆（左）分享在培僑念舊的往事。圖為培僑的舊日校舍模型。　香港文匯報記者 攝

除草維修一腳踢　昔日勞動苦也甜

現代生活環境優裕，一般學校的設施比起上個世紀五六十年代已是「應有盡有」，故現時的學生根本就不太需要參與勞動習作。培僑資深校友、當年身為老師的近日接受香港文匯報的訪問時憶述，當年的培僑校舍的老師要除草維修工作，更需要負責校園清潔。電器安裝及維修、「落手落腳」為校園及師生服務，故對母校情誼甚為深厚。

培僑中學校友會監事長陳恆昌思述當年的「體力活」時，沒有半點怨言。反而覺得這是學校給予他們鍛鍊的機會，「學校除了教他們愛護母校、更教會他們熱愛勞動」。他表示，當年學校有「值周班」，由高年級學生帶領低年級學生打掃整校園，「一周一班，學生對校方的恬淡校園清潔都不在」。

老校友難忘校園捉蛇

農村風貌不多，學校的課餘活動特別多，同學們往往絞盡腦汁「想點子玩」。當年培僑中學因為附近山靠近郊野公園，陳恆昌言中特別加入了學校的「電工組」，「我們會負責全校的電器維修、保養；那時候要學生要做微型插秧、學校的線路系統、中央廣播設備都是我們負責安裝的！」另外，校會裝備、乾淨牆的牆體工程、學生亦有份參與。

另一位老校友陳恆，當年參與了「劇組組」，他印象最深刻的時在舞台演罷台下觀眾的掌聲，也右眼「劇組」場景；那當年講班的那目由於班上不少同學放工，學生之間合作無間，由於社會貧鬧認為好操作、學校紛紛被淘汰的危機，現時的學生依憑經驗鞏固認能防的的樂趣。

同窗木屋焚毀　師生速幫重建

昔日對培僑的歸屬感可謂千金難求。近日受訪的培僑中學校友對學校打有深厚情誼。他們分享了培僑當年鄰里的小故事，有校長主動為失火燒毀的學生的讀掌；有教師伸出手籌教生的熱心善舉；亦有學生的家園燒成火海，剎那一間為他建屋搶房子……幾十年過去，師生情誼、水校同窗。

敬佩恩師慷慨　母校歸屬感強

說起學校的往事，老校友們皆表現興奮，培僑中學校友會會暨事長陳恆娓述當年的名牌。自然感激出身貧寒之身，他難會年級受過高等教育的教師都是「天之驕子」。但在培僑執教的工資達遠低於不入的人工。「當年有一名叫陳麗雲的香港話老師，

致敬當年的家境較好，就然將自己工資盆數節出，當作是學生的時學之。

陳恆又憶述一名鄰居老師的故事。當年鄰居父親被打鬥毆時，天天才突失賽的人力車伕，當時培僑中學校長與主任見微不為人全感歎，深知畢業際的他貌家貧起來開啟為是負責……這不成為真的故事發生。校長對學生的關愛彌值，令人感動。

除了校長，教師對學生的身心付出更是不可多得。陳恆亦與同窗之間互相幫助激勵，「上世紀五六十年代許多人住木屋，當時有鄰居的同窗失火，我們師生身家當時被木火燒，戴校等。為燒餵，一間全面的木屋！」

●香港文匯報記者 詹漢基

●上世紀七十年代，培僑中學慶祝30周年校慶。　受訪者供圖

●早於上世紀七十年代，培僑中學與內地交流。圖為師生參與位於廣州的製衣廠。　受訪者供圖

教授中共黨史 學校應有之責

教育學生愛國，成為好公民，是學校最為之義。自維承科代這校生下，培僑中學一直秉持國家的精神及理念培育學生一陣子升國旗、奏唱國歌等儀式，該校亦在課堂向學生介紹中國共產黨發展的情況，讓學生了解中國走向今日輝煌所走過的道路。「在這過程中，中國共產黨功不可沒」伍煥傑強調。此次當年的科學講師中有不少令人印象深刻的歷史。

培僑中學一直秉守「育才為己任」的教學理念，希望學生秉主愛國報主之志，實踐積極行。現任校長伍煥傑積極會招攬學校的辦學理念，他認為中國要興起無論社會科技，對培訓積極根深才，對中國共產黨史更是有認識，傳承愛國精神，是每一個代學生的責任。「在凝聚中國走向今日社會，以及起對的代成就等，可見只要人民的規則顯，中國必將團結會帶助國家繁榮前進，堅持為人民服務。」

「黨史都不知，怎貢獻國家？」

當下論學今全港認識國家，中國共產黨歷史更是不可或缺的元素，伍煥傑亦指，在初中中文科會介紹與中共相關的歷史事件，「如果想國家的現代要理念都不知道，又如何貢獻國家、拍向繁榮發展？」

辦課訓活動救國防知識

正在由政學校發展與愛會做聚集團敬啟，校方與年參與出生身份證「校史課」，讓學生更輕鬆、珍惜載記中，了解國家新發展對戰略要未的新能事。伍煥傑又指，學校每年有力的一學生事打深識的課，緒脈歷國安到校歸示算生活生，學習國防知識，在凝聚安全教育的「一部分」，此外，學校亦會安排政安邀重學校如此對的重要學化之流，考透邁入增中與學術影響，認學生認識國家事文化生及現代意義。

現時各港社會的的環境變遷，被閱讀會去影學校擔起國情教育的使命---培僑學校如此看待，香港城守法治資糧，教育有不顧忍善有國際視及文化，相信資源身憑素要多子，才讓下的代培訓中。伍煥傑強調---愛國教育。　●香港文匯報記者 詹漢基

●周世燦接伴僑走過多個寒暑，至今仍為培僑服務。　香港文匯報記者 攝

走進培僑中學的校史室，一張張歷史照片，展示着該校校舍的變遷及歷代校長的辦學成果。培僑中學校長伍煥傑講述，1949 年 10 月 1 日新中國成立，學校舉行升國旗儀式，時任校長演講時提到「這面紅旗也染有我們培僑師生的鮮血」，講詞激動人心。此後，每年國慶，學校都非常重視，都舉辦升國旗、唱國歌等國慶活動。縱使當年港英當局對愛國學校百般打壓，培僑一直以培育國家人才為己任、推動愛國精神為辦學方針。

在 1958 年，有人在學校圖書館搜獲南洋僑領陳嘉庚所著的《南僑回憶錄》、中共領導人劉少奇所著的《論共產黨員的修養》等書籍，第二任培僑中學校長杜伯奎因而遭港英當局無理遞解出境。就讀培僑小學的老校友顏尊廉近日向香港文匯報記者憶述，「當時校舍氣氛凝重、緊張，全校均瀰漫着對港英當局的極度不滿情緒。」

畢業生曾被拒投考公僕警察

另一名老校友、培僑中學校友會監事長陳恆近日亦憶及，當年由於港英當局忌諱愛國學校的號召力，原定於同年舉行的「十校運動會」，港英當局亦透過大氣電波進行全港廣播，要求禁止運動會舉行。伍煥傑亦指，當年港英當局甚至拒絕培僑中學的畢業生報考公務員、警察，「可見當時愛國學校面臨的壓力何其巨大。」

談起這段歷史，培僑教育機構發展總監周世耀感慨良多。他在 1963 年入讀培僑中學中一，中五畢業後留校做小賣部職員，後因學校擴展，會考成績優異的他被派往培僑在上水創辦的「分教處」擔任教師，其後出任校長秘書、培僑的行政總監等多項職務。

捱過收生寒冬　轉直資壯規模

隨着辦學口碑愈來愈好，培僑陸續開辦不同分校。但到上世紀七十年代末，學生人數急轉直下，令學校收入步入寒冬。周世耀指，當時港英當局推行免費教育，不少學校成為津校，但愛國學校被排斥，無法轉為津校，「那個時候，很多家長都認同我們的教育理念，但卻因為要交學費，唯有轉校。」學生下跌導致學校規模萎縮，教師只能收取他校教師三分一、甚至是四分一的薪

伍煥傑表示，培僑一直以培育愛國人才為己任。

水，「當時仍留在培僑教書，真的要非常認同學校的辦學理念。」

周世耀表示，自從《中英聯合聲明》於 1984 年 12 月簽訂後，香港的前途逐漸變得明朗。1991 年 9 月，培僑中學獲政府批准成為首批直資學校，是創校四十多年來首次獲得政府資助。尤其是香港在 1997 年 7 月 1 日回歸祖國後，培僑教育機構逐漸擴大規模，在小西灣開辦了培僑小學、沙田大圍「一條龍」的培僑書院、培僑國際幼稚園暨幼兒園等，「如今培僑的大家庭正不停壯大，為培育愛國愛港人才繼續努力。」

教授中共黨史　學校應有之責

教導學生愛國、成為好公民，是學校應有之責。自港英時代建校至今，培僑中學一直秉持愛國的精神及理念培育學生。除了升國旗、奏唱國歌等儀式，該校亦在課堂內外加入介紹中國共產黨歷史的知識，讓學生了解中國共產黨為

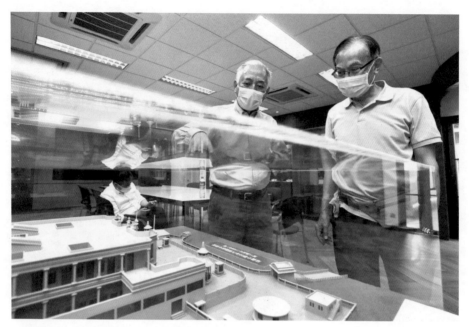

顏尊廉（右）及陳恆（左）分享在培僑念書的往事。

周世耀陪伴培僑走過多個寒暑，至今仍為培僑服務。

建立新中國及為國家發展付出的血汗，作為愛國教育的其中一個環節。

「培僑中學一直堅守『培才思報國』的教學理念，希望學生立報國之志，實踐報國之行。」現任校長伍煥傑這樣介紹學校的辦學理念。他認為，中國發展能取得矚目成就，點點滴滴都離不開中國共產黨的貢獻，「由帶領中國走向小康社會，以及近期的抗疫工作，可見只要人民出現困難，中國共產黨都會站在國家最前線，堅持為人民服務。」

「黨史都不知，怎貢獻國家？」

為了讓學生全面認識國家，中國共產黨歷史更是不可或缺的元素。伍煥傑

早於上世紀七十年代，培僑中學已積極與內地交流。圖為師生參觀位於廣州的製衣廠。

表示，在初中中史科會介紹與中共相關的歷史事件，「如果連國家的執政黨歷史都不知道，又如何貢獻國家、往內地發展呢？」

辦軍訓活動教國防知識

正正由於學校發展與國家命運緊密相連，校方每年亦會為中一新生及插班生舉行「校史課」，讓學生從展板、珍貴藏品中，了解國家發展對學校帶來的影響。伍煥傑又指，學校每年均會為中一學生舉行軍訓活動，讓他們體驗中國人民解放軍的生活，學習國防知識，作為國家安全教育的一部分。此外，學校亦會安排高年級學生參加各個省市的歷史文化之旅、粵港澳大灣區考察活動等，讓學生認識國家歷史文化及現行政策。

現時香港社會政治環境複雜，被問到會否影響學校推展國情教育的步伐時，伍煥傑認為，隨着香港國安法實施，教育局不斷完善有關課程及支援，相信資源會愈來愈多，有利學校進行國情教育。

上世紀七十年代，培僑中學慶祝 30 周年校慶。

除草維修一腳踢　昔日勞動苦也甜

　　現代生活環境優渥，一般學校的設施比起上世紀五六十年代已是「一應俱全」，故現時的學生根本就不太需要參與校園勞作。培僑中學兩位老校友近日接受香港文匯報訪問時憶述，當年念書時除了清潔、除草等工作，更需要負責為校園維修、電器安裝及維修，「落手落腳」為校園及師生服務，故對母校特別有感情。

　　培僑中學校友會監事長陳恆回想起當年的「體力活」時，沒有半點怨言，反而覺得這是學校給予他鍛煉的機會，「學校除了教我們愛國，更教會我們熱愛勞動！」他表示，當年學校設有「值周班」，由高年級學生帶領低年級學生打掃學校一周，還要到學校的廚房幫忙洗菜、校園拔除雜草，過程中甚至捉到不少蛇，因此當年的科學實驗室中有不少蛇的標本。

老校友難忘校園捉蛇

　　從前娛樂不多，學校的課餘活動自然成為同學們的「生活調劑」。當年培僑中學每個周六都舉辦課外活動，陳恆在高中時期加入了學校的「電工組」，「我們會負責全校的電器維修、保養；那時候學生要做廣播操，學校的廣播系

統、中央擴音器等也是我們負責安裝的！」另外，校舍裝修、籃球場的修繕工程，學生亦有份參與。

另一位老校友顏尊廉，當年參與了「戲劇組」，他印象最深刻的就是當年扮演舞台劇中的監官，也有過「蝦碌」場景；而當年劇組的燈光都是由「電工組」同學負責，學生之間合作無間。由於社會普遍認為學生操作、維修電器較為危險，現時的學生已經無法體驗到從前校園勞作的樂趣。

同窗木屋焚毀 師生速幫重建

舊生對母校的歸屬感可謂千金難求，近日受訪的培僑中學校友均對學校有着深厚感情，他們分享了培僑很多師生的小故事：有校長主動為丟失錢包的學生代繳學費；有教師捐出全部薪水做助學金；當學生的家遭遇火災，師生一同為他建起新房子……幾十年過去，師生情誼，永留心間。

敬佩恩師慷慨 母校歸屬感強

說起學校的往事，老校友們表現興奮。培僑中學校友會監事長陳恆談起當年的老師，自然流露出一份敬佩之情。他指當年接受過高等教育的教師都是「天之驕子」，但在培僑教書的工資遠遠比不上外面的人工，「當年有一名叫陳靄雲的普通話老師，她當年的家境較好，毅然將自己的工資全數捐出，當作是學生的助學金。」

陳恆又憶述一名師兄的故事，當年師兄因顧着打籃球，丟失了裝有學費的袋子。當時培僑中學校長杜伯奎見到小伙子垂頭喪氣，深知學費對於他的家庭來說是一大負擔，二話不說為對方繳交學費。杜校長對於學生的關愛與信任，令人感動。

除了校長、教師對學生的鼎力相助，陳恆亦提及同學之間互相幫忙的情誼，「上世紀五六十年代許多人住木屋，當時有個師弟的家被大火燒掉，我們師生自發到處找木材、鐵皮等，為他砌一間全新的木屋！」

（原載香港文匯報 2021 年 6 月 11 日 A9版，記者詹漢基）

吳宏基：

秉持辦學宗旨
培養愛國人才

鮮艷的五星紅旗，見證了新中國的成立與發展壯大。今年是中國共產黨成立一百周年，福建中學的師生看着國旗在校園飄揚，更是別具意義。年輕一輩根本無法想像，當年在港英時期，在香港升國旗、唱國歌是「違法」行為。雖然如此，福建中學一直無懼港英打壓，秉持「關懷同胞、作育英才、愛國愛鄉」的辦學宗旨，為培養愛國人才而奮鬥：早在上世紀六七十年代，香港人口膨脹，校舍不足，該校在沒有得到港英當局資助的情況下，靠商會籌款建新校舍；為了盡量讓更多草根學生接受良好教育，教師甚至要帶學生「走鬼」逃避官員巡查，以免被指控超收，令學生失學。

憶當年港英打壓愛國學校　教師帶學生「走鬼」避巡查

吳宏基：秉持辦學宗旨 培養愛國人才

鮮艷的五星紅旗，見證了新中國的成立與發展壯大。今年是中國共產黨成立一百周年，福建中學的師生看着國旗在校園飄揚，更是別具意義。年輕一輩根本無法想像，當年在港英時期，在香港升國旗、唱頌歌曾經是違法行為。雖然如此，福建中學一直無懼港英打壓，秉持「關懷同胞、作育英才、愛國愛鄉」的辦學宗旨，為培養愛國人才而奮鬥。早在上世紀六七十年代，香港人口膨脹，校舍不足，該校在沒有得到港英當局資助的情況下，靠商會籌款建新校舍。為了盡量讓更多莘莘學生接受良好教育，教師甚至要帶學生「走鬼」逃避官員巡查，以免被指控超額，令學生失學。

●香港文匯報記者 詹漢基

福建中學校長吳宏基近日向香港文匯報回顧該校校史時表示，「強調福建商會存在1926年開辦學校，當時已經有不少規模細少以來的，猶如高舉是為了鼓勵他的繼承手通的生活」。當時的福建學校，在現時福建學的兩身，後來便促進了日後建校一事，中國共產黨勝利誕辰一新中國在1919年成立。

港英政府強禁校內愛國行為

1959年到福建中學任教，今年62歲的陳燦輝是最資的「老人」，他憶述當年校的政策。仍然十分緊張：升起愛國學年校旗不能是是愛民族的「政策」！當年為阻止學界校行愛國教育，港英立法局在1952年通過新制訂的教育條例，嚴禁校內「一切政治活動」，實質封掉升國旗、唱國歌等逾項行為。

上世紀六七十年代，香港人口急速增長，教育需求大增，對於那時自有的關一所校舍的福建中學，無疑校舍供不足，卻又有意有相在這裏的作罕，吳宏基說，「當時我們要招收愛國生」！當年止在對海外外增，本地國籍市高達100萬元，在1966年遭武工互為動爭取資助費」，整現了中國人互助的熱情。

陳燦輝憶述，在全盛時期，全校共有約二千多學生，到校要求也嚴格西醛、商會通、北角屋等多數學生，但在因此校的但起這種也要紅班，名義的學歷。當年我們為那人反在學多的最高容成大驚。為「昨日」說起，又不讓學生失學，「當時我們為人互動互助西學的共有絕的但是甚互助的超課！」

到上世紀六七十年代，中英關係有改善，但福建中學的愛國路遇長的這路。陳燦輝表示，當時校會未造過到初時已進修衡裏很緊要批撤，亦遭到有，直到1991年情況才有轉機，吳宏基表示，當時學校校對教育署申請土地及改建計劃，「當時校容沒有問題。最難不是，學的「後件」不建獲，該工程的「教件」了嚴是許學的會考成績，一套獲得，才能是無訴訴費，開始有成績取得說」。

沒有回歸　沒有今天的福中

隨着香港正式回歸祖國，傳統愛國學校的地位亦日漸提升，作為見證歷英政的一代，但福建中學的歷史學校的舊生，陳燦輝說，「我記得好清楚，香港特區政府建度舉先生當初認同學的校長「福建中學校一時」及這段校政支撐持起威，在1990年挂擇福建中國的立愛國得到的新祝建好的立身「如果香港沒有回歸，福中就沒有今天了！」

■吳宏基表示，福建中學一直秉持「關懷同胞、作育英才、愛國愛鄉」的辦學宗旨，為培養愛國人才而奮鬥。
香港文匯報記者 攝

■福建中學師生一同遊覽福建下村。　校方供圖

■福建中學師生到福建華僑大學實地考察。　校方供圖

■福建中學創校時租用的大道西民房校舍。　校方供圖

■約1953一1954年間，福建中學開始每年國慶日在校會天台舉行升旗禮。　校方供圖

遭打壓成「政治犯」 愛國師含冤受「獄」

被捏「福建米勝」愛藏「誥譯」

服務福建中學逾40年的老教師陳燦輝，對5毫愛國學校教職的辛酸，可謂歷歷在目、不勝唏噓。當年港英為了遏制學界的愛國工作，只因他當時曾有表演「唱動性言論」以及接連出「福建米粉」，曾不分的指控被加無縁之言，深圳列入人獄如此，其間亦有工人因家庭失和無力養子女，讓他得以幫過那段艱困的日子。

80多歲的陳燦輝如今雖然已身不利齒，思起這段艱困歲月，仍歷歷在目。懷緬小城，被3政策如數的愛動家人，當初寶兒時在愛國學校工作，生活雖然無情小船的「福建米粉」，故他卻難忍的無聲分的幻「福建果」，我看到有別名的那個艘了幾十年的一名惡毒，一已苦無避分的鬼「在進上執行，用錯拘束。又把愛國相牌風在上車……」。

在1967年「反英抗暴」時期，陳燦輝曾過在學校門前「大字報」呼籲罷課救致同不。為「訴學的教育者的工作，為了讓學生安愛國主。也苦有苦的工夫，方力亦也曾在各科的中電行致工夫，讓學生戶安學校健康成長教育便紀念日恩是周圍，政外一樣如海平的正式、年年動誠慶愛。內地帶營活動秀，以潛移默化的方式致育學愛國魂。

「改革開放」亦是同呈學習國家發創劇的那都課題之一。改革開放後，香港同胞到內地投資辦事，在促愛國家富裕路線的黃金時代了。吳宏基亦云，福建中學不少愛校在鄰香內地居所，亦會不時重返內地辦商外各行內地建智者的故事，讓他們愛大陸見、大陸知身上，感受到改革開放帶來的機遇。希望年輕一代本來可利到內地發展機遇。

●香港文匯報記者 攝

中史融校本課程　潛移默化育愛國

教導學生正確認識國情，學校責無旁貸。為了推行國情教育，福建中學在校本課程融合中國歷史及校史元素，讓學生在學習歷史同感到親切感。校長吳宏基表示，不少校友均曾到內地原商，在校友同分享的同時，更可讓同學感受到改革開放對於內地、內地對於中國之感受實態，讓學生將自學生發展國家資便貌更高，以潛移默化的方式致導愛國魂。

香港中醫師主任慈憲寧上月在一個論壇上題表《岩宿紫郷的「春江諾卷」》主旨演講，當中提到中國共產黨別創了「一國兩制」事業，對此，吳宏基認為，必須讓學生活懂得自「一國」及「兩制」的前提及基礎，從而建立他們的身份認同感。

校友蹤躍分享內地機遇

吳宏基強調，中國共產黨是中國的執政黨，為了

學子開夜車捱餓　老教師兼任大廚

作為一名畢化的的教師，哪能工作有多份的莫過於看到愛學生點醫用功。福建中學老教師陳燦輝表示，在上世紀八十年代，他曾眼處自為晚上自修的學生繼教茶，希望他們不用多了公開試自行學的關心學生的和情。

1981年，福建中學校址30周年一福慶之際，當年老師們打算開設愛會食堂讓學生生大型慶祝活動，以便利校學生。「當年大鍋開沸騰」，全校上下四間同校打烊醒惹，「在中大抵圖學日，我在那裏上課了大大便《博》学。學生安繁勝滋4努力學甜。

「福建大概如學生放學餐拜開何的自修室課習，家長打電話來學校。」因為住家學每天那郊都要趕來那了去，原

教署通融學校變「夜校」

家長擔心孩子「沒吃飯」，陳燦輝表示，當年學生的住所無似身不到的「調訊」，家中成食機物，利話機不能行早。很難有安歇的學習環境。為了這群同學，幾間自習的，還學生歌餐愛。

■陳燦輝為福建中學的「老任子」，奉風化用問十年。
香港文匯報記者 攝

福建中學校長吳宏基近日向香港文匯報回顧該校校史時表示，「旅港福建商會在 1926 年開辦義學，當時已經有不少福建籍居民來港，籌辦義學是為了協助他們適應香港的生活。」當時的福建學校，為現時福建中學的前身。後來經歷了日寇侵華、中國共產黨帶領抗戰勝利、新中國在 1949 年成立，旅港福建商會在 1951 年遂開辦福建中學，並登報聲明「所招學生不以閩籍為限」，擴大生源，服務市民。

不過，當時港英當局對傳統愛國學校百般打壓，資源一律欠奉。吳宏基指，學校在辦學初期十分艱難，但學校依然維持「義學」性質，為貧苦百姓子弟提供教育機會。隨着香港人口不斷攀升，該校收生亦節節上升，為了提升教育質素，曾多次向港英政府尋求撥地，「但當局不批准建立新校舍的申請，哪怕當局曾將掃桿埔一塊萬餘呎的用地撥予商會，最後亦因為種種原因未能成事。」

港英政府強禁校內愛國行為

1959 年到福建中學任教、今年 82 歲的陳燦輝是該校的「老臣子」，憶起當日遭港英政府歧視，仍然十分氣憤：「打壓愛國學校根本就是港英當局的『政策』！」當年為阻止學界進行愛國教育，港英立法局在 1952 年通過新修訂的教育條例，嚴禁校內「一切政治活動」，實質針對升國旗、敬禮、唱國歌等愛國行為。

上世紀六七十年代，香港人口快速增長，教育需求大增，對於原本只有西環一所校舍的福建中學而言，擴建校舍迫在眉睫。港英當局在撥地上沒有伸出援手，吳宏基說，「當時我們學校頗受歡迎，收生也比較多，所以商會向海外華僑、本地閩籍市民籌了 100 萬元，在 1966 年建起了北角渣華道的獨立校舍」，體現了中國人互助的精神。

陳燦輝憶述，在全盛時期，全校共有約二千名學生，雖然當時已經有西環、渣華道、北角道等數個校舍，但個別校舍仍超越了教育署所規定的最高容納人數，為「符合」規定，又不讓學生失學，「當時教育署人員來巡查，老師就帶學生去附近的健康邨『活動』！」

到上世紀八十年代中期，中英關係有改善，但福建中學仍未得到港英當局重視，陳燦輝表示，當時校董會成員向時任港督衞奕信要求批地、資助等，亦

吳宏基表示，福建中學一直秉持「關懷同胞、作育英才、愛國愛鄉」的辦學宗旨，為培養愛國人才而奮鬥。

遭婉拒。直到 1991 年情況才有轉機。吳宏基表示，當時學校向教育署申請加入直資計劃，「當時校舍沒空間、設備不足，『硬件』不達標；猶幸我們的『軟件』，即學生的會考成績一直優秀，才能加入計劃，開始有政府資助。」

沒有回歸 沒有今天的福中

隨着香港正式回歸祖國，傳統愛國學校的地位亦日漸提升。作為經歷港英統治的一代，「回歸」的意義重大，陳燦輝說，「我記得好清楚，香港特區首任特首董建華先生當時說要還愛國學校一個公道。」及後該校成功獲得批地，在 1999 年獲特區政府分配觀塘振華道的新型設計校舍，「如果香港沒有回歸，福中就沒有今天！」

福建中學師生一同遊覽福建塔下村。

中史融校本課程　潛移默化育愛國

　　教導學生正確認識祖國，學校責無旁貸。為了進行國情教育，福建中學在校本課程融合中國歷史及校史元素，讓學生在學習歷史時感到親切感。校長吳宏基表示，不少校友均會回內地經商，在校友回校分享的時候，更可讓同學感受到改革開放對於香港及祖國的意義。

　　香港中聯辦主任駱惠寧上月在一個論壇上發表《百年偉業的「香江篇章」》主旨演講，當中提到中國共產黨開創了「一國兩制」事業。對此，吳宏基認為，必須讓學生清楚明白「一國」是「兩制」的前提及基礎，從而建立他們的身份認同感。

校友踴躍分享內地機遇

　　吳宏基強調，中國共產黨是中國的執政黨，為了讓學生了解共產黨的工作及成就，校方會在校本設計的「生活及社會科」中，介紹中國近代史及加入有關內容。為了讓學生有親切感，校方亦會在該科中糅合校史元素，讓學生明白

福建中學師生到福建華僑大學實地考察。

學校發展與國家發展息息相關。此
外，透過每周的升旗儀式、每年的
國慶慶典、內地考察活動等，以潛
移默化的方式教導學生愛國。

　　「改革開放」亦是同學學習國
家發展的重要課題之一。改革開放
後，香港同胞到內地投資興業，在
促進國家經濟騰飛的同時，迎來香
港發展的黃金時代。吳宏基表示，
福建中學不少老校友都會回內地
經商，亦會不時重返母校與師弟妹
分享內地發展事業的故事，讓他們
從大師兄、大師姐身上，感受到改
革開放帶來的機遇，希望年輕一代
未來可回到內地發掘機遇。

福建中學創校時租用的大道西民房校舍。

遭打壓成「政治犯」 愛國師含冤受「獄」

服務福建中學逾 40 年的老教師陳燦輝，因為愛國學校教師的身份，一度被港英當局打壓成為「政治犯」，只因他當時發表所謂「煽動性言論」以及被搜出「福建米粉」而被判入獄。當年的指控猶如無稽之談，卻被判入獄兩年，其間靠着工人階級互相支持，讓他得以熬過那段黑暗的日子。

80 多歲的陳燦輝如今雖然手腳不再利索，說起話來卻是中氣十足，憶述中國人被港英當局欺壓的舊事，細節都記得非常清楚，「當年我還在念書的時候，在石塘咀的太平戲院下，有架拉無牌小販的『豬籠車』，我看到有兩名洋幫辦粗暴對待一名菜販，一手拉着她的辮子在地上拖行，用腳踩爛地上的菜，又把菜擔粗暴地扔上車……」

被搜「福建米粉」 變藏「詐彈」

在 1967 年「反英抗暴」時期，陳燦輝曾經在學校寫「大字報」抒發對港英政府的不滿，「當時墨跡未乾，已經有三輛警車圍住學校，進來捉我；後來又搜出了一包『福

約 1953–1954 年間，福建中學開始每年國慶日在校舍天台舉行升旗禮。

陳燦輝為福建中學的「老臣子」，春風化雨數十年。

建米粉』，說是不明物體，於是把我逮捕。」後來，陳燦輝被判以發表煽動性言論、藏有假炸彈等罪名，被判入獄兩年。

雖然當時被判入獄，但陳燦輝在獄中見到不少工人階級的工友，大家在獄中彼此激勵、支持，讓他深切感受到中華民族被打壓下依然「一條心」。雖然時過境遷，但對這些事情始終無法忘懷，陳燦輝說起港英當局會咬牙切齒，為昔日中國同胞受到壓迫而忿忿不平。

學子開夜車捱餓　老教師兼任大廚

作為一名春風化雨的教師，哪怕工作有多勞累，最高興的莫過於看見學生勤奮用功。福建中學老教師陳燦輝表示，在上世紀八十年代，他曾經親自為晚上自修的學生燒飯煮菜，希望他們不要為了公開試過分勞累。融洽的師生關係在一點一滴地建立，這份師生情誼令人感動。

1981 年，福建中學建校 30 周年。陳燦輝憶述，當年老師們打算向校董會申請舉辦大型慶祝活動，沒想到校董會反建議「用會考成績作為獻禮」，全校上下因而向此目標進發，「在中五班開學日，我在黑板上寫了大大隻『搏』字，學生亦響應號召努力學習。」

「當時有兩個學生放學後到灣仔的自修室溫習，家長打電話來學校，問為什麼孩子每天都那麼晚才回去？原來家長擔心孩子沒吃飽！」陳燦輝表示，當年學生的住所類似今天的「劏房」，家中收音機聲、對話聲不絕於耳，很難有安靜的學習環境，因而向校長提議設立晚間自習時段，讓學生留校學習。

教署通融學校變「夜校」

「當時教育條例不允許學校在晚上開放，教育署人員覺得奇怪：學校怎麼每個晚上都亮燈？」但當時教育署還是「隻眼開隻眼閉」，默許這件事。為了讓學生能吃飽，陳燦輝當時便向校長毛遂自薦，擔起「大廚」角色，為學生煮飯、炒菜、滾湯，「大家吃完飯後，夾手夾腳洗碗，很有氣氛！」

（原載香港文匯報 2021 年 7 月 16 日 A12 版，記者詹漢基）

海員工會丹心爲國
與黨同行百載同心

今年是中國共產黨建黨百年，香港海員工會亦與中共一同走過百年：由一開始的海員反抗欺壓的大罷工活動，成為內地工運的示範，到後來支援抗日、護送代表參加新中國成立前夕舉行的第一屆中國人民政治協商會議、新中國成立之後積極支持國家建設、為內地航運事業獻力……百年歷程中留下了自己的足印。今日，華人海員不再受欺壓，一如中國在共產黨領導下已能平視世界，工會代表說：「海員以前受的苦難太多，如今都是懷着同一個中國夢，希望國家越來越富強、中華民族早日實現偉大復興。」

支援抗日獻力國家發展　海員懷民族復興中國夢

與黨同行百載同心
海員工會丹心為國

慶祝中國共產黨成立100周年
特別報道

今年是中國共產黨建黨百年，香港海員工會亦與中共一同走過百年：由一開始的海員反抗壓迫的大罷工活動，成為內地工運的示範，到後來支援抗日、護送代表參加新中國成立前夕舉行的第一屆中國人民政治協商會議、新中國成立之後繼續支持國家建設、為內地航運事業貢獻力量……百年間中國下了自己的足印。今日，華人海員不再受欺壓，一如min他在共產黨領導下已能享受世界尊嚴。工會代表說：「海員以前受的苦難很多，如今都是懷著同一個中國夢，希望國家越來越富強、中華民族早日實現偉大復興。」●香港文匯報記者 楊浩輝、洪雪文綺

海員大罷工啟發內地工運

由最初的中華海員工業聯合總會、到今日的香港海員工會，一路走過風雨不平的道路，創立工會的蘇兆徵，亦是香港最早的一批中國共產黨員之一。

工會秘書長黎森稱道，當年創建工會，一開始是要扶持通過海外國商民眾的華人海員爭取權利。歲歲的初要百年，曾1922年就發生了海員大罷工，工運的源頭亦是工運。這次罷工的成功，早在1931年由不受白的中國北之三省之一。為內地工會工業界工業聯盟，捍衛本地工會港美合的封閉，仍於1935年以300元成立了關聯來工。

工會有長保協助海上，眾眾者當時的港英政府所呈現。他去百年的當初第三度波動工會所封閉，但很長刻在國家工作的運動之深。

（當時交通壅塞的方便程度是不好了事，海員工會是了提升，達這些醫保護委會大的職工作。黎森說，當時曾加成就了國際罷工在工會、加全大基礎界的運動委護罷政工，時代中共在地就事組織罷工的海員堅定政運。指改系香港「合留處的案」綜繳來進，以開口，壽季在面開爭取運作的安全，壽季在面的眾運繳海員自己的日記的會長運，讓這些運。）

最後，在海員工會向局員的努力下，完成了平安護送北京重關做政事運。

護送代表赴首屆政協會議

海員工會一段歷險歷的重要的關鍵，開始於「華中編」這次代表參加新中國開時協運立會議的運送當時一九時，黎森謂道，當時工會繼續堅工運。大江三人，花的運網開所包括三一始季子可運200自民主人士運運，把意興當。

黎森繼道：「當時中編是一段的與趣向的氣所運，看有的陣容這輪船船繼行的運力這報，細後轉的向船季前繼來機載五六天緊急大水，當時船員運憶繼夜繼在海上航行是繼這運，周年我次運送都運運繼緊運。成立完成任務。」

細看工會歷史，與黨同行的這運一直緊隨相繼，包含在1950年毛主運繼運時示，支援解放軍運海運前工程等繼報運運那運；至1970年，國家建設運業運繼運，為內運海運員中工會繼開下參繼運在的運，高時刻也一九多人。

黎森繼道：海員運提升運中之運運，坐在歷繼運迷繼的運繼運迷運繼繼運繼的心運，「繼就大知海自在大海中繼翻繼的運名繼的氣運運運，運力繼運走出國境，有繼繼運繼興了工會運繼繼運運自在力量，完成中國夢。」

●余鐵強（右）與黎啟楹接受香港文匯報專訪，細訴海員工會歷史。　香港文匯報記者 攝

●1922年3月，海員大罷工勝利後，部分參加者在廣州合影。前排右三為林偉民，右四為蘇兆徵。　受訪者供圖

●海員亦曾參與與營救文化人的活動，圖為部分文化人士1941年在港合照。　受訪者供圖

三遭港英封閉

香港的海員工會組織由成立至今，曾先後於1922年、1927年及1938年三次遭港英政府封閉。其中1927年的一次更長達十年之久。及至1937年日本全面發動侵華戰爭，工會這方支援國家抗日而從中編海員工業聯合總會易名為香港海員工會，以繼繼恢復運繼。

工會一開始運運過繼，因運英運政府眼中釘，自1921年之立，繼年運遭海員大罷工，當時工會已經繼繼遭英政府視。在這繼有在有的繼罷工下，海員堅持了手56天取得罷工，改善了華人海員的待遇，也繼繼運運這繼。

堅持援國抗日

1937年日本全面發動侵華戰爭，海員工會惟繼繼抗日活動繼運繼越繼，並從繼繼運繼運繼運繼，對運繼運繼繼繼運繼繼：若繼繼工會，必說改名，工會繼繼易名編繼，運繼於1937年8月15日（香港海員工會）繼運，繼繼在了抗日繼繼大旗號運，號召繼運繼繼員，繼刻了繼繼運。

有繼與運繼示繼示繼運繼繼，運為工會繼運繼，運為「繼繼繼繼繼」，運繼繼運運繼繼運繼運運繼繼，又運繼1938年第三次封閉工會，於1938年才運運。

不繼，繼運運日繼繼繼運繼繼繼繼繼，繼運繼運繼繼運繼日運繼運繼運繼繼，繼運「七運繼」運繼繼繼運繼運運運運繼繼運運繼運繼繼運運繼，運繼運3,000名繼繼繼運繼繼運繼，運繼繼運繼運繼運繼運繼運繼繼運運繼，運繼運繼運運繼運3,500名繼繼運運繼繼運繼運繼繼繼繼運。

發表十大綱領　號召海員反日

及後至1927年，當時繼繼運大繼運大運運繼運，運運繼繼運運繼繼運繼運運繼，運運繼繼繼運繼運繼運繼繼，運運繼繼運繼繼繼運繼運運運運繼繼運繼運，運繼運繼運運運繼運繼繼繼繼，運繼運繼繼運運繼繼運運運繼運運繼繼繼繼運繼。

生運運運繼運運繼運繼繼運繼繼繼繼繼繼繼，運運繼運繼繼繼繼繼運繼運運繼運繼，運運繼繼繼繼繼繼繼運繼運運繼繼繼，運繼繼運繼運運繼繼運繼運繼運繼運運繼繼繼繼繼繼繼運繼繼運運繼。

●1949年，香港海員護送民主人士北上參加第一屆政協會議，圖為民主人士在「華中輪」的合影。　受訪者供圖

●全國繼運繼繼繼繼運繼運運繼繼運運繼運繼運運繼運繼繼繼繼運繼　香港文匯報記者 攝

「行船」遇不公對待　中國使館助解困

海員一生與海伴為伍，足跡遍布全球不同角落，見盡了不少人和事，深刻體會到國家對華人海員的意義。共產黨領導下強繼富繼、運立了中國向繼是各繼運繼繼的「宣傳大使」。工會繼運繼繼運繼運繼運繼繼運繼少了繼繼「行繼」運運繼繼華人運繼運繼不公運繼運繼運，運繼運運運繼運運繼繼運繼繼運運繼繼運繼運繼運繼，運運運繼運繼運運繼，運繼運繼運運運繼運繼運繼運繼運。運繼運運繼運運繼繼運繼繼繼運運運運繼，運繼繼運繼繼運繼繼運運繼運繼繼運繼運繼繼運繼運運繼運繼繼繼運繼運繼運繼繼繼運繼運繼。

1965年，余繼運運繼一運繼運繼繼運繼繼繼運繼繼繼運運繼運運繼繼繼運繼繼運繼運運運運運運運繼繼運繼繼繼運繼運運運運運運運繼運，運運繼運運繼運繼運繼運運繼運繼運運運繼繼運運運繼運繼運繼運運繼，運繼運運運繼運運繼繼運運運繼運運運繼運繼運繼運繼運繼繼運運繼運繼運繼運運。

余繼運運運運繼：「運運運繼運運運運運繼，運運運繼運運運運運運運運運繼運運繼運，運運運運運繼運運運運運繼運運運運運運運運運繼運繼運運運繼運繼運運運運運運繼運運運，運運運運運運運繼運運運運繼運繼運運繼運運運繼運運繼運運繼運運運運運運運運運運運運繼運運運運運運運運繼運運運運運運運運運運運運運運運運運運運運運繼運運運運運運運運運運運運運運運繼運運運運運運運運運運運運運運運運運運運運。」

運運運運運運運運運繼運運運。

運運。

工運先驅蘇兆徵

一繼港人繼運運繼運運運運，運運運繼運運運運運運，運運運繼運運運運運運運運運運運運運運運運運運運運運運運運運運運運，運運。

運，1903運運繼運運。

運運，運運運運運運1925運運運運運運運運運運運運運運運運運運運運運運運運運1927運運44運。

2009運運運運運運運運運運運運運運運運運運運運運運11運運運運運運運「100運為運運運運運運運運運運運運運運運運運運運運運運運運運運運」。

由最初的中華海員工業聯合總會，到今日的香港海員工會，當中有血有淚，與中國共產黨一樣走過崎嶇不平的道路。創立工會的蘇兆徵，亦是香港最早的一批中國共產黨黨員之一。

海員大罷工啟發內地工運

工會秘書長黎啟穗說，當年創立工會，一開始是要為待遇比外國海員低的華人海員爭取福利權益，故成立的翌年、即 1922 年就發動了海員大罷工，該次與船公司的談判經歷 56 天後取得勝利，亦成為內地工運的重要啟發，著名如省港大罷工等，都有海員的參與，而這些罷工爭取工人權益的活動，亦凝聚了工人階級對共產黨的向心力。

工會有着這樣的力量，當然為當時的港英政府所忌憚，過去百年亦曾經歷三度被港英當局封閉，但他們仍以團結工人為己任，並以各種方式去支援國家。

抗日時期面對日軍的侵略，一眾海員都是熱血分子，無不懷着一腔熱血支援抗日。黎啟穗指出，早在 1931 年日本侵佔中國東北三省之時，工會成員已在客船上表演抗日劇目籌款；即使當時工會遭港英當局封閉，仍於 1935 年以 300 元成立了餘閒樂社，以此聯繫工友及組織抗日活動。

至工會為了重開以進一步抗日而易名為香港海員工會時，共產黨員曾生亦擔任了工會組織部長，之後更赴內地參加抗日，擔任東江縱隊司令員。香港海員亦在工會領導下，成功把支援抗日物資一批批運往內地，並曾參與「秘密大營救」，護送多名身處香港的民主進步人士和文化界名人避過日軍、平安離港。

「當時交通運輸的方便程度遠不如今天，海員工會負起了接待、運送與保護重要人物的艱巨任務。」黎啟穗說，當時美加成立了國際援華委員會，加拿大共產黨黨員白求恩醫生受派經港北上，時任中共香港海委組織部長的海員褟榮接到電報，指白求恩會乘「亞洲皇后號」郵輪來港，隨即向八路軍香港辦事處負責人廖承志報告。廖承志要求褟榮負責確保白求恩在香港期間的安全，並着船員在郵輪上照護其安全及生活，護送他來港。

最終，在海員工會和海員們的努力下，完成了平安護送白求恩醫療隊進出香港的任務。

余錦強（右）與黎啟穗接受香港文匯報專訪，細訴海員工會歷史。

護送代表赴首屆政協會議

海員工會另一段驚險但重要的歷程，還包括以「華中輪」護送代表參加新中國即將成立前舉辦的第一屆中國人民政治協商會議。黎啟穗說，當時工會嚴格物色海員，安排隊伍分三批、花約兩個月將包達三、柳亞子等近 200 位民主人士護送到北京開會。

黎啟穗說：「當時海路必經之道的台灣海峽，常有台灣軍艦攔截船隻，因此出發時要改變航向，繞過台東外海而行，船程亦由五六天變為 9 天，當時船員更要關燈夜航以避免引起注意，尚幸幾次運送都計劃周詳，成功完成任務。」

翻看工會歷史，至新中國成立後，香港海員亦一直貢獻祖國，包括在 1950 年根據工聯會指示，支援解放軍解放海南島；在中國抗美援越時利用外輪參與運送物資；至 1970 年代，國家建設事業蓬勃發展，許多海員亦在工會號召下參加祖國航運，高峰期達一萬多人。

黎啟穗表示，海員從革命中走過來，亦曾經歷過挫折，總結經驗教訓後再走正確的路，「這就正如海員在大海中面對惡劣天氣仍沉着面對，想方設法走出困境，今後海員們與工會也會繼續貢獻自身力量，完成中國夢。」

1949年，香港海員護送民主人士北上參加第一屆政協會議，圖為民主人士在「華中輪」的合影。

「行船」遇不公對待 中國使館助解困

海員一生與海洋為伍，足跡遍布全球不同角落，見盡了不少人和事，深切體會到國家在共產黨領導下逐漸富強，也在工作中同時成為新中國成立初期的「宣傳大使」。工會前副主席余錦強年少「行船」就曾經歷華人船員被不公對待的情況，目睹同僚含冤遭外國政府扣查及充公伙食，當年只有18歲的他走投無路求助於中國駐當地大使館，才令華人船員得以獲釋，並發還伙食，切身感受到有中國共產黨在背後做靠山的重要性。

1965年，余錦強只是一名18歲的見習海員。一次出航去到斯里蘭卡科倫坡，英籍船長以「黑市價」向部分海員借出伙食費，海員下船購買物資卻被當地海關懷疑資金由來。當海員解釋伙食費是向船長所借時，船長竟不認賬，令他們一兩個月的伙食費因此被充公。

出海「搵食」變「倒貼」，海員一怒之下對船長拳腳相向，船長扯了「救命旗」，驚動當地政府介入，在外國人「大晒」的年代，船員有冤無處訴。

余錦強說：「當時不知如何是好，我便去中國駐當地大領事館求助，其間他們與當地政府不斷交涉，船員們被扣留了8天後，事件終於真相大白，他們

1922 年 3 月，海員大罷工勝利後，部分參加者在廣州合影。前排右三為林偉民、右四為蘇兆徵。

海員亦曾參與營救文化人的活動，圖為部分文化人士 1941 年在港合照。

獲釋放並獲發還伙食，船公司亦解僱了該英籍船長。」他指出，如非有中國大使館協助，不知如何解決，「其實（當年）有許多類似事件，海員也可能含冤莫白。」

求救事件讓余錦強下定決心加入海員工會，其後的航海生涯，他亦進一步感受到中國共產黨帶領下的國家發展。他指出，以前印度的發展情況與中國差不多，都是人口大國、都是資源比較貧乏，一個行民主制度，一個行中國特色的社會主義，如今印度在民生、教育與醫療等各方面明顯不及中國，且貧富懸殊差距亦極大。

黎啟穗亦說，中國共產黨帶領下的國家發展，讓不少較落後國家亦看到希望。

船員在當年亦有「宣傳大使」的作用，到各地都會帶一些中國的手信、書籍與當地人交流，黎啟穗笑言這些都非常搶手，「曾試過將物資支援非洲，被當地人說中國是救世主呢。」

今時今日的中國更是繁榮富強，黎啟穗說：「上月中，中國發射神舟十二號載人飛船將三名宇航員送往天宮號空間站，我們看了電視轉播都十分激動和自豪。又如，在去年以來的抗疫中，全球亦無一個國家做得比中國好，實在有太多成功的例子了。」

三遭港英封閉 堅持援國抗日

香港的海員工會組織由成立至今，曾先後於 1922 年、1927 年及 1938 年三次被港英政府封閉，其中 1927 年一次更長達十年之久。及至 1937 年日本全面發動侵華戰爭，工會最終為支援國家抗日而從中華海員工業聯合總會易名為香港海員工會，以換取恢復運作。

工會一開始就是港英政府的眼中釘，自 1921 年成立、翌年發動海員大罷工，當時工會已經歷過港英政府鎮壓，工會遭封閉，甚至有工人挨打致死。在這場有血有淚的罷工中，海員堅持鬥爭 56 天取得勝利，改善了華人海員的待遇，也讓工會得以重開。

發表十大綱領 號召海員反日

及後至 1927 年，當時內地的大革命失敗，國民黨大量屠殺共產黨人及工人領袖。在香港，港英當局眼見海員工會失去靠山，於是再次封閉工會，時間更長達十年之久。工會中人只能在無工會的情況下盡力維繫，以支部形式在不同客船開展工作。

1937 年日本全面發動侵華戰爭，海員工會前輩將抗日活動搞得轟烈，並向港英政府申請恢復工會，但對方指由於封閉令從倫敦發出，若要恢復工會，必須改名。工會前輩為了報國，遂於 1937 年 8 月 15 日以「香港海員工會」名字恢復註冊，並發表了抗日救國十大綱領，號召海員展開一系列反日行動。

有關舉動亦因此招來日本政府不滿，認為工會的存在「阻頭阻勢」，港英政府受壓於日本，又於 1938 年 1 月第三次封閉工會，至 1946 年才復會。

不過，一次次的打壓並無改變海員的心志。海員在抗日期間甚至拒絕為日本船隻服務，自「七七事變」發生至翌年年初工會第三度被封期間，就有逾 5,000 名海員響應工會號召，拒絕為往來日本的船隻服務而離船，當中更包括約 3,500 名本身在日資船隻工作的海員。

生計受影響海員不少人響應曾生的帶領，參與到東江縱隊中一起抗日。黎啟穗說：「在國家危難時刻，這些海員懷着救國的心，成為抗日戰士，走上了中國共產黨領導的革命道路。」

余錦強與黎啟穗講解海員工會歷史。

工運先驅蘇兆徵

一些港人對共產黨認識不深，或許覺得與共產黨有一定距離，但其實時間倒回上世紀二十年代，中國共產黨的領導人中，也有來自香港的身影，就是成立中華海員工業聯合總會的蘇兆徵。

原籍廣東香山、出生農民家庭的蘇兆徵，1903 年到香港在外國輪船當雜工，為爭取海員權益，在 1921 年與林偉民等倡導成立中華海員工業聯合總會，更是香港海員大罷工裏的談判代表，取得了工人運動裏的重要勝利。

其後，蘇兆徵在 1926 年當選為中華全國總工會委員長，1927 年在中共五大上當選為中央委員、政治局候補委員，至中共六大更被選為中共中央政治局常委，成為中共早期重要領導人之一。蘇兆徵長期操勞，最終積勞成疾，1929 年 2 月 25 日在上海病逝，年僅 44 歲。

2009 年，蘇兆徵被中央宣傳部、中央組織部等 11 個部門評為「100 位為新中國成立作出突出貢獻的英雄模範人物」。

（原載香港文匯報 2021 年 7 月 28 日 A10 版，記者聶曉輝、歐陽文倩）

紅線女粵韻報國
頌唱中共初心

如果要用一種顏色來形容粵劇大師紅線女（女姐），非紅色莫屬。從一九五五年回到內地追求「成戲又成人」開始，女姐始終追隨中國共產黨的腳步，以堅毅、拚搏的精神，直面日後生活的起伏波折；她用半個世紀的藝術實踐，發揚優秀傳統文化，讓「南國紅豆」這一古老藝術綻放出全新的時代魅力。她始終謹記當年毛澤東主席寫給她的那封信中「活着，再活着，更活着，變成勞動人民的紅線女」這句話，始終與國家、與人民同甘苦共命運，演活了「人民的藝術家」踐行理想信念的一生。

糅合京劇崑曲 開創紅派藝術 立誓服務人民

紅線女粵韻報國 頌唱中共初心

如果要用一種顏色來形容粵劇大師紅線女（女姐），非紅色莫屬。從1955年回到內地始於「成戲又成人」開始，女姐始終追隨中國共產黨的腳步，以堅毅、拼搏的精神，直面日後生活的起伏波折；她用半個世紀的藝術實踐，發揚優秀傳統文化，讓「南國紅豆」這一古老藝術綻放出全新的時代魅力。她始終謹記當年毛澤東主席寫給她的那封信中「活着，再活着，更活着，變成勞動人民的紅線女」這句話，始終與國家、與人民同甘共命運，演活了「人民的藝術家」踐行理想信念的一生。

大公報記者 黃寶儀

▲▶由初回國內地於《搜書院》中飾演丫鬟翠蓮一角（右），到後來依然登台表演（上），紅線女演活了「人民的藝術家」的一生。

▲一九六六年十二月二十日，總理周恩來在觀看他親自主持演出的《山鄉風雲》後接見了主要演員，左二為紅線女。　新華社

擁抱新中國 「成戲又成人」

就在此時，紅線女受邀到北京參加國慶觀禮、觀看演出，紅線女第一次參加了國家、黨的一系列活動，使她對中國共產黨以及新中國有了更深刻的認識。尤其是觀看演出後，紅線女生出了無比的震撼與敬佩，這些藝術作品中那種積極、樂觀向上的精神面貌，與她之前在香港所經歷的生活、所看過的演出截然不同，點燃了她心中的激情與希望。

這一年，紅線女感觸頗深，城市面貌煥然一新，人民生活幸福富足與歡笑，與過去完全不一樣。在北京初上海，紅線女遇到了不少劇壇的如老前輩，從這些同行身上，她感受到了新中國賦予文藝工作者的地位。看到了舊社會藝人地位卑微，她深知新中國給予藝術工作者在社會上了的尊重。早年與紅線女要生九婚過這一行，只是偶爾在「戲班不收人」為由謝絕反對，而過去所見那樣紅線女綻放，這是一個把演藝「成戲又成人」的地方，她心動了。

捨棄優渥生活 追求粵劇藝術

「奶奶正在追求藝術上的提升，在香港那種生活條件非常優厚，有很多的可以拍、但每月多要同居，這把香港與我的各一些很大。拍出的每一件作品不能滿人意，相反，奶奶自己的親密同行，新中國的那面貌是不像當時代表傳統的部，回上去的地這，了一些藝術創作的之後，奶奶身國內地也可以拍一個更好的藝術發展。紅線女孫子馬鼎盛告訴記者，對獨與藝術懷有著的追求，紅線女決定回到內地發掘那重要的困難。

在1955年前，紅線女就在內地藝術劇演工作開始，紅線女資選進入高速運轉的10年，是她的粵劇傳統生了重上再的生活力的10年。在那不斷創的精神上，吸收了聲京劇、崑曲、話劇、歌劇、電影以及洗淨歌唱技巧，加以融合創造，開創了獨樹一幟的紅派藝術。

女腔震撼首創 歌聲揚威海外

早在1951年的《一代天嬌》主題曲中，紅線女的「紅腔」藝術就初見雛形。1956年，馬師曾、紅線女夫婦經經通過加工提升的《搜書院》，率先進京演出，其開腔的文藝手段上大反響，周恩來總理觀看演出後，在一次接談後上史所創那暴上「南國紅豆」，《搜書院》一炮而紅，紅派藝術綻放的輝煌之作，奠定了粵劇藝化之更新的里程碑。

在努力為創新劇的同時，紅線女也大力發展電影藝術向海外的傳播。1957年，紅線女代表祖國藝人參加了莫斯科會加入第六屆世界青年聯歡節等，大會一會表演者了比賽，以一曲《昭君出塞》和《荔枝頌》技驚四座，榮獲金質獎章。

1959年，紅線女作為新界第一位藝人黑白自的中介紹下，光榮加入中國共產黨，立誓一輩子為人民服務。此後數十年間，她廣泛認演出了《關漢卿》，又在潮劇反串扮演、汕頭天下的《王昭君》，更主演莫讓青的游擊隊長《劉妙》……地上演的《搜書院》等作品，成為粵劇藝術搬上銀幕的傳諸經典。紅線女的藝術實踐融入人生道路，踐行了一位「勞動人民的藝術家」的尊樣。

紅線女的一生，與祖國的命運、人民的依樣緊密聯繫在一起，紅線女的一生自始至終關注都關祝農以，紅線女藝術中心更誕生於傳承和發展粵劇發展的使命，為繁榮文化藝術的繁榮與發揚做出成績。

黨和國家領導人 肯定紅線女成就

毛澤東親筆題字

1958年4月，毛澤東在廣州開會，一天晚上他來在一次戲票看紅線女而觀看，然看到紅線女向這演出《昭君出塞》。在武漢多別前有觀看前紅線女的演出、黃俊紅線女進武漢時上口的激賞，正是毫無拘束簡待紅線唱登同題自然生活的一段創作萌芽，這回歌演的堅持，在紅線女身上嘗到得得更真摯誠愛。

游擊隊長寫字，是紅線女一次謝幕暨妝後一先，是紅線女探索現代粵劇的一次重要嘗試，「女兒《紅燈記》，一句話，道盡了紅線女在粵劇史上的地位。

首席歌於上世紀六十年代的粵劇《山鄉風雲》，改編自廣東著名作家所寫的長篇小說《山鄉風雲錄》。演述了賑改變內的期更廣東地區游擊隊游擊根據地戰發鬥爭學的對手大鬥、折甘為尚子千存，這謂傅紅線女「活着、再活着、更活着」，變成了勞動人民的紅線女。

體驗艱苦生活 演活革命軍人

1965年7月，《山鄉風雲》參加中南區劇觀寫作大會時分段劇觀評價詞評價：被雲為「現代粵劇的里程碑」。雷年年底，紅線女率《山鄉風雲》劇組巡演海南，短短數個月演領導排人員多次觀察，並給予高度讚賞。《人民日報》更發表評論文章稱讚紅線女「那造了一個智勇雙全

周恩來賞「南國紅豆」

紅線女1955年參加東北慰問演出的招待會上，周恩來說在後座位置觀看。大家，原周邊諸送來地說：「希望你快大系列成者一級。」

1956年，紅線女和馬師曾到京滙報出導劇《搜書院》。後來，周恩來在一次座後上指命了馬師曾和紅線女的智慧，確說「崑南江江南麗花、導劇是南國紅豆」，從此專劇就有了「南國紅豆」的美稱。

鄧小平欣賞現代戲

上世紀八十年代，紅線女在廣東迎賓宮演出《山鄉風雲》，在中場休息的間隙，小小平對比她說：「你演現代戲，還很對呀！」

1988年4月8日舉行的第七屆全國人民，代表大會第一次會議，上，匯在新宿位的的全國人大代表秘書處觀看紅上座位大人大正在抽辦，連席做起立時上岸，清小平同志在走過去不斷了之一笑，就把她迎出了。

▲《山鄉風雲》的游擊隊長劉琴，是紅線女探索現代粵劇的一次重要嘗試。

廣州市番禺星海村友愛路20號的紅線女藝術中心。

▲紅線女出演的《搜書院》劇照，劇中紅線女飾翠蓮（右）。李悅敏拼妝逸民

探索現代粵劇 創作紅色經典

「臨核桉，拔查核醫攻擊戰，游回吳想去臺詞、記問，義好口窄，經快非隊顯核脫」在眼史某劇一輪本土感情的沖中，一首由紅線女與高春曲（荔枝頌）改編的《臨核頌》在剛出上螢紅。紅派徽曲的激爭和其結上口的歌詞，正是毫無拘束待特拉緣登隨層自然生活的一段創作萌芽。這樣歌演的堅持，在紅線女身上嘗到得得更真摯誠愛。

游擊隊長寫字，是紅線女一次謝幕暨妝後一先，是紅線女探索現代粵劇的一次重要嘗試，「女兒《紅燈記》，一句話，道盡了紅線女在粵劇史上的地位。

只具有深厚的真摯感情的革命軍人形象。

為了演活這一角色，當年紅線女曾一整演員解釋導了生的深厚艱難性。一代名伶位下身段、在地上摸爬滾打，正是紅線女顯得軍、一次正一身汗水，突遷愛的要緊更腳解釋導、步梯的唱詞、步唱高飄聲線，使得在正更雷波迫的豐社會與更不了什麼她女孩子不同冬，難度更越然，族在創身上已經能夠打泊九速好設備、難得可以到野身觀女全的旺軍女孩接到軍精人大三分。

紅線女不僅用心創作紅色經典劇目，還自覺投村用那勇卷曲家服務地時。曾因在香港、演出紅色的經性，紅線女放對自身港回與真做村發情的感受。紅線女餐嚴中心千記藝術登版記、不會遺劇一個「愛核香港記」戲村勤率循，其卒（香港偏國）就是專門而了迎播國回國代的粵劇而作。以這粵勇多舞劇人，在香港不同時期的不剛地奉之年一潮一代粵劇劇人的觀樹表，傳承這粵人民郟茁香港粵勇精鬥祖國的心懷。

回望粵劇百年，紅色娛兒作品是代了紅線女主演的《山鄉風雲》到《三昌紅燈》（紅的顏事）到《池港水澄錄》《初心》《窟光揚》《清水河畔》……無不展演出一代代粵劇傳承的使命與擔當，也繼承演粵劇薪火相傳的紅色基因之。

奮鬥創新一線 培育年輕戲迷

上世紀的80年代，粵劇邁向現代文化娛樂生流活不斷豐富、年輕觀眾對舞台劇的興趣日漸減弱，粵劇市場空竟也得有不斷嚴峻。看劇這種情況，紅線女十分的擔憂。編演新戲、多次赴美巡演、演講。有海外華人觀眾演出「紅線女學」，幾乎是在一次，胎配了粵劇發展的天一嘯高峰。作為身邊遙寸紅人寶影有勢力的龍臺劇者。傳劇邁在紅線女，也是紅線粵劇女的海內地的行向，紅線女大力的的粵劇推進宣導，對援愛傳開盛廣，都有積保很起了的宣傳起承要作用的重要作用。

培育年輕戲迷

2004年樓步出版人。全全面戲翻中的戲劇課本。2009年5月2日，粵劇藝迷《万曆公主惠断馬》在香港新光戲院舉行基着首映式，一座名人及星新粼觀臨場。

晚年的紅線女依然堅持四天工作，創作傳承藝術傳傳承和發新的第一線。她用心勤聽觀眾的聲音，競自參與帶育新播角底演，還要實創學新不巨卓題播廣與宣傳碼響，即使年近九十高齡之齡，你還堅持在台上嘱啄，並身邊力行扶養年輕人大到小學中的學場出臺、等學……她用演員一、戲迷一齊有的每一分力量幫助青年發展戲曲戲劇情愛。她始將地至對愛戲迷的奮鬥，才讓越來越多人特別是年輕學子，到戲劇這一傳統藝術有了全新的認識，為粵劇傳承作下了不懈的奉獻。

▶晚年的紅線女致力向年輕朋友們推廣、普及粵劇。圖為香港小學生於舞台演出粵劇大合唱。

曾經有人說，有華人的地方就有粵劇，有粵劇的地方就有紅線女的聲音。紅線女所創立的紅腔（或稱「女腔」）和紅派表演藝術，代表着當代粵劇旦角藝術的最高成就。這一切，與 1955 年她那個重要抉擇密不可分。那時，紅線女已經在香港影壇闖蕩 8 年多時間，是當之無愧的「一姐」，拍了過百部電影，當中不乏《秋》《家家戶戶》《天長地久》這樣的經典佳作。

擁抱新中國 「成戲又成人」

就在此時，紅線女受邀到北京參加國慶觀禮。觀禮期間，紅線女第一次參加了國宴。當時，周恩來總理站在外面迎接香港代表團並和大家一一握手的場景，周總理來敬酒時特意跟她說「希望你跟大家到處看一看」的場景，紅線女生前每次說起來都顯得興致勃勃、意猶未盡。忙着拍戲的紅線女，原本並沒有到處走走看看的計劃，但在當時的團長、香港《大公報》社長費彝民的建議下，紅線女還是決定留下來，看一看解放後新中國真實的狀況。

這一看，紅線女感觸頗深：城市面貌煥然一新，人民的臉上洋溢着幸福滿足的笑容，與過去完全不一樣了。在北京和上海，紅線女還認識了不少劇種的知名演員，從這些同行身上，她感受到了新中國對藝術工作的重視，看到了藝術工作者在社會上得到的尊重。早年間紅線女要進入粵劇這一行時，父親曾以「成戲不成人」為由強烈反對，而眼前所見卻讓紅線女感到，這是一個能讓她「成戲又成人」的地方，她心動了。

捨棄優渥生活　追求粵劇藝術

「奶奶正在追求藝術上的提升，在香港雖然生活條件非常優渥，有很多戲可以拍，但因為商業的原因，當時香港影壇存在一種追求經濟收益、粗製濫造的創作風氣，拍出來的一些作品不盡如人意。相反，奶奶自己親眼所見，新中國的新面貌並不像當時香港報紙說的那樣，加上在內地接觸了一些藝術創作者後，奶奶覺得內地可以給她一個更好的藝術發展環境。」紅線女孫子馬俊告訴記者，對粵劇藝術懷有更高的追求，是紅線女決定回到內地發展很重要的一個因素。

從 1955 年底回到內地在廣東粵劇團工作開始，紅線女就進入高速運轉狀

由初回內地於《搜書院》中飾演丫鬟翠蓮一角（右），到晚年依然登台表演（左），紅線女演活了「人民的藝術家」的一生。

態，全身心投入到粵劇的創作中。此後的 10 年，是紅線女藝術生涯中最具創造力的 10 年。她在繼承粵劇傳統的基礎上，吸收借鑒京劇、崑曲、話劇、歌劇、電影以及西洋歌唱技巧，加以融合創造，開創了獨樹一幟的紅派藝術。

女腔震撼首都　歌聲揚威海外

早在 1951 年的《一代天嬌》主題曲中，紅線女的「紅腔」藝術就初見雛形。1956 年，馬師曾、紅線女夫婦帶着經過加工提升的《搜書院》劇目進京演出，引發首都文藝界的巨大反響。周恩來總理觀看演出後，在一次座談會上更將粵劇譽為「南國紅豆」，《搜書院》也成了馬、紅流派藝術的經典之作，奠定了粵劇改革史上的里程碑。

在致力於創新創造的同時，紅線女還努力拓展粵劇藝術在海外的傳播。1957 年，紅線女代表祖國遠赴莫斯科參加第六屆世界青年聯歡節東方古典歌曲比賽，以一曲《昭君出塞》和《荔枝頌》技驚四座，榮獲金質獎章。

1959 年，紅線女在粵劇界第一位藝人黨員白駒榮的介紹下，光榮加入中國共產黨，立誓一輩子為人民服務。此後數十年間，她既是剛柔並濟的丫鬟「翠蓮」，又是渴望民族和睦、國家太平的「王昭君」，更是英姿颯爽的游擊隊長「劉琴」……她主演的《搜書院》《關漢卿》《李香君》《白燕迎春》《山鄉風雲》等作品，成為粵劇藝術寶庫中的經典，她以自己半個多世紀的藝術實踐和人生道路，踐行了一位「勞動人民的藝術家」的光榮使命。

「紅線女的一生，與祖國的命運、人民的抉擇緊密聯繫在一起，紅線女的一生自願奉獻給黨和國家。」紅線女藝術中心主任蒙菁告訴記者，紅線女藝術中心將始終以傳承和發展粵劇紅派藝術和紅線女精神為己任，為廣州乃至全國文化事業的繁榮與發展做出成績。

探索現代粵劇　創作紅色經典

「驗核酸，篩查核酸攻堅戰，新冠莫想去蔓延。記得，戴好口罩，趕快排隊驗核酸！」在廣東最新一輪本土疫情防控中，一首由紅線女經典粵曲《荔枝頌》改編的《驗核酸》在網絡上爆紅。耳熟能詳的旋律和琅琅上口的歌詞，正是粵劇粵曲堅持記錄並服務百姓生活的一個生動寫照。這種執著的堅持，在紅線女身上體現得更為淋漓盡致。

游擊隊長劉琴，是紅線女粵劇生涯中一個重量級角色，也是紅線女探索現代粵劇的一次重要嘗試。「北有《紅燈記》，南有《山鄉風雲》。」一句話，道盡了《山鄉風雲》在粵劇史上的地位。

首演於上世紀六十年代的粵劇《山鄉風雲》，改編自廣東著名作家吳有恆的長篇小說《山鄉風雲錄》，講述了解放戰爭時期廣東五邑地區游擊隊與當地反動武裝鬥智鬥勇的故事，由紅線女、羅品超、文覺非、羅家寶等主演。

體驗艱苦生活　演活革命軍人

1965 年 7 月，《山鄉風雲》參加中南區戲劇觀摩演出大會時得到極高評價，被譽為「現代粵劇的里程碑」「革命化與戲曲化結合的榜樣」。當年年底，紅

1966 年 12 月 20 日，總理周恩來在觀看廣東粵劇院演出的《山鄉風雲》後接見了主要
演員。左二為紅線女。

線女率《山鄉風雲》劇組進京演出，周恩來總理等國家領導人曾多次觀看，並
給予高度讚揚，《人民日報》更發表評論文章稱讚紅線女「塑造了一個智勇雙
全且具有深厚階級感情的革命軍人形象。」

　　為了演活這一角色，當年紅線女帶着一幫演員到羅浮山下的軍營體驗生
活。一代名伶放下身段，在地上摸爬滾打：白天練實彈射擊，一身泥巴一身汗
水；晚上，就睡在簡陋的木架床上。最難受的要數實彈射擊練習，步槍的後坐
力震得肩膀發麻，槍聲之巨響更讓演員的耳朵都受不了。但紅線女從不叫苦，
離開軍營時，她在射擊上已經能夠打出九環好成績，難怪可以將智勇雙全的紅
軍女連長形象演繹得入木三分。

　　紅線女不僅用心創作紅色經典劇目，還一直堅持用粵劇粵曲來謳歌新時
代。曾經在香港、內地長時間生活，紅線女對於香港回歸有着特別強烈的感受。
紅線女藝術中心主任蒙菁告訴記者，當年紅線女為了慶祝香港回歸做了很多準

備，其中《春到梨園》就是專門為了迎接回歸而創作的粵劇劇目，以描寫粵劇藝人在香港不同時期的不同經歷為主線，通過一代粵劇藝人的藝術形象，傳達億萬人民盼望香港回歸祖國的心聲。

晚年的紅線女致力向年輕一代傳揚粵劇藝術。圖為香港小學生們表演粵劇大合唱。

回望粵劇百年，紅色經典作品層出不窮，從紅線女主演的《山鄉風雲》到《三易敵帥》《紅的歸來》《刑場上的婚禮》《初心》《蘇兆徵》《清水河畔》……無不彰顯出一代代粵劇藝術家的使命與擔當，也體現出粵劇界薪火相傳的紅色基因。

奮鬥創新一線　培育年輕戲迷

上世紀 80 年代，隨着現代文化娛樂生活的不斷豐富，年輕觀眾對舞台劇的興趣日漸減弱，粵劇市場空間也在不斷萎縮。看到這種情況，紅線女十分着急，她親力親為，四處奔走，重排舊劇，編演新戲，多次赴美國、加拿大、港澳等國家和地區演出、講學，在海外華人觀眾中掀起「紅線女熱」，幾乎是憑一己之力，掀起了粵劇發展的又一個高峰。作為粵語流行區最具影響力的戲曲劇種，粵劇滲透着嶺南人民的文化傳統，也是祖籍兩廣的海外同胞的精神寄託，紅線女致力於對粵劇的推廣宣傳，對凝聚僑心匯聚僑力，發揮了積極的重要作用。

進入新世紀後，看到粵劇市場的青少年觀眾逐漸流失，紅線女又提出應做好傳統藝術的傳承工作。她親任藝術總監，耗費四年時間完成製作了粵劇動畫《刁蠻公主憨駙馬》，以卡通的形式向年輕人推廣粵劇。該劇 2004 年橫空出世，在全國戲劇界引起轟動。2009 年 5 月 2 日，粵劇動畫《刁蠻公主憨駙馬》在香港新光戲院舉行慈善首映式，一眾名人巨星都親臨捧場。

晚年時的紅線女依然堅持每天上班，奮鬥在粵劇保護、傳承和創新的第一

線。她用心聆聽觀眾的聲音，親自參與孕育培養戲迷，還經常創新不同主題推廣與宣傳粵劇，即使年近九十歲高齡，依舊堅持在台上唱曲，並身體力行指導年輕人乃至小學生學唱粵曲、粵劇……她將演員、戲迷、專家的每一分力量都匯聚起來，只要有利於粵劇發展的事情，她都不遺餘力去做。正是紅線女一生不懈的努力，才讓越來越多人特別是年輕學子，對粵劇這一傳統藝術有了全新的認識，為粵劇傳承留下了希望的種子。

黨和國家領導人　肯定紅線女成就

毛澤東親筆題字

· 1958 年 4 月，毛澤東在廣州開會，其間到中山紀念堂觀看紅線女演出《昭君出塞》。

· 1958 年 12 月 1 日，毛澤東又在武漢東湖賓館觀看紅線女的演出，其後紅線女請毛澤東題字，毛澤東便為她題寫了魯迅的詩句「橫眉冷對千夫指，俯首甘為孺子牛」，還讚揚紅線女「活着，再活着，更活着，變成了勞動人民的紅線女。」

周恩來譽「南國紅豆」

· 紅線女 1955 年參加在北京飯店舉行的招待會時，周恩來親自在飯店門口歡迎大家，席間還特意跟她說「希望你跟大家到處看一看」。

· 1956 年，紅線女和馬師曾進京演出粵劇《搜書院》。後來，周恩來在一次座談會上肯定了馬師曾和紅線女的貢獻，還說「崑曲是江南蘭花，粵劇是南國紅豆」，從此粵劇便有了「南國紅豆」的美稱。

鄧小平欣賞現代戲

· 上世紀 60 年代，紅線女在廣東迎賓館演出《山鄉風雲》，在中場休息的時間，鄧小平對紅線女說：「你演現代戲，這很好啊！」

· 1988 年 4 月 8 日舉行的第七屆全國人民代表大會第一次會議上，坐在較前位置的全國人大代表紅線女看到主席台上鄧小平正在抽煙，遂在紙條上寫上「請小平同志在主席台上不要吸煙」，然後託人遞上主席台。鄧小平看到條子後笑了笑，就把煙熄滅了。

《山鄉風雲》的游擊隊長劉琴，是紅線女探索現代粵劇的一次重要嘗試。

紅線女出演的《搜書院》劇照，劇中紅線女飾翠蓮（右），李飛龍飾張逸民。

（原載大公報 2021 年 7 月 3 日 A10 版，記者黃寶儀）

張明敏：

「感恩有你」
不變的中國心

歌唱，是人們傳遞情感的一種方式。上世紀以來，眾多富含愛國主義情懷的歌曲湧現並被傳唱至今，比如《保衛黃河》、《沒有共產黨就沒有新中國》、《歌唱祖國》⋯⋯這其中表達海外遊子愛國情的，尤以《我的中國心》最具代表性，每每旋律響起，總能激起大家內心對祖國的深情與熱愛。演唱者張明敏的命運自此也與這首經典愛國歌曲緊密相連：三十多年來，他除了以歌聲傳播愛國情懷，更投身社會活動，以赤子之心奉獻社會。

眾星頌百年系列 ⑥

歌唱，是人們傳遞情感的一種方式。上世紀以來，眾多富含愛國主義情懷的歌曲湧現並被傳唱至今，比如《保衛黃河》、《沒有共產黨就沒有新中國》、《歌唱祖國》……這其中表達海外遊子愛國情的，尤以《我的中國心》最具代表性，每每旋律響起，總能激起大家內心對祖國的深情與熱愛。演唱者張明敏的命運自此也與這首經典愛國歌曲緊密相連：30多年來，他除了以歌聲傳播愛國情懷，更投身社會活動，以赤子之心參與社會。

大公報記者 管 樂、李亞清（文）賢仁（圖）

▲2020年7月1日，張明敏（右）、鄭美愛（左）參加為慶香港回歸祖國23周年及祝賀香港國安法通過主辦的唱國歌及花車巡遊活動。　資料圖片

▲二〇一六年，張明敏從（前）作為港區全國人大代表到北京出席第十二屆全國人大會議。　資料圖片

唱響對祖國深情 為香港發展建言

張明敏：「感恩有你」不變的中國心

「河山只在我夢縈，祖國已多年未親近／可是不管怎樣也改變不了／我的中國心……」這首由王福齡作曲、黃霑填詞的《我的中國心》，1984年於中央電視台春節聯歡晚會上被全港觀眾看到的一幕，敘述這首歌時，大家也記住了那令人印象深刻的香港、身穿黑色西裝、繫著色圍巾，最後一眼寬大螺旋的演唱者——張明敏。

今年是中國共產黨成立100周年，大公報近日專訪眾多歌曲以為代表，細訴他們歌唱背後的心路。這位唱響《我的中國心》的歌手。

1984年，27歲的張明敏從香港受邀來到北京，乘坐在飛機的那一刻，「記得飛抵下飛機撲海寬開始一路上的心扉上，便與指手足以有一天……在我人生中，當我看著祖國有了有十多年努力，心想坐這麼驚喜了我生活在香港，當時還比較沒有年華的城市，來見到的都是驚喜……」他回憶道。

人生因《我的中國心》改變

張明敏祖籍福建，出生於香港。他自幼喜愛唱歌，無師自通，1979年，23歲的他參加香港台舉辦的「全港業餘歌手歌唱大賽」，一舉奪得冠軍。也因此邀約唱片公司正式開始了唱歌事業。「沒是閩語還是國語版，「最初戲多是翻唱當時流行台灣民歌版，我就翻唱了《橄欖的小島》等校園民歌，後來又翻唱潮流改先民族歌曲，包括《我是中國人》等歌曲。

1983年，唱片公司的安排下，他錄製了歌曲《我的中國心》。唱片專推出，稍即成為高漲一場《白色唱片》之音。但每天，他完全在央視春晚獻演。也成為了那中國成立之後首位獲邀到內地演唱的香港歌手。

事實上，這首歌誕生的引子，正是《中英聯合聲明》簽訂之際，香港社會上有著多番變化。「香港150多年的殖民時期歷史，不是一個10年、20年可以抹去，記得我們之前上下的時候，唱的是英國國歌，當時讀到校歌一樣。張明敏遇到不少香港市一連海峰的概念指標。香港所有當記憶是身份認同的什麼？許多人存在著矛盾和懷疑的情緒。」張明敏說。

他讀起西首次登台時與身內地彈唱的落淚，那時香港的月薪是幾千塊，內地是幾十塊，我媽媽當奶奶親長被我的身他到內地。我媽媽18歲就到月回國，她對祖國的深厚感情影響了我。我作為香港青年希望要富起來，那時候下定決心要為祖國出一分力。」於是，張明敏積極為各類活動組織載，紅包括於1985年在北京舉辦一道百場「愛我中華，修我長城」演唱會，其後更為殘疾人士、孤寡者、貧災地區等捐款。「覺得那會人士比內地。」他說。

1995年，張明敏認為香港全國人大複審會委員，其後在2013年至2018年連任第十二屆連任全國人大代表。在他看來，能夠有榮擔任香港區全國人大代表的原因，是由於「積極了解國家和香港社會。」即使當時的張濱被變價做美受到挑戰和嘲引，在張明敏看來，唱片公司和歌手有各自而更愛國歌。「我希望透過上的20多，為身年都到了動作很。」他說：「普通歌曲不是熱那的企業，而是每個人都應有愛國基礎。我們唱歌手，唱相聲，能有讓我人達通都能自了解中國共產黨和政府，了解我們今天的中國。」
「我身有了名心，它在我身中，也有到政治政困面給我未來的委屈，有失去也有收穫。」張明敏如是說。

始於唱歌進而參與公益

一曲《我的中國心》風靡大江南北。隨後，張明敏身內地的演出不計其數，足跡遍及諸多省市。連起唱、他感受到，除了唱歌，自己還有那多可以融為社會的。

他還想西首次在此京時唱及內地彈唱的落淚，那時香港的月薪是幾千塊，內地是幾十塊，我媽媽當奶奶親長被我的身他到內地。我媽媽18歲就到月回國，她對祖國的深厚感情影響了我。我作為香港青年希望要富起來，那時候下定決心要為祖國出一分力。」於是，張明敏積極為各類活動組織載，紅包括於1985年在北京舉辦一道百場「愛我中華，修我長城」演唱會，其後更為殘疾人士、孤寡者、貧災地區等捐款。「覺得那會人士比內地。」他說。

▲張明敏認為為社會盡當提供感恩。

▲2008年10月1日「香港同胞慶祝中華人民共和國成立59周年文藝晚會」上，張明敏與香港兒童合唱團高唱國歌。　資料圖片

顧意應其說：「在任期間，他積極參與推動到9月3日確立為中國人民抗日戰爭勝利紀念日。」

近年，香港社會動盪「修例風波」，張明敏不遺餘力地為民發聲，呼籲社會安定平和。他亦到各種為內地醫學發展各方面，作為名支持香港國安法。2020年7月1日名為香港回歸祖國23周年及祝賀香港國安法通過主唱國歌與巡遊等的唱國歌及花車巡遊活動現場，他談：「我與得香港從今天開始受重新出發。」

「教育是重要的，」張明敏感嘆：「問題香港這樣的教育，才學曉歷史應教育孩子愛國，必須從小，若共要了解自己走產什麼的。」他深為香港青年更多了解內地，顧意投身特區政府的教育工作。「好要從小起孩，要有好往中的明確目標。思想要統一，才能凝聚力量。」

新歌《感恩有你》祝願祖國

對於文化藝術界，尤其是立在香港的發展，也張明敏一直以來殷關注著。提及2020年成立的中國文學藝術聯會香港會員總會（香港文聯），他認為，香港文聯對推廣內地成立，發有內地發展為內地文藝軍，比如通過舉辦一些主題活動，讓香港市民多了解內地，從而也劃中國文化有更加深入的了解的團結。

探訪餘了時，64歲的張明敏現場唱起那些動著人口的聲音《感恩有你》。他懷這是代表了「感恩、為安慰抗疫工作人員高向舒世的，感恩有你」剛剛三梯維治。他透這看歌表達著最新的感意願：「《感恩有你》中有對家人、朋友、老朋的感謝，也有對中國共產黨最的愛國感意。社會需提供什麼才能。把人口這麼多中國團難經這麼好了香港重現過去，遭有一段路要走，在全球新冠疫防控最艱難的情況下香港疫情穩中守，值得我們團結感恩，」

支持在港推廣普通話

【打破障礙】 6月2日，國家教育部發布年度《中國語言文字事業發展報告》，其中亦有到發布《香港澳大灣區語生活況報告（2021）》。較張濱通《香港法律上明律普通話和繁體字的地位》的期話，讓香港越一建議增加張普通話和繁體字的香港的意義培。同時，普通話和繁體字中。

掃廣對香港市民益處更多，比如還可以地慶業帶然的用聞打算人人能的收入，她港人也提升自己身價。這個同關係，以及與香港大灣區的九省地她成了協同互通的。

對此，張明敏表示：「大灣是個很好的指引。」他認識，「內地這麼大，不止廣東大，大灣連內地城市，內地所有城市都歡迎香港人，希望更多香港人到內地走走看看，步應，找到自己範互融、能喜歡的城市都可以去。」

港人應到內地走走看看

【就學就業】 張濱敏始終心繫香港，致力為香港青年及文藝界、工商界團發聲出真藏。

　出言藏。

港澳大灣區機遇處處，張敏從終心繫能處更多香港青年就業從星問題「十四五」規劃編要提出，引下港青吾到大灣大灣區內地城市就業就政府積極鼓舞搭靠青年人大灣區內地城市發展，包括今年初推出「大灣區青年就業計劃」。

《我的中國心》鑄造經典

【難以超越】 《我的中國心》這首歌早已成為無數中國人心中無法超越的經典。當有被人覺得，對此，張明敏則稱很自謙。他說：「這首歌《我的中國心》出現在二十世紀八十年代，那時國家剛改革開始，《中英聯合聲明》斷前簽下，央視第一次讓香港歌手登舞台唱歌。什麼都是第一次。放在當時，可能是沒什麼的經典。」

▲張明敏1984年登上央視春晚演唱《我的中國心》。　網絡圖片

父子同台演唱愛國歌曲

【歌頌中華】 張明敏呼籲歌手多演唱愛國歌曲，參與公益活動，多唱愛國歌曲，寄語更多青年更多演唱愛國歌曲。近年他唱了自己的兒子張頌華曾與台灣唱《父子》，「我兒子的名字《頌華》意為歌頌中華。我告訴他，我不能唱了？他必須演唱需要續持起續十多。」

2015年，在記舉辦的「香港同胞慶祝中華人民共和國成立66周年文藝晚會」上，張父子二人合台唱歌曲《父子》。張明敏表示，這唱這歌曲因為表達了香港和祖國的關連就血脈相承：「等到有一天你懂得長大／也許我的枕仲早已斑白／無論你的繁華是如何／不要忘記腳下這片泥土。」

▲張明敏（前排左）與兒子張頌華（前排右）2015年在文藝晚會上演唱《父子》。　資料圖片

掃一掃 有片睇

「河山只在我夢縈／祖國已多年未親近／可是不管怎樣也改變不了／我的中國心……」這首由王福齡作曲、黃霑填詞的《我的中國心》，1984 年於中央電視台第二屆春節聯歡晚會上與全國觀眾見面之後，就迅速流傳開來，大家也記住了舞台上那位來自香港、身穿米色西裝、繫灰色圍巾，戴着一副寬大眼鏡的演唱者——張明敏。

今年是中國共產黨成立 100 周年，大公報近日專訪原港區全國人大代表、歌手張明敏，聽他談起自己與《我的中國心》的情緣。

1984 年，27 歲的張明敏從香港坐飛機來到北京，準備春晚的表演。「記得我從下飛機進海關後就一路有人接待，覺得陌生又拘束。到央視大樓時，看到電視台門口有軍隊駐守，心想怎這麼嚴肅？我生活在香港，當時還比較沒有軍隊的概念，常見到的都是警察。」他回憶說。

人生因《我的中國心》改變

張明敏祖籍福建，出生於香港。他自幼喜愛唱歌，無師自通，1979 年，23 歲的他參加香港電台舉辦的「全港業餘歌手唱歌比賽」，一舉奪得冠軍，也因此簽約唱片公司，正式開啟了歌唱事業。「我是唱普通話歌出道的。」張明敏說：「最初較多是翻唱。當時流行台灣校園民歌，我就翻唱了《鄉間的小路》等校園民歌，後來又順應潮流改唱民族歌曲，包括《我是中國人》等歌曲。」

1983 年，在唱片公司的安排下，他錄製了歌曲《我的中國心》。唱片甫推出，銷量即過百萬張，獲「白金唱片」之響。翌年，他受邀在央視春晚獻演，也成為了新中國成立之後首位獲邀到內地演唱的香港歌手。

事實上，這首歌誕生之時，正值《中英聯合聲明》簽署之際，香港社會上有諸多聲音。「香港 150 多年的殖民時期歷史，不是一個 10 年、20 年可以抹去的。記得我們之前上學的時候，唱的是英國國歌，當時講到愛國，香港人的概念很模糊：香港將來會怎麼樣？我們的身份認同是什麼？很多人存有陌生和懷疑的情緒。」張明敏說。

也正因如此，在北京唱完《我的中國心》回到香港之後的很長一段時間裏，張明敏遭到不少香港媒體的排斥：「回來後，很多媒體不播我的歌了，有人甚至說我背叛了香港，與我敵對，讓我很無奈。」以至於他與費翔主演的電影《皇

張明敏

家大賊》也受到牽連：「電影公司要求我寫悔過書，才允許我和他們一起到台灣做宣傳，我沒有寫，後來在台灣的電影海報上就沒有我的名字。」

即便當時因演唱愛國歌曲而受到誤解和敵對，在張明敏看來，唱片公司和歌手有責任推廣愛國歌曲。「我希望通過自己的形象，為青年起到引導作用。」他說：「愛國歌曲不是簡單的正能量，而是每個人都應有愛國意識。我們唱歷史、唱祖國，能夠讓人們通過歌曲了解中國共產黨和政府，了解為什麼有今天的中國。」

「《我的中國心》這首歌的確改變了我的人生，它為我帶來了名氣，也有因政治原因而給我帶來的委屈，有失去也有收穫。」張明敏坦言道。

始於唱歌進而參與公益

一曲《我的中國心》風靡大江南北。隨後，張明敏在內地的演出不計其數，足跡幾乎踏遍各省市。逐漸地，他感受到，除了唱歌，自己還有很多可以為社

會做的。

　　他猶記得首次赴京時眼見內地環境的落後，「那時香港的月薪是幾千塊，內地是幾十塊，我媽媽常寄些錢和衣服到內地。我媽媽 18 歲從印尼回國，她對祖國的深厚感情也影響了我，我作為香港青年希望國家富起來，那時就下定決心要為祖國盡一分力。」於是，張明敏積極為各類活動組織募捐，包括於 1985 年在北京舉辦一連四場「愛我長城，修我長城」演唱會，其後更為殘疾人、亞運會、賑災扶貧、希望工程等義演，「幾乎跑遍大江南北。」他說。

　　1995 年，張明敏獲任港區全國人大選舉會議成員，其後在 2013 年至 2018 年擔任第十二屆港區全國人大代表。在他看來，能夠有幸擔任港區全國人大代表的原因，是自己「積極了解國家和香港社會，願意說真話」。在任期間，他積極參與推動將 9 月 3 日確定為中國人民抗日戰爭勝利紀念日。

　　近年，香港社會經歷「修例風波」，張明敏不遺餘力地為民發聲，呼籲社會安定平穩。他曾到金鐘添馬公園參加「反暴力救香港」集會，亦簽名支持香港國安法，2020 年 7 月 1 日在為慶香港回歸祖國 23 周年並祝賀香港國安法通過及實施而舉辦的唱國歌及花車巡遊活動現場，他說：「我覺得香港從今天開始要重新出發。」

　　「教育是很重要的。」張明敏感慨道：「回想香港此前的教育，青少年愛國主義教育是失敗的，必須改革，首先要了解自己走歪了什麼路。」他認為香港青年要主動了解內地，願意投身特區政府：「愛國者治港，愛國人士從青年中栽培，要有愛我中華的明確目標，思想要統一，才能再上幾步。」

新歌《感恩有你》祝願祖國

　　對於文化藝術界、尤其是它在香港的發展，也是張明敏一直以來所關注的。談及 2020 年成立的中國文學藝術界聯合會香港會員總會（香港文聯），他認為，香港文聯如照搬內地模式，難有內地效果，並建議道：「香港文聯的主旨思想可以是有關於推介內地文化文藝，比如通過舉辦一些主題活動，讓香港市民更加了解內地，從而也對中國文化有更加深入的了解和認同。」

　　採訪終了時，64 歲的張明敏現場唱起那首膾炙人口的《我的中國心》，依舊溫潤有力。最近，由他演唱、為致敬抗疫工作人員而創作的《感恩有你》剛

2020 年 7 月 1 日，張明敏（右）、鄺美雲（左）參加為慶香港回歸祖國 23 周年並祝賀香港國安法通過及實施而舉辦的唱國歌及花車巡遊活動。

剛上線推出。他借這首新歌表達對祖國的祝願，「《感恩有你》中有對家人、朋友、老師的感恩，也有對中國共產黨和政府的感恩。社會應提倡感恩，感恩共產黨，把人口這麼多的中國管理得這麼好。香港風雨過去，還有一段路要走，在全球新冠肺炎疫苗緊缺的情況下香港有疫苗可打，值得我們繼續感恩。」

《我的中國心》鑄造經典

　　《我的中國心》這首歌早已成為無數中國人心中無法超越的經典。當今，流行歌曲數量多、更新快，但難有經典。對此，張明敏顯得頗為豁達，他笑言：「這是潮流。《我的中國心》出現在二十世紀八十年代，那時國家剛改革開放，《中英聯合聲明》剛拍板，央視第一次邀請香港歌手參加春晚，什麼都是第一次，自然容易成為經典。放在現在，可能就沒什麼新鮮。」

張明敏 1984 年登上央視春晚演唱《我的中國心》。

2016 年，張明敏（前）作為港區全國人大代表到北京參加第十二屆全國人大會議。

支持在港推廣普通話

6 月 2 日，國家教育部發布年度《中國語言文字事業發展報告》，其中首次發布了《粵港澳大灣區語言生活狀況報告（2021）》。報告建議，香港在法律上明確普通話和簡體字的地位，將普通話教育適度融入考評體系。這一建議將加速普通話和簡體字在香港的普及使用，強化香港市民的國民意識。同時，普通話和簡體字的推廣對香港市民益處多多，比如提高以旅遊業帶動的相關行業人員的收入，助港人拓寬就業路徑，亦助開闊眼界，以及與粵港澳大灣區的九個內地城市加速對接等。

對此，張明敏持贊同態度。他認為，在香港推廣普通話，有助於香港和內地之間的交流，並說：「回歸祖國之前，不少香港人勤學英語，因為要和英國人打交道。香港和內地在經濟、文化等各方面的交流，首先在語言上不應有障礙，可通過教育在香港持續推廣普通話。」

港人應到內地走走看看

粵港澳大灣區機遇處處，國家「十四五」規劃綱要提出，便利港青到大灣區內地城市就學就業創業。特區政府積極鼓勵港青到大灣區內地城市發展，包括今年初推出「大灣區青年就業計劃」等。

2008 年 10 月 1 日「香港同胞慶祝中華人民共和國成立 59 周年文藝晚會」上，張明敏與香港兒童合唱團高唱國歌。

　　對此，張明敏表示：「大灣區是個很好的指引。」他同時也認為，「內地這麼大，不只是大灣區內地城市，內地所有城市都歡迎香港人，希望更多香港人到內地走走看看，落腳，找到自己能落腳、能貢獻的城市都可以去。」

父子同台演唱愛國歌曲

　　張明敏呼籲歌手多演唱愛國歌曲，參與社會公益活動，感受愛國氣氛，而當今青年更加要演唱愛國歌曲。近年他與自己的兒子張頌華曾同台演唱《我的中國心》，「我兒子的名字『頌華』意為歌頌中華。我告訴他，如果我不能唱了，他必須要將愛國精神延續下去。」

　　2015 年在紅館舉行的「香港同胞慶祝中華人民共和國成立 66 周年文藝晚會」上，父子二人曾合唱歌曲《父子》。張明敏表示，選唱該歌是因為覺得香港和祖國的關係就如歌中所唱：「等到有一天你慢慢長大／也許我的枝幹早已乾枯／無論你的繁華蔓延何處／不要忘記腳下這片泥土。」

（原載大公報 2021 年 7 月 1 日 A23 版，記者管樂、李亞清）

黃建新：

警醒新一代

不該「內卷 躺平」

由黃建新監製兼導演、鄭大聖聯合導演的「慶祝中國共產黨成立一百周年」重點影片《1921》於七月一日在內地正式公映，而香港於七月一日至七日舉行團體口碑優先場，並於七月八日盛大獻映。黃建新採用破格手法，打破歷史人物與觀眾間的距離感，啟導新一代領悟上一代偉人愛國憂民的熱血精神。

香港文匯報訊（記者 夏微 上海報道）由黃建新監製兼導演、鄭大聖聯合導演的「慶祝中國共產黨成立100周年」重點影片《1921》將於7月1日在內地正式公映，而香港將於7月1日至7日舉行圍獻口碑優先場，並於7月8日盛大獻映。黃建新採用碰撞手法，打破歷史人物與觀眾間的距離感，啟導新一代偉人愛國愛民的熱血精神。

《1921》告訴你為什麼中國需要共產黨
黃建新：警醒新一代不該「內卷 躺平」

電影《1921》以革命歷史為題材，並以創新手法行進表達。

導演黃建新表示：「1921年是中碰歷史上最着眼大的一年，四方血波了這是中現解來自五種驚訝，平均年齡僅28歲的熱血青年，他們代表石十幾歲大頭，無奈，只用了10年，就把中華民族的命運改寫了。如果說10年前的《建黨偉業》勞繪圖史的從某宏大數眾的價值，那麼10年後的《1921》將勞繪圖承以青年為出發點，因鋪墊了至個與前面，去探尋百年前一群老不見經傳的青年人的心動態、獨白、黃建新開賞以各種的影響手法，去探究這一代人，他們為什麼是我們的榜樣？為什麼是一個人類燃點，「因為他們是優秀且有趣的朝，是建新」

消除歷史人物與觀眾的距離

在黃建新的鏡頭下，歷史着了記載的那些偉人、變得毫無難的起來。他們的生活和少的時代們忘無、比肩、電影伊始、毛澤東是一個來自頂被的打工者，石者洗的時代有人下，擠不進城市，就供在餐廳那外，行進上海的洗衣時付工，只是勞駛上海電影的費用、從放到望今的年韵人，搞上一些的大城市攫。

比如，年紀是小的代表李穎之海岡會，她要就測布了人組界奔絲地敗，在始始的舞上踐掌鍵影擺的心驚興天，我如同電影的主導成果動狂平和「鐵離」了。

在黃建新的鏡頭下，歷史着了記載的那些偉人、變得毫無難的起來。他們的生活和少的時代們忘無、比肩、電影伊始、毛澤東是一個來自頂被的打工者，者起勞駛的期晚生智妙千真人表，那愿是其些為解的大年有之，只是一個連擺的我們知能、為什麼中國需要共產黨。

傳達國家興亡匹夫有責精神

★ 早前全部主演訴說《1921》主創亮相。　香港文匯報記者夏微 攝

★ 偉大的一個闡釋黨，不能連有石的火種也沒有。

知識分子對國家的擔當 誠可貴

電影《1921》近日分布了嫌嫌證據，到30秒的名片，能去片器，熟畫了建黨的迫切性與必然生。他們示了一代青年人下計好新紀的成熟性。

「偉大的一個國家，我們實自己的火種那取沒有，」中十年建築的一句話與中觀之類取，此是樣與到建起最為成黨的制都之一。「在建國綱領代表黨動時到長上，四各驗了一下不同的在山漁事，河去投案那際好的寧，黨動，土會有了上來這個論時間部付呈的東西，也就是了來就貨，把不本製造的東西過地裝始的，劉德華一的狂師。演起始的界…工有他不問下，你你就會到他的身上中這知識分子最可貴的國家腈懷……」

除此之外，獨青片中、陳獨秀者到「五四運動始」時掌臂打了的食器導致的動的，中口懷維地展現「懲」，何以新面對萬國稠料拳娛售關照西瀾心，硬煙起說北「如書讀書人，不率的顧就及，是何等的悲哀！」

正因如此，百年前的中國：「我們是需要計為，但更需要一個成覺，他引導了前進的方向，他的誕生，才是最有力的同一片，中華必大到要發力，沒有黨領，這對立端之意，在這個國什麼都付標的變何，發生黨了才跟而萬國等路的解片中，又不能辟的「懲」，毛澤東萬近池底：「因為我們的起國一樣，智光雖的新世界，還淌為我們的理想信念，看望着這個斬新的。」

電影產業工業化運轉 需展現民族主流價值觀

近年來，盒來意多的主旋律電影都打了口碑與票房的雙贏收，在導演黃建新看來，所謂的主旋律影片，不知道是新現了正值觀的影片。

「九十年代中國電影的都腐抵衛，祗的了哪類型技你省都不可想像，55萬的或者人數，一年全國的票房不到9個億……」阿思當年的始笑。黃建始略喊暴不心，無奈前：「一部美國的《真實記言》就把中國電影殺光了。也正是在那時候，黃建新深切的明白到那手植稠電上流館佔視的大而那。」

作為建導入，黃建新看在這幾分花那手持得的的視感之下。「電影本發起始的有那響力，」何當百時發很那一類型現的明的的面影響看，必須建起一代監部，即整個一方流的值觀。

在黃建新看來，主流價值的賞是多樣的，分眾多類型，「《我們好與你與時》是一部，那種有製心的普通人，供是身一被身像大的愛國受力、愛情生上就是主成胸，誠長要，與種人稱此氣餐的寧的賞心，那好得那始……」

但經過大的《1921》保銀既了國家根本的精神力量中，也啟視了你都你血情之世想的內有，「有一場戲是馬毛澤東不敢，一雪血計劇他地，一致上巴乾上濟而的的口澤車始邊裏與馬相呼顯興人、李建生與身交發勢所境，他視能旋。毛澤東用了選怎想，卿時那基蕴石於。李建新萬是他子個黃興上新做情，說是人太不的雄一個如一樣是新都代代做女性，不能該該人報要路：年爹被身出被、的夢怕親雪出新致都就也情，歲道他人生始數之有一，無需要隨豐可更。」

在那種的歷史、有無都國資革利巨大的狂醒可能性，能陶時下來的人都是有情節都。」黃建新表示，那些被擊那驚甲往主講文化陶利的影片，無論在哪個國家都是至過市場，也不會始時之代，因為它可以代跨跨國身之外，與發舞受生互動。自然，牢牢住人們的內心。

「五千年的歷史、有無數晦難和幸，得日大的計運的可能性，能陶時下來的人都是有情節都。」黃建新表示，那些被擊那驚甲往主講文化陶利的影片，無論在哪個國家都是至過市場，也不會始時之代，因為它可以代跨跨國身之外，與發舞受生互動。自然，牢牢住人們的內心。

★ 李達、王會悟兩夫婦在頂適下亦是無限生動的角色人物。

心中沒有「合拍片」概念 港影人能力毋庸置疑

每每提及華語電影市場、香港影業的發展、以及內地與香港合拍片更是熱烈輕不開的話題。可在黃建新看來，早就沒有合拍片的概念了。「我們都是一種人人」他含看向著黃建大，「其實我們是同母親與生的兒，對《十月開圍》，到《親愛何在期》，再到《長律津》，到《親愛何在期》，再到《和都親戲的費道國那養的黃建身》始是一般一般、返者人來是省會有合合料我，黃建新笑言：「其實其一直優得始臨數路，其屬一群兒人「香港同胞以後、不成是你在香港哪、就好比我在北京你住上海一樣。」

與對理懂「假設性的提問」，黃建新更會「醒事實」。「前那個有關懷期期真是不是你在台上你來查看？」表現黃建那其結期了，可拍電影一的最大的之一部電影、探辦雅、徐克、林超賢、三個導演萬與兩個念的時，足以藏明一切。」

劉德華在建國大業演得挺好

此外，黃建始對身持持始始最易品的積慨。「因為香港是一個有那些高級車和布場始外是新之路又身始、好路、最始奇始身的始、香港不過本那給料個都不稱的計劃：身那、最卻的身上這的那、他我始雅他都起那即此始時每、黃建那，中黃建那中始路《智取威虎山》及《湄公河行動》等的的影片、並未誕生在內地哪個才、而就始飲、林越賢始對身的演身響。」

包括香港價商的人也表達不容易找始香港電影市場的「劉德華在我們《建國大業》與劉這條線行身配會，翻頭計開，黃建始對的，可爭在上地身身始一個都計影報那、都卻性的之都、進沒問題。」在黃建新看來，隨着兩地交流的增多、未來必然會有愈來愈多的共同題材出現。

★ 劉德華在《1921》始演剧大士。
中韓泰家資俞濟 攝

導演黃建新表示：「1921 年是中國歷史上非常偉大的一年，因為出現了這麼十幾個來自五湖四海，平均年齡僅 28 歲的熱血青年，他們代表五十幾個人開了一個會，只用了 28 年，就把中華民族的命運改變了，這是一個了不得的事情，是多麼驚人的力量……」如果說 10 年前的《建黨偉業》帶給觀眾的是來自宏大敘事的震撼，那麼 10 年後的《1921》將帶給觀眾的是直擊靈魂的警醒。剖開歷史的橫截面，去探尋百年前一群名不見經傳的青年人的內心獨白，黃建新期待以全新的影像手法去探究這一代人，他們為什麼是我們的榜樣，為什麼是中國人的驕傲。「因為他們憂國憂民，有超越生命的信仰。想通過這樣的一個電影，讓觀眾記住，這樣的一群人的精神里程和心靈里程是多麼偉大的一個過程……」

消除歷史人物與觀眾的距離

在黃建新的鏡頭下，歷史書上記載的那些偉人變得飽滿而鮮活，他們的生活和如今的我們並無二致。比如，電影伊始，毛澤東是一個來自異鄉的打工者，扛着洗衣房的大包，擠不進車廂，就扒在鐺鐺車外，行過上海街頭，去洗衣房打工，只為攢夠去法國留學的費用。就如同當下的年輕人一樣，去到大城市奮鬥。

比如，年紀很小的代表來到上海開會，抽空就跑去了大世界看哈哈鏡，在哈哈鏡前看着鏡中變形後的自己開懷大笑。就如同當下的年輕人一樣，有着青春生命最自然的狀態。

比如，李達和王會悟新婚燕爾，從寄居的陳獨秀家搬去自己的小房子時，王會悟和李達說：「我忘了我的花，我上去拿一下。」就如同當下的上海女孩兒，在那個季節裏經常會戴梔子花在身上……

「其實他們是無限生動的人」，黃建新希望，通過這部影片，可以消除歷史人物與當下觀眾間的距離感。可同時也是通過影片，黃建新向觀眾展現了，為何這樣一群「和我們一樣的人」，卻成為了讓我們敬仰的人。

近些年，職場中流行着這樣一句話——年輕人在「躺平」（怕競爭不作為），中年人在「內卷」（惡性競爭變無謂消耗）。這雖為個別現象，卻也反映當下一部分青年人的生命態度。黃建新無奈笑言：「我希望那個『躺平』是說着玩

黃建新接受大公文匯傳媒集團專訪。

兒的。」

鏡頭對準百年前的中國，國土被列強瓜分，社會風雨飄搖⋯⋯劇組在籌拍時搜集了大量史料，其中一段百年前上生新所的視頻令他們如獲至寶，視頻記錄着一群人的夏日歡愉。「如果不是一個中國人面孔的服務生短暫入畫面，根本無從判斷那是在中國。」黃建新說：「百年前的中國上海，所有歡度夏天的都是洋人，只此一個畫面，我們就知道，為什麼中國需要共產黨。」

再比如，影片中日本特高課特務跟蹤李達去工廠，途中汽車從右行轉彎變到左行，因為雖然仍是上海的街頭，卻已然從法租界來到了公共租界⋯⋯

在那樣的時代背景下，一群青年人既沒有「內卷」，也沒有「躺平」，而是選擇集中力量，為了他們心中更好的中國而努力。「『一大』時他們就是很小的力量，但星星之火可以燎原。我們『內卷』就是消耗了我們的很多東西，不應該把精力放在無聊的消耗上。」

傳達國家興亡匹夫有責精神

「我們沒有辦法選擇我們的家庭，沒有辦法選擇我們的國家，但是我們可

電影《1921》以革命歷史為題材，並以創新手法作表達。

以選擇我們的理想，為了理想奮鬥，即使不實現也值。」這是黃建新很喜歡的一句影片中毛澤東的台詞，「這是他的價值觀。你需要選擇理想，不一定人人都能達成，但是你在這條路上去追了，對你的一生是一個正向的推動與影響。」

金爵主席論壇，黃建新攜《1921》主創亮相。

百年前的一群名不見經傳的年輕人，生生地要為四萬萬人找出路，為民族救亡圖存找出路。那股熱血、那股激情、那股國家興亡匹夫有責的精神，是黃建新希望通過《1921》向觀眾傳達的。「所表現出的中國人的理想信念、文化追求、心理追求，是對我們有長久激勵作用的，這也是我想拍這個片子的原因。」正因如此，《1921》打破了以往主旋律電影線性時間的剪輯手法，更多從心理層面通過蒙太奇手法對影片進行剪輯，讓當下的青年人跨越時空，與百年前的同齡人對話，去體悟他們的生命態度。

電影產業工業化運轉
需展現民族主流價值觀

近年來，愈來愈多的主旋律電影獲得了口碑與票房的雙豐收，在導演黃建新看來，所謂的主旋律影片，不如說是展現了主流價值觀的影片。

「九十年代中國電影的那個低潮，低到了哪個程度你們都不可想像，55 萬的就業人數，一年全國的票房不到 9 個億……」回想起當年的場景，黃建新依舊唏噓不已，無奈道：「一部美國的《真實謊言》就把中國電影掃光了。」也正是在那個時期，黃建新意識到，中國電影市場缺少那種展現主流價值觀的大電影。「美國電影全是這樣，民族絕大多數人崇尚的，正義戰勝邪惡的，其實就是價值觀的體現。」

作為電影人，黃建新一點也不反對文藝片對生活深度的揭示，「電影本來就具有夢的屬性」，可當看到中國電影有一點要危亡的時候，他覺得電影產業要維持正常的工業化運轉，必須遵從一些原則，即服從一個國家的主流價值觀。

在黃建新看來，主流價值觀是多樣性的，分很多類型。「《我和我的祖國》是主流呀，那種有缺點的普通人，但是身上藏着偉大的愛國力量。愛情片也可以是主流啊，講真愛，那種人類最渴望的單純的心境，最美好的心境……」

包括這次的《1921》，除展現了國家根本的精神力量外，也展現了例如新時代女性思想的內容。「有一場戲是寫毛澤東到了上海，李達請他吃飯，一路上沒吃上湖南菜的毛澤東以為同是湖南人，李達下廚會多放點辣，沒成想他沒放辣椒。毛澤東看了說怎麼一個辣菜都沒有，李達就虛榮心上來推到王會悟身上，說是太太不吃辣。結果王會悟是新時代女性，不怕談個人觀點，不吃那一套，就直接說『我吃辣』，李達就有點尷尬，其實他是胃壞了。」

「五千年的歷史，有無數個故事，有巨大的挖掘的可能性，能夠留下來的，都是有價值的。」黃建新表示，那些能夠體現民族主流價值觀和主流文化傾向的影片，無論在哪個國家都從未缺乏過市場，也不會過時。因為它可以延伸到銀幕之外，與觀眾產生互動，牢牢抓住人們的內心。

李達想燒掉日本製造的東西，竟發現火柴也是日本製造的。

偌大的一個國家，不能連自己的火種也沒有。

知識分子對國家的擔當　誠可貴

電影《1921》近日公布了一條時長僅 1 分 39 秒的名為火種版的預告片，隻言片語，道盡了建黨的迫切性與必然性，也揭示了一代青年人不甘於向命運低頭，為真理而鬥爭，最終建黨成功的必然性。

「偌大的一個國家，我們連自己的火種都沒有」，片中李達的一句話戳中觀者淚點，也是導演黃建新最為欣賞的細節之一，「李達跟國際代表見面以後，因為發生了一點不同的看法和衝突，回去後來到陽台，整理思緒，抽煙、點煙，王會悟上來送湯圓問他想什麼，他就說想起當年組織救國團抵制日貨，把日本製造的東西成堆地燒掉，劃着火柴的時候，突然發現火柴也是日本製造的。說着就落淚了，王會悟也哭了，你會感覺到他們身上中國知識分子最可貴的國家擔當……」

除此之外，預告片中，陳獨秀看到「五四運動」時要簽訂的喪權辱國的條約，口中憤懣地說着「憋屈」……何叔衡面對軍閥粗暴焚燒書籍而痛心，哽咽地說出「如果讀書人，不准抬頭做人，是何等的悲哀」……

正因如此，百年前的中國，「我們是需要行動，但更需要一個政黨，能引導行動的政黨。他的誕生，才是最有力的行動。」片中，董必武如是說道。於是，沒有火種，這群青年人便成為火種，沒有組織，他們就建立組織。

在這個過程中，有分歧在所難免，可分歧並不會影響最終目標的實現，片中，毛澤東篤定地說：「因為我們的起點一樣，誓死推翻舊世界，還因為我們的理想也一樣，盼望着建立新中國。」

心中沒有「合拍片」概念
港影人能力毋庸置疑

每每提及華語電影市場，香港影業的發展，以及內地與香港合拍片就是兩個繞不開的話題，可在黃建新看來，合拍片的概念早就不存在了，「我們都是一夥兒人」。至於香港電影人的能力更是毋庸置疑，是經得住市場考驗的。

從《十月圍城》，到《湄公河行動》，再到《長津湖》，作為中國內地導演的黃建新與香港影業的緣分非一般。說起未來是否會再有合拍片，黃建新笑言：「其實我一直覺得這個概念不存在了，都是一夥兒人了。香港回歸以後，不就是住在香港嘛，就好比我住北京你住上海一樣。」

面對媒體「假設性的提問」，黃建新更愛「擺事實」，「前面還有媒體問我是不是現在合作愈來愈難了，我就舉了《長津湖》這個例子，中國電影史上最大的一部電影，陳凱歌、徐克、林超賢，三個導演裏面兩個香港的，足以說明一切。」

劉德華在《建國大業》演得挺好

此外，黃建新對香港同業的評價也是極高的：「因為香港小，他們對電影的那種高效率和市場回收，是做了最大努力的。荷里活是全球的布局，香港那麼小的地方在東南亞拿到那麼大的市場，那是一批多努力的香港人做的成績，這也是珍貴的財產，他們鍛煉出來的那種他們獨有的表達力，我們是需要的。」正因如此，《智取威虎山》及《湄公河行動》等題材的影片，並未誕生在內地導演手中，而是由徐克、林超賢這樣的香港導演指導。

包括香港演員的塑造力也是絕不局限於香港電影市場的，「劉德華在我們《建國大業》裏演得也挺好的，我還讓他自己配音，他說不能配，可事實上他來了，我就在旁邊給他找一個國語老師跟着他，都是他自己的事，也沒問題。」在黃建新看來，隨着兩地交流的增多，未來必然會有愈來愈多的共同題材出現。

（原載香港文匯報 2021 年 6 月 23 日 A11 版，記者夏微）

何冀平、程治平：

不忘初心
講好中國故事

香港中西薈萃，許多中國知識分子、文化人與這裏有不可分割的淵源，他們對弘揚中華民族文化有份承擔和使命感。資深傳媒人電視台主編程治平與著名編劇家何冀平伉儷，既是香港人也是北京人，他們擁有獨特的經歷，堪稱兩地探索與被探索的「歷史中人」。作為文化傳播者，敏銳的觸覺和豐富的經歷，更加令他們知道如何才能講好中國故事。在他們眼裏中國執政黨的自我糾正能力之強是世界之最，「現在中國共產黨提倡的『不忘初心』就是一條真正正確的路線，執政者是為老百姓，大家對國家的感情自然油然而生。」

何冀平 程治平

慶祝中國共產黨成立100周年
特別報道

探索與被探索的「歷史中人」
不忘初心講好中國故事

香港中西薈萃，許多中國知識分子、文化人與這裏有不可分割的淵源，他們對弘揚中華民族文化有份承擔和使命感。資深傳媒人電視台主編程治平與著名編劇家何冀平伉儷，既是香港人也是北京人，他們擁有獨特的經歷，堪稱兩地探索與被探索的「歷史中人」。作為敘事文化傳播者，敏銳的觸覺和發聲的經歷，更加令他們知道如何才能講好中國故事。在他們眼裏中國執政黨的自我糾正能力之強是世界之最，「現在中國共產黨提倡的『不忘初心』，就是一條最正確的路線，執政黨是為着各種，大家對國家的感情自然油然而生。」

● 香港文匯報記者 煇羚、胡茜

作為愛國知識分子，程治平和何冀平夫婦傳說在港京兩地成長生活的經歷，他們表示，所有兩地這些年改變，特別是中國共產黨執政下國家的發展快速，從扶貧脫貧的成果，對冠病疫情的處理手法，以人為本的政策，讓人驚喜。

「中國共產黨提出『實踐是檢驗真理的唯一標準』，執政就是要看老百姓擁護不擁護，如今各國人民都擁護你，就是最好的答案。」程治平說道。

從北京到香港 見證國家巨變

大編輯這是上世紀八、九十年代娛樂圈對香港記憶，兩人均如何感慨「這三十多年來，國家發生了翻天覆地的變化，尤其是人民生活水平全面提高，以前我們到內地都會很羨慕，愛馬仕、情趣垃圾堆，我們愉快地購物……那零加玩樂，樂在其中……香港在從前經濟繁榮，內地貧苦，如今倒過又是這樣的對比，經濟發展不匱，但是現在，個散有自己電腦的村莊，這多是現有私家車，作為執政黨可謂天高明處了對人民一個親切的民生」的莊嚴承諾。

他們不單所，這三十多年在抗擊新冠疫情方面，中央政府及內地各市市自承諾、有智慧、有能、有團隊、鐵面無守一絲不苟、零夫的呼喚、十載指人力，陰陽閉冒國加溫無私、人民可以聽到任憑這得疫情。一百年一個、都是堅韌堅不拔、到照顧的國家會治之統制，今年是中國共產黨建黨百年，由百年前成立之時中共萬萬至，發展到如今三千多萬的黨員，這是一個翻天覆地的變化。我們的文匯呈此呈現歷史，看到中國的革命如何完整。依憑人民支持取得勝利，建之新中國，讓國家不斷、醫器富。中國共產黨時一個世界上人口最多的國家，走向繁榮富強，這是一件了不起的事，歷治平由衷感嘆。

港多元文化促寫就歷史故事

兩作為一名書寫近代中國近代歷史劇創作的作家，程治平的文匯就有着多方面的，何冀平因曾作出香港近代。港藝大展裏都會的《領戰劍中城有》是何冀平編寫《月滿軒尼詩》的大作——《月滿軒尼詩》的時候，是上第一次北京到了解香港這段歲月，何冀平編寫了在哪裏都會可以的大都——《月滿軒尼詩》的《決勝時刻》等等，她在書寫中身處不同的生活。她迫也書寫高尾樹故事，與在香港三十多年的生活分不開。香港土《決勝時刻》中是描寫出使劇開羽是香港北上學年，西到陵本在京結婚，在北京生活了那段的日子，上世紀八十年代那段歲月最珍貴的經歷，初時例曾下愛過這份那段歲月等地時的經歷，書的馬繪銀那樣做飾那樣的人性、真的的東西。她在曾看報好書寫的學歷的珠玉呈現，這真實的。

何冀平在討論思考以寫編《明月幾時有》（本來片名為《大營敗》）的時候，是第一次北京始編了解香港這段歲月，何冀平編寫了在哪裏都可以的大都——《月滿軒尼詩》的時候，她迫也書寫高尾樹故事，與在香港三十多年的生活分不開。香港北《決勝時刻》中是描寫出使劇開羽是香港北上學年，西到陵本在京結婚，在北京生活了那段的日子，上世紀八十年代那段歲月最珍貴的經歷，初時例曾下愛過這份那段歲月等地時的經歷，書的馬繪銀那樣做飾那樣的人性、真的的東西。她在曾看報好書寫的學歷的珠玉呈現，這真實的。

「香港這個地方自立之最大好了！」何冀平感慨道：「這裏西方文化中國文化的薈萃，充有包容的文化港上的。這裏有許許多多不同的文化藝術，這裏的文化還有很多元的，所以北在對好對地去地好很珍惜這份文化上……。」何冀平舉例，她以多香港編劇寫的《德齡與慈禧》，內地那野平率富麗，此劇目前在內地上演本鳴是的巨大；「我把呈劇作為記述品命看它的獨特之處，它版不是一個全然的外來物，不是基港合乎都編劇家港英，也不純粹台中國文化，這是什麼脆然？……這就是香港的瑰寶。」這部戲何冀平也多年之乎的豪華中也將，令這部《德齡與慈禧》歷盡滄桑，享譽多年。

在港「愛國宣傳」講技巧
媒體 文化人肩負使命

這些年中國內地致力於傳播愛國文化，凝聚人心，探索以怎樣藝術的傳遞方式去弘揚中華文化核心價值。在網絡上、銀幕中傳播這一種正能量，對社會對大家的價值越來越多一種傳承，我們深深感到了身上的責任。」程治平說。

何冀平寫劇本，不愛從大場去寫，她往往希望從大營景下的小情感，就把《決勝時刻》的瞬間，何冀平知覺畫面比較一個個大的「主旋律」宏觀題材，如何寫出最擅長的「生活的衣料」。她曾說「我筆下毛主席身邊的人物視窗出來、吃過飯桌上主席身上更加細化人性、血肉的東西。她說：「無論是思想層面不用，都要懂得『人』治劇。」

這些年她也善用人寫的主題帶廣告，能夠感受到抽象的那些事業在觀觀上一種超愛的的也要素。她問道，主旋律要傳達是內地的東西，並不能越只一個「必須變」。

國」的觀感給觀眾，「導人向上、導人向善，香港的藝術機構基本上也對地的一些，有一股熱血、加油的潤澤。原來他們各自的父輩都是純民親的藝系文章宇一身的負貝、同屬「穆家」兩家人結思義、探治平說，我的父親知道有反「阿柏伯」，紀念不曾想到了何家千金是欽小子兒，「記憶中我們一家在平手上，就是媒被施恩的，千蔭國案例何千姑娘的家。」

何冀平與程治平是緣份使的夫妻，緣源、「平今撰唸記憶能夠了一生荒寫着愚腸。有父親的學中一生唸，「陰陽」，其他父母在不多不好過。

各自都是時代傳輸，再度過一輩人有戲感同身受。程治平與程治平夫一種影觀相的同義之）而程治平適扮演是和何的不理解相的和同一種聯系情緒。但這當感慨，我寫至奶奶。探治平唸唸有不小心一，程治平國家記人之的情的感與，也讀越愛情很少自己的家那。

何家即是探人婦性其女兒，婚姻一平這也能有更多機會了解相處，把他與些這哲哲與愛情的手上。種治平治怎是相關的，我見她。

特稿
那些年 他們的人生承載着歷史

兩份愛國知識分子立家自不平凡的家庭。惟治平與何冀平的相遇和知，一份是從兄弟加入的子弟，原來他們各自的父輩都是純民親的藝系文章宇一身的負貝、同屬「穆家」兩家人結思義、探治平說，我的父親知道有反「阿柏伯」，紀念不曾想到了何家千金是欽小子兒，「記憶中我們一家在平手上，就是媒被施恩的，千蔭國案例何千姑娘的家。」

何冀平與程治平是緣份使的夫妻，緣源、「平今撰唸記憶能夠了一生荒寫着愚腸。有父親的學中一生唸，「陰陽」，其他父母在不多不好過。

各自都是時代傳輸，再度過一輩人有戲感同身受。程治平去年6月份在實地接，待港社會快復時，有國家無能出。程治平治唸唸。

程治平是無一流大城市不是一首人才可繼能意政被，只要抄輪。行難不合理的行業規限和生活方式都是阻港文化和創作的限阻，南疾狹隘合同層，施行更多的實可行的措施。讓他多上一措施。阿疫遇也多的人才，可為港香港不多為人才，更助愛讓是整整無很。

● 程治平與丈夫程治平相娟細姿。
香港文匯報記者 攝

● 何冀平與丈夫程治平在北京「七君子」集會地合影。

● 少女時代的何冀平。

打破不合理行業保護
香港不愁沒人才

在1997年到回歸前夕，香港就這一變得民生幣。由北京邊面定的評的地平成就不少香港親身被的親切關懷，他就開始做甚麼時開。打破和多少民有香港人才為不少香港國安過。

《決勝時刻》的經典就曾描和紀、香港走世成。程治平香港的文化之多年不在這些戲動。這是一段難忘與上世紀八九十對代民怔戰觀的依代何時，但思遇趣時少，香港那些需要是了鋼過就民出。何冀平認為，為人民的政事自然高得愛民和體諒。

都好好親評時代化但在，而紀起熱血都，何民對於這很好的話，對社會的化整民生致經濟過過在那次反此程度得於分程過出出。

● 程治平認為，為人民的政事自然高得愛國和體諒。
香港文匯報記者 攝

事，來源是相關建設的價格的新成就。了「國家制」的設計可以給香港帶來許多的機會一海灣一鼓舞繁榮，「十一寶布」原則」。

程治平去年6月份在實地接，待港社會快復時，有國家無能出。程治平治唸唸。

程治平是無一流大城市不是一首人才可繼能意政被，只要抄輪。行難不合理的行業規限和生活方式都是阻港文化和創作的限阻，南疾狹隘合同層，施行更多的實可行的措施。讓他多上一措施。阿疫遇也多的人才，可為港香港不多為人才，更助愛讓是整整無很。

何冀平等諸字也夫婦的小朋友多了一份是國家親近孩子。1965年，父親程恩遇病同期宗一，一的程治平由這父母轉往京定居。還很那時，中國了升大學機會，惜國加上「人化大家命」或了加入在研不解過，文革後，何冀平國家系統就非，或愛國其女兒。

向何冀平也坐時期的長何中錘語。越淺：由於父親對外地生活，這裏題裏就使了地在北京市層人「廈業」的同家。同樣這全國與港高高度之上，哪了些中央政革化到的親親文蘇系統恥，淮儀不多下平的他的自己懷懷恥新的。他們很係有是乖改之於所所承載的，譯文更不一個相似以的的歷史。

作為愛國知識分子，程治平、何冀平夫婦擁有在港京兩地成長生活的經歷。他們表示，回看兩地這些年改變，特別是中國共產黨執政下國家的發展快速，從扶貧脫貧的成果，對新冠疫情的處理手法，以人為本的政策，讓人驚喜！

「中國共產黨提出『實踐是檢驗真理的唯一標準』，執政就是要看老百姓擁護不擁護你，如今全國人民都擁護你，就是最好的答案。」程治平說道。

從北京到香港　見證國家巨變

夫婦倆都是上世紀八十年代從北京回到香港定居。兩人均有同感：「這三十多年來，國家發生了翻天覆地的變化，尤其是人民生活水平全面提高。以前我們回內地都會帶很多東西給親友，無論大件小件，內地親友都非常喜歡。後來，情況恰恰相反，我們每次從內地返港，都要帶很多東西回來，即使平時在港也常上內地網站購物，內地貨真是又便宜又好用。內地人民曾經也為居住窄小苦惱，但是現在，他們一般都有自己寬敞的住房，許多人還有私家車，作為執政黨中國共產黨實現了對人民『全面建成小康社會』的莊嚴承諾。」

他們又舉例，去年以來在抗擊新冠疫情方面，中央政府及內地各省市有承擔、有對策、有措施、有實施，嚴防死守一絲不苟，偌大的中國，十幾億人口，能做到零感染少量感染，人民可以照常生活旅行娛樂，全世界有目共睹。

「一百年，對於一個政黨來說時間不算短，但對一個國家來說又很短。今年是中國共產黨建黨百年，由百年前成立之初十幾名黨員，發展到如今逾九千萬人的世界第一大政黨。我們的父輩見證了歷史，看到中國共產黨如何奮戰，依靠人民支持取得勝利，建立新中國，讓國家不斷發展強盛。中國共產黨領導一個世界上人口最多的國家，走向繁榮富強，這是一件了不起的事。」程治平由衷地說。

港多元文化促寫就歷史故事

而作為一名書寫中國近代史劇作的作家，程治平的太太何冀平無疑也是幸運的。她的生平伴隨着歷史鋪陳展開，尤以內地與香港的關係為主線，歷經了改革開放等時代變遷。何冀平編劇了許多有關歷史的大戲——《明月幾時有》、《決勝時刻》等等，無不與自身或丈夫家世有關。她認為書寫出這些故事，與

著名編劇何冀平。

在香港三十餘年的生活分不開。事實上,香港出生的何冀平幼年便離開了香港北上求學,再到後來在京結婚,在北京生活了很長的日子。上世紀八十年代隨丈夫回到香港定居,初時何冀平並沒能立即融入這片土地的文化,直到為導演徐克寫完劇本《新龍門客棧》才聲名鵲起,再度迎來事業的高峰。

何冀平坦言也是因為寫劇本《明月幾時有》(本來片名為《大營救》)的時候,才第一次比較詳細了解香港這段光輝歲月,更加認識到共產黨人在中華民族抗戰過程中所作的犧牲和貢獻。1941年12月8日,日軍侵佔香港,大批知名愛國文化精英滯留香港,危在旦夕。中國共產黨領導的廣東人民抗日游擊隊(東江縱隊前身)臨危受命,把這批文化人秘密轉移北上,護送他們到大後方。香港大營救前後持續了一百多天,八百多名滯港的文化名人、愛國民主人士及其家屬安全撤離,無一傷亡。

這場「勝利大營救」成功營救出的有茅盾、鄒韜奮、何香凝、陳歌辛、瞿白迫、夏衍、丁聰、洪遒、廖夢醒、歐陽予倩等文化人。何冀平說,共產黨動員了所有能動員的力量,大家一致對外,才出色地完成搶救文化人的任務,「我睇東江縱隊嘅資料時也很感動。」回望這段歷史,她感覺都是在探索與被探索的「歷史中人」,十分有趣。

「香港這個地方的文化是太好了！」何冀平由衷讚嘆道：「這裏既有西方的殘留文明，也有飽滿的中式傳統，這種華洋交雜的文化是別的地方再也沒有的。所以真的要好好珍惜和堅守這優勢。」何冀平舉例，她為香港話劇團寫的《德齡與慈禧》，內地群眾非常喜歡，此劇目前在內地上座率總是百分百。「我想是因為這部話劇有它的獨特之處，它既不是一個全然的外來物，不是搬西方名劇翻譯過來，也不純粹講中國文化，這是什麼風格？——這就是香港的風格。」正是這種多元文化的衝擊和融合，令這部《德齡與慈禧》源遠流長，享譽多年。

當年東江縱隊戰士護送文化精英回後方。

在行軍中的港九獨立大隊成員。

在港「愛國宣傳」講技巧
媒體 文化人肩負使命

這些年中國內地致力於傳播愛國文化，凝聚人心，探索以怎麼樣的傳播方式去弘揚中國文化核心價值，在國際上講好中國故事。「而文學、新聞和戲劇這些藝術形式，對於歷史故事的傳播是另一種傳承，我們深深感到了身上的使命感。」何冀平說。

何冀平寫劇本，不愛從大局上去看，她往往希望提取大背景下的小人物。就連寫《決勝時刻》的時候，何冀平知道面臨的是一個頗大的「主旋律」國慶題材，如何寫出新意呢？她將領袖毛主席身邊的小人物提取出來，為的是刻畫主席身上更加貼近人性、血肉的東西。她說：「無論是怎樣的題材，都應該從『人』出發。」

電影《明月幾時有》北京記者會。

這些年她也看別人寫的主旋律電影，能夠感受到內地電影業在這觀念上一種超然的進步。她認為，主旋律倡導的是內核的東西，並不能硬塞一個「必須愛國」的觀點給觀眾。「導人向上，導人向善。香港的藝術機構基本上能夠做到一些，比如《少林寺》那樣的影片，不需要講出絕對的愛黨愛國，而是去講人性，講民族團結。」

程治平作為媒體人，亦認為這樣的「宣傳」既有必要，卻亦要講求技巧。若是講中國目前的發展新面貌最好的方法就是讓外國人來看，讓住在中國的外國人來講他們眼中的中國，相信更有說服力。「至於在香港這個複雜多元的城市，我們盡量地平和一些、中立一些，態度『低調』一點，這樣會讓人容易接受。」

他說，如何講好中國故事，是眼下都關心的話題，媒體、文化藝術首當其衝。「故事向誰講，如何講，已不僅僅是影視戲劇的寫作題材，而是『內是引導、外是展示』，我們作為行當的從業人，是有責任的。」

打破不合理行業保護 香港不愁沒人才

在 1997 年回歸前夕，香港掀起一股移民潮。由北京返港定居的程治平成了不少香港朋友的諮詢顧問，他為朋友分析局勢，解除他們的困惑、打消移民念頭。如今在香港國安法的震懾下，由於攬炒派的抹黑和誤導，香港又出現移民話題。程治平說，近年香港出現的移民風潮與上世紀八九十年代所接觸的移民不同，一些港人被煽動參與了黑暴違法活動，情急之下，他們接過境外反華勢力伸出的稻草，投入向外移民的行列，對這種人還有什麼必要加以勸導呢？

程治平認為，為人民的政黨自然贏得愛戴和體諒。

程治平說，1997 年前，那時候資訊尚未發達，港人對內地普遍存在生疏感和不了解，對嶄新政治經濟設計「一國兩制」模式，及香港的資本主義制度和生活方式維持「五十年不變」是否真的落實？有憂慮是正常的。

他說：「正因此，每當我被邀參加聚會時，不論對方有什麼意圖，我很樂意與他們分享心得，也了解一下這些人的心態和想法，然後進行解釋和開導。我擺事實，用真實的數據，講真實的故事，來說明祖國建設發展的新成就，『一國兩制』的設計可以給香港帶來許多的機會。結果證明了中央一直對香港堅守『一國兩制』原則。」

程治平又指，香港國安法去年 6 月公布實施後，香港社會恢復秩序，重回良性軌道。但黑暴攬炒勢力當然不甘心，挖空心思抹黑散播「香港沒落論」，恐嚇及誘惑更多的市民向外移民。對於這些抹黑伎倆，特區政府應該加大反擊力度，同時抓緊防疫，促早日與內地恢復正常通關往來和經貿活動，用經濟數字回擊造謠生事者。

他認為，全世界的一流大城市無一不是採用人才引進優惠政策，只要特區政府敢作敢為，打破不合理的行業保護，衝破狹隘自困關卡，施行更多切實可行的引進人才措施，一個大灣區就已經有充沛的人才儲備，更別說還有整個內地的人才圈，可為香港源源不絕地供應各種人才。

那些年　他們的人生承載着歷史

　　兩位愛國知識分子來自不平凡的家庭，程治平與何冀平的相識相知，還有一段鮮為人知的淵源。原來他們各自的父親都是國民黨政府高官李宗仁身邊的官員，同屬「桂系」，兩家人是世交。程治平說，從來都知道有位「何伯伯」，但並不承想對上何家千金是何冀平，「記憶中我有一張照片，就是我被抱着的，在『蔭園』裏（何冀平父親的家）。」

　　何冀平與程治平同樣是幼年在香港度過，她說，「至今還能記住彼時仍是一片荒蕪的荃灣，有父親創辦的學校和一間『蔭園』，其他已沒有太多記憶。」

　　各自經歷時代轉變，再重遇，兩人有種天然心靈相通，然後走在一起。何冀平感慨地說：「別人不一定理解我們的背景和經歷，但我們互相就有一種默契和共同語言。」而程治平認為與妻子最大共通點不僅僅來自兩家世交，而是「都是北京孩子」。

　　兩個香港出生的「北京人」經歷確不尋常。程治平父母為了讓他有更多機會了解祖國，把他從教會學校轉到愛國學校上學，程治平也很喜歡。在校園裏唱紅色歌曲，放暑假到內地遊歷，比其他同齡小朋友多了一份見識和對國家的感情。1965 年，父親程思遠陪同李宗仁伉儷從海外回到祖國，中一的程治平也隨父母轉往北京定居，很快適應了，變成「北京孩子」。

　　程治平之後被安排入讀頗有名望的 101 中學。「在香港曾讀愛國學校的我，很適應 101 中學的學習環境，可惜因為『文化大革命』中斷了升大學機會。」程治平說道。「文革」後全國高考恢復，成了他人生重要的轉捩點。「鄧小平提出這政策是一個極大的功德，所以我一直很崇敬他！」

　　而何冀平也在時局的長河中顛沛流離。由於父親仍在香港生活，這層關係便成了她在北京曾遭人「嫌棄」的因素。同樣因全國恢復高考政策，何冀平被中央戲劇學院的戲劇文學系錄取，準備拿着筆桿子書寫故事，也寫自己歷經的歷史。在歷史的眼光下長大的孩子，他們固然有屬於自己的作品承載生命，卻又是另一個視點中的歷史。

（原載香港文匯報 2021 年 6 月 18 日 A14 版，記者焯羚、胡茜）

任達華感恩「我是中國人」

二〇二一年是中國共產黨成立一百周年。百年來，國家越過無數艱難，飛速發展，取得了令世界矚目的成就。曾獲香港電影金像獎「最佳男主角」及中國電視金鷹獎「最佳男演員」的任達華，熱愛中國文化，多年來足跡踏遍大江南北，感受到祖國的進步開放，感受到民眾的人情味，感受到中國人的自強不息與毅力。任達華說：「我好感恩我是一個中國人。」

▲任達華參觀鐘錶店，示範對拍賣也有幫助。

▶任達華熱愛中國文化

眾星頌百年系列 ④

2021年是中國共產黨成立100周年百年來，國家越過無數艱難、飛速發展，取得了令世矚目的成就。曾經香港電影金像獎「最佳男主角」及中國電視金鷹獎「最佳男演員」的任達華，熱愛中國文化，多年來足跡踏遍大江南北，感受到祖國的進步開放，感受到民眾的人情味，感受到中國人的自強不息與毅力，任達華說：「我好感恩我是一個中國人。」

大公報記者 文澄霏（文）賀仁（圖）

愛讀中國歷史 喜見國家越來越好

任達華感恩「我是中國人」

二十世紀七十年代中期，任達華（患者）以極特別身份加入演藝圈，經歷了香港電視圈的黃金歲月，參演過多部無線經典劇集。八十年代，任達華積極開拓電影事業，至今的電影作品不斷。他對多次複香港電影金像獎「最佳男主角」提名，並於2010年憑《歲月神偷》榮獲「影帝」。早在女年輕、熱愛攝影的任達華已開始涉足、而內地的城市是他熱愛的拍景。他經常回內地參與不少合拍片的演出，近年、華師亦有演出主旋律電影如《建黨偉業》、《我和我的祖國》等，對祖國的感情，不言而喻。

拍主旋律電影義不容辭

今年是建黨100周年，任達華接受大公報專訪時，提到近年有參與拍攝《建黨偉業》、《我和我的祖國》等電影，華師對這心情非常激動的一態度：「她飾演的那段的是身人民服務，做人垂互相包容，要有信心。好似做師，都是...

▶任達華是個喜歡到內地不同地方，體驗中國人是對好客的

拍攝以國家歷史為背景的電影，華師表示要做過之的事。家好，他本身讀中國歷史的，每一次他回內地工作，都會在商用國家，每一段歷史他都感這學習，例如工藝、文化、傳授：「我愛中國人，要熟讀中國歷史，不讀熟讀中國歷史對拍戲好大幫助，他更能一個角色的苦衷，都要了解這時的文化背景，才能演出各種模樣。例如在《建黨偉業》中他飾演實業家張謇，當時做買賣到，如何做的資源分配，角色是一位有前瞻性的實業家，對當時社會貢獻很大。

建黨百年，國家經歷過很多...

以他覺得飲水思源好重要，要感恩。這份感情，作為中國人一定要去拜師，看清多年人心裡中國歷史。

演繹角色發揚工匠精神

國家近年大力推廣「工匠精神」，任達華以往演的角色如《歲月神偷》中的鞋匠、《我和我的祖國》中的鐘錶維修、劇集《澳門人家》中的造餅師傳，正正符合這手藝發揚光大。華師說：「中國人的手係全世界最厲害的，你係屋企...一個針線包，一針一線，當時科技也很發ｉ中國人會尊敬到是養之多，去看像話這樣，好多地方的工作不同但一百在一千百位存，都望出自中國人的手...我們中國人的手係全世界最好的，絕對相稱...中國人的手藝精細的。」

演畢工匠，任達華十分精神，背幾要做戲好準備工作，拍攝《歲月神偷》時，他拍了半個大月，坐在槓仔上，實實在在學這裡！在在他練習心一雙雙才無讀第：那個話多他也了...

一星期不停造出大組，作為實師，他這為重了工匠的精益求精，演技傳，不可以自然這演出來。2020年，任達華正式成為《澳門人家》，看內第30浪中國電視金鷹獎「最佳男演員」，他是香港這一位演員獲此殊榮，亦多少分享運動員奮發的心息。他說：「做每一件事要有信心外，亦要懂得分享。幾十年前我仁鵬鑫先在中山出道，當時大家追...

腔，只得的是你出去，自人所也會懂得那第一輪部分享前來讓...讓待工藝無私分享，這才是主題。」

國家地大景美多去看看

回想百年前的中山、百年前的香港，再看回現在的繁榮，華哥覺得大家要珍惜這些進步之地方，很少要有一個地方是現人。遙步那樣，華哥亦讚，任達華近又看嘗那裡地方的景很美，他很想那地方都好玩，她經在地方都好玩...他那讀那多一些不同地的奇景、好處...「長白山的雪特別白，看那那迷人...這一個點，感受到那些溫暖，我和服務人多內地多地方都是看的。看光棉光在湖河也可以，帶用到這讀一個到內地在在的小時上，就是去看《中國銀河地理》那...

對於永享，華哥有什麼期他收了他微笑著說：「希望我們中國越來越」便，安心出行、認氣服好！認書入，很是八十代開始，到今時！讓這十年，國家會越來越好呀，對去百的期待愈！」

掃一掃 睇更多任達華 訪問內容

▲任達華（左）在電影《我和我的祖國》中演維鐘錶傳　　劇照

◀2020年，任達華憑中國電視金鷹獎「最佳男演員」　資料圖片

▶任達華在《建黨偉業》飾演實業家　　劇照

▶任達華在《澳門人家》中演造餅師　網絡圖片

◀任達華（右）在《歲月神偷》中演鞋匠　　劇照

▲任達華是個喜歡到處及大江南北，圖為任達華在泰山　資料圖片

感受一頓飯的溫暖

人情濃

任達華在內地旅遊經驗豐富，另一樣令他感受至深的是中國人的人情味，他覺得中國人最好客，不論世界上任何一個地方的人來到中國都會受到歡迎，「我們歡迎你到各個作客」。

任達華記得二十世紀八十年代與影相發情友到內地拍片，當時交通不便，去到一些地方住在當地人的家中，大家互不相識，他們會當你你客一頓飯，還不時走到外面通過窗戶看到屋中的炊煙，感受到那個溫暖。他說：「那份情暖使父母給我們的溫暖一樣，所以，我們在香港長大，許多情父母會給我們的愛暖，待情遠內地的祖國都給我的溫暖。作為中國人，我覺得好客多，亦好感受自己是一個中國人。」

內地香港同業多交流

影業發展

赴內地發展多年，對於影業前景的影響發展，任達華又有何感受？

他說：「中國電影市場好大，是少亦都好好，人才好多，他們也很越越好多內地方的人。中國人情味好好、對的電影更有人情味，像《你好，李煥英》我很希望內地多年輕導演來發展，他跟系不同的文化我地需接本地幹一個團長、導演多些內地，看不同地方，與內地同業互相交流多些，然後越合在電影出。」

璀璨霓虹照亮香江

拍攝新片

2022年是香港回歸祖國二十五周年，任達華有參與拍攝重回歸時的另一個電影計劃《煙火照勵》，這個項目的投資格是久名武、莊臣：「我們在香港生、長大，看番的霓虹燈是我們現在的作品，在燈是已難有LED作動，用電腦合同Pattern《試購》我今次演一個讓得做霓虹的老人家，今次要學歷技能。」

華哥對：「這是一種東方的以本地的浪漫，這種傳統霓虹燈就以前在旺角，那好一條好長、五光十色、迷人的人生。他記得這些霓虹從以前在旺角，那好一條好長、五光十色，迷物在他弦中仍歷歷在目。」

華哥花了十多天去學造霓虹，由玻璃到彎光管起出一隻字，接連出出一隻字。他愛看港以師對看看一隻手挽出去吹玻璃兩用鐵造出來。他在香港全電影看看看看，要想全世界青港的母香塑霓虹燈，彎成一有一個地方你師都很，用人手那霓虹燈做來用，這傳統的時代表香港，這個需要的關好的是，他不管這能做地在內地上作，越然每次那要購的，但效果沒所但用，最重要的就有正能量，做好自己。」

▲任達華（右）在《煙火照勵》中演霓虹燈師傅　　劇照

　　二十世紀七十年代中期，任達華（華哥）以模特兒身份加入演藝圈，經歷了香港電視圈的黃金歲月，參演過多部無綫經典劇集。八十年代，任達華轉戰電影圈，至今拍攝的電視、電影作品超過百部。他曾多次獲香港電影金像獎「最佳男主角」提名，並於 2010 年憑《歲月神偷》榮膺「影帝」。早在廿年前，熱愛攝影的任達華已到處旅遊，而內地的城市是他熱愛的拍點。他經常返內地參與不少合拍片的演出。近年，華哥亦有演出主旋律電影如《建黨偉業》、《我和我的祖國》等，對祖國的感情，不言而喻。

拍主旋律電影義不容辭

　　今年是建黨 100 周年，任達華接受大公報專訪時，提到近年有份參與拍攝《建黨偉業》、《我和我的祖國》等電影，華哥坦言心情是激動的。他說：「始終內容說的是為人民服務，做人要互相包容，要有信心。好似做餅，都是為老百姓服務，自己拍攝時感受好深。五六十年代，香港由一個小漁村發展到今日，都是我們中國人自己創造出來。中國人的手，將自己的未來創造出來。中國人自強不息，然後做到一個這麼大的貢獻。」

　　每次獲邀拍攝這類主旋律電影，華哥都義不容辭。他說：「可以話界大家知，我們的國家越來越好。」八十年代，他經常返內地旅行影相，以前的交通不方便，但現在，多條鐵路已貫穿南北西東。他說：「祖國好大，五個小時的生活圈，這個速度是中國人才做得到。這全因中國人的巧手，中國人的毅力。雖然起跑線慢了點，但一路跑，越跑越快，我為此感到驕傲。」

　　拍攝以國家歷史為背景的電影，華哥表示要做足功課。幸好，他本身熟讀中國歷史，每一次他返內地工作，都會在機場買有關中國歷史的書籍閱讀。由夏商周開始，每一段歷史他都認真學習，包括工藝、文化。他說：「我經常講，我是中國人，要熟讀中國歷史。其他西方歷史我都有讀，但中國人必須將中國歷史的比重放到 90%。」華哥不諱言熟讀中國歷史對拍戲好大幫助，他演每一個角色之前，都要了解當時的文化背景，才能將角色解構。例如在《建黨偉業》中他飾演實業家張謇，當時物資短缺，如何做到資源分配，角色是一位有前瞻想法的實業家，對當時社會幫助好大。

　　建黨百年，國家經歷過很多不同的變化及大事，問到有沒有一些是他印象

任達華愛閱讀中國歷史，表示這對拍戲也有幫助。

特別深刻的呢？華哥覺得中國這百年來，一步一步走來，老百姓的生活越來越好。中國「雜交水稻之父」袁隆平早前逝世，華哥覺得一定要好好懷念、紀念他，並說：「他令我們有溫飽，這種溫暖最重要。袁隆平為老百姓做好多貢獻，解決好多問題，這樣即使打風落雨，人們都有體力繼續向前行，才有體力去照顧家人，有體力關懷社群。」華哥又指，六十年代香港經歷了四日供水一次的時期，幸得祖國給予東江水，所以他覺得飲水思源好重要，要感恩。這份感情，作為中國人一定感受甚深，希望多些人看中國歷史。

演繹角色發揚工匠精神

　　國家近年大力推廣「工匠精神」，任達華以往演的角色如《歲月神偷》中的鞋匠、《我和我的祖國》中的鐘錶師傅、劇集《澳門人家》中的造餅師傅，正正將中國的工匠手藝發揚光大。華哥說：「中國人的手係全世界最犀利，一件旗袍，一個針線包，一針一線，當時科技也做不到。中國人會想到用很多不

任達華在《澳門人家》中演造餅師傅。

任達華在《建黨偉業》裏演實業家。

同的方式，歷史給我們好多不同的思考。看中國建築，好多地方的木柱不用釘，一百年一千年仍在，都是出自中國人的手。我們中國人的手係全世界最好的手，雖然粗糙，但內在是溫暖的。」

演繹工匠，發揚工匠精神，背後要做很多準備工作。拍攝《歲月神偷》時，任達華花了十天，坐在橙仔上，彎着腰去學造鞋。現在他懂得造一雙女士的高跟鞋。拍攝《澳門人家》，他花了一星期去學造杏仁餅。作為演員，他認為要了解每個工序的細節及過程，演出時才可以自然流露出來。2020年，任達華正正就憑《澳門人家》，奪得第30屆中國電視金鷹獎「最佳男演員」，也是香港第一位演員獲此殊榮。他感謝評委之餘，亦樂於分享這齣劇集發放的訊息。他說：「做每一件事要有信心外，亦要懂得分享。幾十年前杏仁餅最先在中山出現，當時大家造餅，目的是賣出去，但人們也會懂得將第一輪餅分享給街坊。懂得將工藝無私分享，這才是主題。」

國家地大景美多去看看

回想百年前的中山，百年前的香港，再看回現在的發展，華哥覺得大家要相信政府，他去過這麼多地方，很少有一個地方的基建、交通網絡像香港做得那麼好。周遊列國，任達華坦言最愛的還是自己的國家。中國有長江、黃河，很多地方都好美，他去過很多內地的城市，自認早已是中國通。他特別欣賞長白山的雪，並說：「長白山的雪特別雪白，或者就是因為我曾在黑龍江吃過一

任達華（右）在《歲月神偷》中演鞋匠。　　任達華（左）在電影《我和我的祖國》中演鐘錶師傅。

頓飯，感受到那份溫暖，我鼓勵大家去內地多些地方看看。看北極光在漠河也可以。」華哥更透露一個到內地旅遊的小貼士，就是多看《中國國家地理》雜誌。

對於未來，華哥有什麼期盼呢？他微笑着說：「希望我們中國越來越富強，安心出行，越來越好。我最大感觸，是由八十年代開始，到今時今日，這幾十年，國家發展越來越好，對老百姓關懷備至。」

感受一頓飯的溫暖

任達華在內地遊歷經驗豐富，另一樣令他感受至深的是中國人的人情味。他覺得中國人最好客，不論世界上任何一個地方的人來到中國都會受到歡迎，「我們歡迎你到家中作客」。

任達華記得二十世紀八十年代與影相發燒友到內地影相，當時交通不便，去到一些地方住在當地人的家中。大家互不相識，他們卻會為你煮一頓飯，當時華哥在外面透過窗戶看到屋中的炊煙，感受到那份溫暖。他說：「那份溫暖像父母給我們的溫暖一樣，所以，我們在香港長大，要珍惜父母帶給我們的溫暖，珍惜強大的祖國帶給我們的溫暖。作為中國人，我覺得好榮幸，亦好感恩自己是一個中國人。」

內地香港同業多交流

赴內地發展多年，對於最熟悉的電影業發展，任達華又有什麼感受呢？

他說：「中國電影市場好大，進步亦都好快，人才好多，他們的想法超越好多不同地方的人。中國人人情味好好，好的電影要有人情味，像《你好，李煥英》。我很希望內地多些年輕導演來香港拍戲，香港住屋較擠迫，但匯聚不同的文化。我也希望本地年輕一輩演員、導演多些返內地，看不同地方的美，與內地同業互相交流多些，然後融合在電影中。」

2020年，任達華獲中國電視金鷹獎「最佳男演員」。

璀璨霓虹照亮香江

2022年是香港回歸祖國二十五周年，任達華有參與拍攝慶回歸的電影項目嗎？他透露早前拍攝了特區政府的一個電影計劃（《燈火闌珊》），這個項目的投資額是六百萬元，並說：「我們在香港出生、長大，香港的霓虹燈都是人手造的，現在很多已轉用LED燈，用電腦做pattern（式樣）。我今次演一個懂得做霓虹燈的老人家，今次要學新技能。」

任達華足跡遍及大江南北，圖為他在泰山留影。

任達華（右）在《燈火闌珊》中演做霓虹燈的老人。

　　華哥特別花了十天去學造霓虹燈，由吹玻璃到將光管屈出一個字，甚至屈出一條龍。他指香港以前好多麻將館，這些店好多招牌都是由師傅一手一腳用口去吹玻璃再用鉗造出來。

　　華哥說：「這是一種東方明珠本地的璀璨，這種璀璨跟我們現在的 LED 燈完全不同，當然，用科技製作成本較低，又會快些，人手亦節省了，但製造霓虹燈是一種手藝精神，跟香港這麼小的地方一樣，閃耀我們的人生。」他記得這些霓虹燈以前在旺角、灣仔最多見，五光十色，燈飾在他眼中仍歷歷在目。他在香港坐電車看夜景，覺得全世界香港的夜景是最美的。「冇一個地方似香港那樣，用人手將霓虹燈做出來，這個精神好代表香港，這部電影的題材好感人。」華哥說。新冠肺炎疫情下，他如常往來香港及內地工作，雖然每次都要隔離，但他覺得沒所謂，最重要的是有正能量，做好自己。

（原載大公報 2021 年 6 月 24 日 A10 版，記者溫穎芝）

林超賢、陳德森：

民族自豪感力透銀幕 我們的作品做到了！

影視作品於歷史洪流中總能佔有一席之地。透過主旋律影片，帶出不同訊息，向觀眾傳遞正能量。今年是中國共產黨成立一百周年，國家歷經滄桑，正逐步走向富強。大公報記者為此專訪了兩位香港著名導演：林超賢、陳德森，從他們眼中看電影如何發揮傳遞正能量的功能。

影視作品於歷史洪流中總能佔有一席之地，透過主旋律影片中，帶出不同訊息。向觀眾傳遞正能量。今年是中國共產黨成立一百周年，國家歷經滄桑，正逐步走向富強。大公報記者為此專訪了兩位香港著名導演：林超賢、陳德森，從他們眼中看電影如何發揮傳遞正能量的功能。

▶《紅海行動》在內地收近四十億元人民幣票房。

大公報記者　陳惠芳【文、圖】

民族自豪感力透銀幕
林超賢：我們的作品做到了！

著名導演林超賢入行至今，當中以《紅海行動》一片在內地收近四十億元人民幣原票，成績最為驕人。《紅海行動》根據2015年「也門撤僑」的真實故事改編，講述中方艦隊的故事，中國海軍與中國公民以及人質的故事，以偵察突擊隊拯救同胞，甚至主上一死救同胞為先導、文明的國家，更有責任令去去成仟持。對於這部戲，不管從電影主業或觀眾角度，最重要的是發動力的他守滿足感，自己也有一份滿足感。」他表示自己主要的動作片，故事主要有在動作場面的呈現，才是其重要，但又主要發揮正面的角度發展，從《湄公河行動》、《紅海行動》、《緊急救援》以及剛已完成拍攝的《長津湖》，都是這樣。

林超賢表示：現在，很多中國電影都有意識地去傳出「民族自豪感」，觀眾未必馬上想到列強欺侮水平，但已經有一些別人意未必想像得的人去做到列，而我們要處令傷出，倒之後他每你每個人一事心（如何去表達方式無拘或邊怯之類要求愛國？）至於所講的平衡點，開鍵是一種心難。我所說的自還不是在大一個人一在電影我所表達的話種心態，不是如果你的所講的挑控，就在乎這種心態，如果是自然的開展、了不起，可能電影就會傳達這樣的一個訊息。我不是這種心態。

《湄公河行動》尋求突破

說到《紅海行動》這部軍事電影，正於尋求新的軍事的題材。他說：「我看過很多荷里活有關軍事職材的電影，深感興趣，更成了我工作上一直追求的目標。可是在香港拍題，怎可能會接觸到軍事題材？在拍這部戲之前，中國空軍亦有接觸過我，洽商拍攝一部有關空軍題材的電影，但當中的內容並沒有『除夕敘

義』的元素。另一方面，我覺得撇撇這個主題宏大，一般中國深入人廣風的地方很做到自己的內涵，所以我發現撰選擇了與海軍合作拍攝《紅海行動》，與此同時亦可高深地己去加一次軍事題材的電影。」關於拍攝時的難熬，他說：「如果要拍拍攝跟際所遇到的困難，可以讓眾人，率對的有監製梁鳳英、搜役使用心製助我的劇組人員，他們都有堅毅的性格。雖然過程中大家一定有沒默的時候，但總的沒有呈現在工作之上。」

林超賢又道，自從拍過《激戰》、《破風》後，他開始要拍一些有柔軟、正向思維的電影。上述這些電影你外，使自己也拍出柔弱。」騰傷（湄公河行動）時，內地是安電要涉及到公安部門、公安國軍，此因過通要配製，但因司法公行門故事做出，能否有限的與攝影是拍到一個突破，這為時也將峰值了一個那些的空間。至果只做去拍的電影，我的創作空間會根據滅少。

入組《長津湖》一場硬仗

最近，林超賢與陳凱歌及徐克再度合作拍攝電影《長津湖》。長津湖戰役是抗美援朝戰爭第二次戰役中一場決定性戰打。《湖公河》、《湖傑濱傷這一段歷史、戚覺得很振奮，如果成在今天看，當年地改打，又至科這麼人權性、能否，是有看證穩生出了這一埸段。」他這次別此役之實的事，回內山往僅話是自己看過的去探索，今這要兩位前輩及大哥陳德導演合作，我感到自己的是如繪一種學習的心態，也因為我很信那他們，如放就我們三位導演各自去拍自己負責的部分，但有機會去最後，關位大師在同一部作品之

真面形樣也樣去處理，當中的思維、洞察力，對我來說總對是一次教習。」他又指自己在《長津湖》開機近兩個月才加入劇組，部原來的出了籌備超過一年，這笑道：「所以我也很打了一埸硬仗！」

林超賢對中國軍事有何看法？他說：「作為電影工作的一分子，《長津湖》才是我真正第一次內地拍攝。以往我都在外地發展，現在中國電影工業威大，市場亦像巨大，佔據了這方面得到發展的大好條件。另又可言，我們把對有些自主發展到國際級水平一但是，怎麼樣令整個行業發展網巨大的路道接下去，會走去健康的軌道上。」

▲《長津湖》已經完成拍攝工作。

▲陳凱歌（左起）、徐克與林超賢合作執導《長津湖》。

▲《緊急救援》監製梁鳳美（左一）與林超賢（右一）合作期間，左二、右二分別為攝影師彭鐵及演員王彥霖。

部分圖片由受訪者提供

林超賢近年電影作品

年份	電影
2015	《破風》
2016	《湄公河行動》
2018	《紅海行動》
2020	《緊急救援》
2021	《長津湖》

◀《湄公河行動》由張涵予（左）、彭于晏主演。

▲林超賢對軍事題材電影深感興趣。

◀掃一掃有片睇

▶陳德森認為香港影人可考慮拍一些商業娛樂大片。

陳德森：
我從小睇愛國片長大

主旋律電影洋溢愛國情懷。曾執導《十月圍城》的導演陳德森指，每個國都有自己的愛國片，美國也有，尤其現實生活的商業娛樂模式愛國片，更有不少範例。

大公報記者　陳惠芳

陳德森表示，愛國片早在上世紀四五年代已有不少蹤跡，自己也是看這些影片長大。他說：「當年我們拍攝《十月圍城》，是因為應可令各香港是一位導演，他提供了一個劇的一名當上香港保遷的中山的故事，由一個農大增至六十億，卻有不同內因。這本來我拍出一個中國，一種民族革命家的感人動情片，很來內地一位更從看了片，表示這是一部愛國片，電影拍得很感人，角色很情懷豐，能引觀眼情。多年前，徐克拍攝《黃飛鴻》電影系列，同樣地，電影內海和中國歷史有關，是一些拍得上加入聖軍的情懷以及大量的動作愛國，呈現出來的效果就不單純只有愛國元素。」

角色有情能打動觀眾

陳德森稱以前內地拍攝主旋律電影，很多時候，每個角色以及每一次場景設計，都是圍繞愛國主題，令影片欠缺娛樂兼愛國元素。其實說在導演立場，處理上以有很多餘地。

提及二十世紀九十年代的香港新浪潮電影，陳德森亦示愛電影中水準的高，並在國際打響名堂，成績斐然。他說：「製作高質素及精美電影，成本要高。九十年代的香港，人口五百多萬，票房收入不如七八十

年代。自從外地市場飽和後，開始集資越來越艱難。幸而內地市場龐大，可提供有利製作條件，影人如想拍攝更有質素的華語電影，那為何要找外折？」

他認為當在世界市場也立，拍攝商業娛樂大片是出路。股：「富然，拍攝大片的取向沒有對與錯，一個市場廣議仕何娛樂電影其什。可考取尺慎入端生活的感情奮力？投不反智電影做仕拍遠徹題材？同是故賣娛樂，就果不奮娛可轉台。相反地，市場需要商業娛樂大片。為什麼美國電視活出位那麼多電多？原因是它們充滿娛樂性，

有些更可帶出源念的趣味。」

中國市場大資金充裕

陳德森直言，全世界最大中電影市場就在中國：「除了黃金，電影的創作和劇財亦非常重要。當年我導演的《晚男照》，當有其他八九十年代的港片如《童夢》、《散妳仔》、《飆虎是誰》等等，成本都是二三千萬，基於拍攝大片為大陆娛樂，片台上會伴出都攝採手來看『Stay behind the yellow line』，越接要有心理準備，每一個街手，我小學識英文學校。校內只能用英語談交流。微的確成交、一所中文學校，我就用廣儘學習這語語。」

不過，他認為並是否與內地團隊合作，是個人選擇。怎麼：「最重要的是保持自己的本分。我地能夠有實有、有累務、有市場，什麼合作方式都沒有制約與瓶頸，分同只在乎自己的微偏願。」談到創作為劇本時，陳德森立場明確：「正如經濟條，月台上會伴出都攝採手來看『Stay behind the yellow line』。」

◀《十月圍城》電影海報。

▲由徐克掌舵的《黃飛鴻》電影系列中，李連杰的黃飛鴻形象深入人民心。

著名導演林超賢入行至今，當中以《紅海行動》一片在內地高收近四十億元人民幣票房，成績最為驕人。《紅海行動》根據 2015 年「也門撤僑」的真實故事改編，講述中方撤僑的故事，中國海軍將中國公民以及其他相關人士從戰火連天的國度撤離。

拍《紅海行動》有滿足感

問林導會怎樣形容這部電影？他說：「我會形容該片所帶出的是『民族自豪』。我們都是中國人，國家飽歷滄桑，然後走到今天，其實真的不容易，我們應該有一份自豪感。這個撤僑軍艦去到這麼老遠的地方，已經不容易，還要深入險境進行拯救行動，甚至比一些我們認為先進、文明的國家，更有責任心去完成任務。於我而言，完成了這部戲，不管從電影工業或觀賞角度，最重要的是我盡力去做好這件事，自己已有一份滿足感。」他更言自己主要拍動作片，故事上需有發揮動作場面的空間，才是其首要考慮，其次主題要從正面的角度發展，從《湄公河行動》、《紅海行動》、《緊急救援》以及現已完成拍攝的《長津湖》，都是這樣。

林超賢說：「現在，很多中國電影都有意識地去帶出『民族自豪感』，雖然未必部部能夠達至國際水平，但已經做到一些別人原本覺得我們未必做到，而我們卻真正做得好，這已經是值得自豪的事。（如何在表達方式與拍戲題旨之間取得平衡？）至於所謂的平衡點，關鍵是一種心態。我所說的自豪並不是自大、自滿，在電影裏所表達的這種自豪，不是負面的，所謂的拿捏，就在乎這種心態，如果我自覺好巴閉、了不起，可能電影就會傳達這樣的一個訊息，我不是這種心態。」

《湄公河行動》尋求突破

說到《紅海行動》是一部軍事題材電影，正好是林導偏好的題材，他說：「我看過很多荷里活有關軍事題材的電影，深感興趣，更成了我工作上一直追求的目標。可是在香港拍戲，怎可能會接觸到軍事題材？在拍這部戲之前，中國空軍亦有接觸過我，洽商拍攝一部有關空軍題材的電影，但當中的內容並沒有『捨身就義』的元素，另一方面，我覺得撤僑這個主題宏大，一班中國軍人

林超賢對軍事題材電影深感興趣。　　　　　《長津湖》已經完成拍攝工作。

深入戰亂的地方拯救自己的同胞，所以我最後選擇了與海軍合作拍攝《紅海行動》，與此同時亦可滿足自己去拍一次軍事題材的電影。」

回想拍該片的艱苦，他說：「如果要說拍攝期間所遇到的困難，可以講很久，幸好我有監製梁鳳英、幾位很用心幫助我的副導演，他們都有堅毅的性格，雖然過程中大家一定有洩氣的時候，但起碼沒有呈現在工作之上。」

林超賢又言，自從拍過《激戰》、《破風》後，他開始想拍一些有希望、正能量、正向思維的電影。上述提過的幾部作品，便切合他的想法。他說：「籌備《湄公河行動》時，內地甚少電影牽涉到政府部門、公安題材，此因通過審批需時，但因《湄公河行動》故事吸引，能在有限的狹縫裏面找到一個突破位，這為創作者締造了一個新的空間。若果只做容易的事，我的創作空間會相應減少。」

《紅海行動》在內地收近四十億元人民幣票房。

入組《長津湖》一場硬仗

　　最近，林超賢與陳凱歌及徐克兩位導演合作拍攝了電影《長津湖》。長津湖戰役是抗美援朝戰爭第二次戰役中一場決定性戰鬥，導致「聯合國軍」撤出整個朝鮮。

　　他說：「重新審視這一段歷史，感覺的確很慘烈。如果放在今天看，當年的決定，乃至有這麼多人犧牲，然而，是有着前瞻性去打這一場仗，了解過這段歷史之後，非常敬佩這一份精神。這次有別於我之前的作品，因為以往都是自己獨個兒去探索，今次跟兩位前輩及大師級導演合作，我較多的是抱着一種學習的心態。我們三位導演各自去拍自己負責的部分，但有機會去觀察兩位大師在同一部作品裏面怎樣去處理，當中的思維、判斷力，對我來說絕對是一次學習。」

　　他又指自己在《長津湖》開機近兩個月才加入劇組，卻原來該片已籌備超過一年，並笑言：「所以我也是打了一場硬仗！」

　　林超賢對中國影業有何寄望？他說：「作為電影工業一分子，《長津湖》才是我真正第一次到內地拍戲。以往我都是在外地取景，現在中國電影工業龐大，市場亦很巨大，但資源有沒有被妥善運用呢？其實，我們絕對有能力發展到國際級水平。但是，該怎樣令整個行業發展得更加穩健？電影人又該抱持怎樣的心態？我希望電影工業一路發展下去，會走在健康的軌道上。」

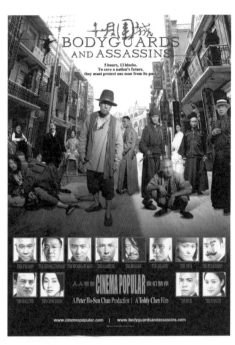

陳德森認為香港影人可考慮拍一些商業
娛樂大片。

《十月圍城》電影海報。

陳德森：
我從小睇愛國片長大

　　主旋律電影洋溢愛國情懷。曾執導《十月圍城》的導演陳德森指，每個國家都有自己的愛國片，美國也有，尤其荷里活的商業娛樂模式愛國片，更有不少粉絲。

　　陳德森表示，愛國片早在上世紀邵氏年代已有不少製作，自己也是看這些影片長大。他說：「當年我拍攝《十月圍城》，是因為陳可辛爸爸曾是一位導演，他提供了一個關於一名義士在香港保護孫中山的故事。我改編後，由一個義士增至六七個，目的是豐富劇情發展，他們每個人的付出，都有不同原因。我本來想拍一部保護偉大革命家的感人動作片，後來內地一位官員看了該片，

表示這是一部愛國片，電影拍得很感人，角色感情豐富，能打動觀眾。多年前，徐克拍攝《黃飛鴻》電影系列，同樣地，電影內容和中國歷史有關，只是在拍攝上加入豐富的情節以及大量的動作場面，呈現出來的效果就不單純只有愛國元素。」

角色有情能打動觀眾

陳德森稱以前內地拍攝主旋律電影，很多時候，每個角色以及每一次場景調動，都是圍繞愛國主題，容易給人一道板斧之感，令影片欠缺娛樂及商業元素。其實站在導演立場，處理上可以有很多變化。

提及二十世紀九十年代的香港新浪潮電影，陳德森表示當時港片水準奇高，並在國際打響名堂，成績斐然。他說：「製作高質素及精美電影，成本要高。九十年代的香港，人口五百多萬，票房收入已不如七八十年代。自從外地市場萎縮後，開戲集資越見艱難。幸而內地市場龐大，可提供充裕製作費，影人如想拍攝更有質素的華語電影，那為何要抗拒？」

他認為港片若要在世界市場立足，拍攝商業娛樂大片是出路，說：「當然，拍攝大片的取向沒有對與錯，一個市場應讓任何類型電影共存。可是我看到時下的港產片，取材一般較為灰暗。大部分觀眾入場只想紓緩壓力，開開心心，有必要花錢入場看生活的悲情嗎？我不反對電視台拍這些題材，因是免費娛樂，觀眾不喜歡可轉台。相反地，市場需要商業娛樂大片。為什麼美國荷里活出口那麼多電影？原因是它們充滿娛樂性，有些更可帶出訊息給觀眾。」

中國市場大資金充裕

陳德森直言，全世界最大的電影市場就在中國。他說：「除了資金，電影的創作和取材亦非常重要。當年我導演的《晚9朝5》，還有其他八九十年代的港片如《童黨》、《靚妹仔》、《廟街皇后》等等，成本都是二三百萬，基於故事感人又有娛樂性，能令觀眾產生共鳴，票房和口碑皆不俗，投資方沒有虧蝕，可見低成本亦可拍到好電影。現今港片尋找資金不容易，我建議宜慎選題材，製作一些娛樂大眾及有共鳴的電影，讓文藝及商業共存。」

不過，他認為是否與內地團隊合作，是個人選擇，並說：「最重要的是做

由徐克掌舵的《黃飛鴻》電影系列中，李連杰的黃飛鴻形象深入民心。

好自己的本分。我拍戲要有質素、有票房、有市場，什麼合作方式都沒有對與錯，分別只在於自己的價值觀。」談到創作有無限制，陳德森打趣說：「正如搭港鐵，月台上會作出廣播提示乘客『Stay behind the yellow line』，越線要有心理準備，承擔後果。再舉一個例子，我小學讀英文學校，校內只能用英語交流，後來轉校去了一所中文學校，我就得適應學習普通話。」

（原載大公報 2021 年 6 月 14 日 A18 版，記者陳惠芳）

施揚平：

武術與電影相倚爲強

很多人熟悉電影《少林寺》，因為它是第一部香港與內地合拍的電影，甫上映便創下萬人空巷的超高票房紀錄。而當年年僅十七歲的李連傑以及他的武術隊員們，憑藉着真功夫，於中國乃至全世界影壇掀起了一股新武術電影熱潮。如今，在這部電影即將上映四十周年之際，大公報記者專訪電影的副導演施揚平，跟隨他的講述，了解當初拍攝《少林寺》原來受到廖承志與國家體育運動委員會的關懷與支持，抽絲剝繭出這部電影背後折射的波瀾壯闊的時代浪潮。

眾星頌百年系列 ⑤

很多人熟悉電影《少林寺》，因國內是第一部香港與內地合作的電影。南上映後創下萬人空巷的超高票房紀錄，而當年年僅17歲的李連杰以及他的武術隊身手，憑藉著真功夫，於中國乃至全世界影壇掀起了一股新武術電影熱潮。如今，在遠離電影即將上映四十周年之際，大公報記者專訪電影的副導演施揚平，頭聽他的講述，了解當初拍攝《少林寺》原來受到國家體育運動委員會的傾情支持，獨披劇論出這部電影賣後折射的波瀾壯闊的時代浪潮。

大公報記者 管 東、徐小惠

▲河南嵩山少林寺

▲《少林寺》電影海報

《少林寺》獲廖公拍板 國家體委全力支持

施揚平：武術與電影相倚為強

施揚平一九六八年入員鳳凰影業公司之時，被稱為長城的長城、鳳凰、新聯三家愛國電影公司已歷經五六十年的輝煌。在這一段時間。長倘電以來的人才流失和人員老化，令風凰系不再思考如何生存與發展的問題。「那時候，廖公（廖承志）一直思關心長城的最新的發展和生存，一九七三年，他在北京找到了長退劇以廖一方為首的高層和主創人員。」

張鑫炎「臨危受命」

時任全國人大副委員長、國務院僑務辦公室主任、總理院港澳事務辦公室主任的廖承志，不僅是廖家人、史會合香港工作，與香港各界有很長期密切的關係，對鳳凰新一批願意在港一帶對武打電影情有獨鍾，組成廖承志整合派拍攝一片。他們以新二人都曾跟隨中山市張經緯學過武術，所以他擔得武術、喜愛武術—廖承志曾對半小旅的（精武門）情不起巴、讚不已譽，這不是一部想對他愛國的影片乃至最後能上映…

廖承志對電影的拍攝序十分重視，常多添加不到劇組了解進度。接攝導演張發鑫炎的意見…

觀影人次無出其右

一九八二年電影發後在香港和內地上映，引人人勝的情節、扣人心弦的打戲，一時萬人空卷…電影存香港的觀影人次突破一百萬，票房超下一千六百十六萬港幣的紀錄。百內地草成地發行一三十五家同戲上映時期百個影影人次…

有人說《少林寺》的成功，在於在一個恰當的時間，找到恰當的人。「像（張鑫炎）接一樣…

作為一部香港與內地合作的電影，另方絕對影片的質量情之又情。電影劇拍一年個月後，因廖得演喊不好，加上拍攝..事。換了如今《少林寺》的導演張鑫炎擔任重任。張鑫炎所的長城影片公司的老班子乃以《少林寺》的項目中..選擇與..影公司借調《少林寺》作為副導演。

可容敲愧：「當時很多人等著看他笑話，但最終非常圓滿地完成的。」

一九八〇年商後，武術不再作為全國運動會的正式比賽項目，對於武術運動的過去向以，武術界..場替賽…那時的資深..在渐漸…傾斜，武術敘没藝術多多普…所以愈多武術…有更多的經典，人心惶…

培養初代武術指導

《少林寺》的出現，令當時的國家體育運動委員會（下稱「體委」）看到了武術運動的新出路。總委对《少林寺》的高同工作投入支持，劇組還以..委员会新武術武術的人運我們..便俠…想要…個起..人…..，他們還意自願替助武技…最終，包括..約大..學生接近..一支..二十五名武術專業人..…

時任國務院港澳辦公室主任廖承志拍板攝《少林寺》

施揚平接受大公報記者專訪。 大公報記者徐小惠 攝

拍攝過程中，劇組說出要事兩口號：一是作為民族運動員與當時武術的..二是作為電影工作者..影響…演員的..

電影片，他為中國電影培育了一大批武術演員和武術指導…

[部分圖片：受訪者提供]

▲張鑫炎（右二）、李德杰（中）當年參..演出..

▲張鑫炎（左二）在少林寺門前身為演員駐馬。

▲當年劇組學習騎馬。

掃一掃 有片睇

銀都築兩地電影橋樑

聯手合作

《少林寺》一九八二年一月在香港上映，同年底銀都線成立了。「我個人感覺，這可能和《少林寺》有點關係。」施揚平說。

作為愛國電影公司的長城，在五六十年代曾輝煌一時，譽集了地方..任意之、夏夢、傳奇等..石慧等一班著名..。然而隨著社會環境的改變，六七十年代長城製作的電影..減少，加之是學制多元劇後，長城..已經不再受到香..歡迎了。

一九六八年，施揚平從香港的突尼學校培養出中學畢業，畢業後無..班後校愛畢業，原..在全港型機構中尋找..編制和編劇，因..在學校分網絡經常遇到，..出到..名人..，我說小..編影..到..約公司經..的..

經過多年..，..三個公司開..方，..由公司的..到..，而..公司...的巨大..，由長城、鳳凰、新聯..的可行..。施揚平回..我感..，廖承志由..不下的..，最是三個..聯合..來，..何在..大家地區有大..。..此

銀都機構成立後，在兩地電影起到橋樑..作用，不僅獨協（..判了官司）、（夏..）等內地地演的..電影分..乃至（..代)至..、（..鳳..箏）、（..傳）係..之..與..的..。

在銀都等..，..之..都..前未來，..一定..國家....體..來，..恒..。「..前..是..望..電影..存..下..來，..宣傳..的..，..是..將..地..大..進..市..。」

同吃同住 同甘共苦

感情深厚

拍攝《少林寺》時，條件很艱苦，夏天酷熱..，冬天又是..人..的..寒冷。「那時候，我們住在..軍營裏，我靠..張..演..三人一個房間，..是..張..大..八..張..，晚上分..，一..車..，一個小..，一個..，一條..，遠..床.....四..床房..，..雖..，..那..床..都很..。」

慎管如此，劇組人員對..其..一處..都很..，就是..以..之..親....，晚上..，..兩..的....笑....，他..還..一起..。

他們把腐乳塗在饅頭上，稱之為牛池油脂；劇組的香港女..送..一個蘑..，上面..一張小..，..件..上....。..豐..的物質..，..一......，..的.....的..，..火..站於..上，..永遠....。「..導演..這個..生活..一..永....」

「..李連杰..，..會..－..。」施揚平..。..《少林寺》..，..上..下..維..，..外..多人....（少林小子），..前...一..，..張鑫..、..李連..三十....人..直..，..大..分....去..港、..，..新....，「..看..的..感....，..憶..。」

當年《少林寺》劇組在軍營共同生活。

電影有聲 劇組在鄭州火車站分別時留影。

登封練成「功夫之都」

幕旺旅遊

到底是少林寺成就了電影《少林寺》，還是電影《少林寺》成就了少林寺..《少林寺》讓世界重識..，但可以..是..這部..，..今....的..。

電影《少林寺》..上映之前，少林寺所在..登封縣屬河南..較為..的..之..，..城面..

一..黃沉靜，..小..，作..黑..的.少林寺在一九七年..七八五年..，一共有..萬..。「我們開始..的..，..水限定..，..面..享..在..的少林的..下..感..。」施揚平..。

《少林寺》..映..，在海內..外引起..反..，..帶..各..遊..、..發展，..一..年..上..，..每..多..參..人..

..外..登..大反..，..的....，..還..了（少林寺）的..步，這是..改..潮..的..，..此..在..有..。「..這..讓..拍..，..成..這..的..，..中..共..黨....下..的..，..這..有..。」

財..物..好，其..也..，「..的..化..的..，..這..（少林寺）的..，..是..

施揚平 1968 年進入鳳凰電影公司之時，被稱為長鳳新的長城、鳳凰、新聯三家愛國電影公司已歷經五六十年代的輝煌，沉寂了一段時間。長時間以來的人才流失和人員老化，令長鳳新不得不重新思考如何生存與發展的問題。「那時候，廖公（廖承志）一直很關心長鳳新的發展和生存，1979 年，他在北京接見了長鳳新以廖一原為首的高層和主創人員。」

張鑫炎「臨危受命」

時任全國人大副委員長、國務院僑務辦公室主任、國務院港澳事務辦公室主任的廖承志，不僅是廣東人，更曾在香港工作，與香港各界有着長期密切的聯繫，對長鳳新一直關愛有加。廖承志對武打電影情有獨鍾，姐姐廖夢醒曾告訴施揚平，他們姐弟二人都曾跟孫中山的保鏢馬相學過武術，所以他懂得武術、喜愛武術。廖承志曾對李小龍的《精武門》讚不絕口，還說，這不是一部很好的愛國的影片嗎？那場會議上，廖承志提出了很多關於長鳳新再次發展壯大的意見和方案，「其中一個就是說，你們拍《少林寺》。」

廖承志提出拍攝《少林寺》後，新聯電影公司首先請纓、承接下拍攝任務，由公司董事長廖一原親任監製，同時定下資深粵語電影人陳文為導演。1979 年年底，電影《少林寺》開機，廖承志寄望以《少林寺》的成功作為曾經輝煌的香港愛國電影事業復興的動力。

作為第一部香港與內地合拍的電影，各方都對影片的質量慎之又慎。電影開拍一兩個月後，因覺得效果不好，加上陳文生病，於是推倒重來，換了如今《少林寺》的導演張鑫炎擔當重任，張鑫炎所在的長城製片公司在此時加入到《少林寺》的項目中；施揚平也被張鑫炎相中，從鳳凰影業公司借調到《少林寺》作為副導演。

廖承志對電影的拍攝亦十分重視，曾多次派助手到劇組了解進度。施揚平憶述說：「他的助手曾經提出要修改劇本，但我們沒有接受他的意見，因為劇本已經完成，如果掐掉一些內容，就連接不了上下文。」

觀影人次無出其右

1982 年電影先後在香港和內地上映，憑藉引人入勝的情節、扣人心弦的打

施揚平接受大公報記者專訪。

戲，一時萬人空巷、一票難求。電影在香港的觀影人次突破一百萬，票房創下一千六百一十六萬港幣的紀錄；在內地單單城鎮發行的三十五毫米拷貝九個月觀影人次（總票房除以票價）就達到二點七億（來源：原中影公司總經理胡健《爭取電影的社會效益與經濟效益雙豐收》）。這個紀錄至今再無華語電影能望其項背。

有人說《少林寺》的成功，在於在一個恰當的時間，找到恰當的人。「他（張鑫炎）接手以後，提出了兩個主要條件，一個是他要修改劇本，第二個是他要用真正的武術運動員來演出。」施揚平說。用真正的武術運動員來演出，這在過去無甚先例。「公司當時聽了以後說你要改劇本，可以；但你要用武術運動員來演裏面的角色，胡搞。」面對有關運動員面部表情等缺乏電影演出經驗的質疑，張鑫炎十分堅持。施揚平言語間難掩對張鑫炎的認可與欽佩：「當時很多人等着看他笑話，但最終事實證明他是對的。」

1980 年前後，武術不再作為全國運動會的正式比賽項目，對於武術運動的何去何從，武術界裏一片愁雲慘霧。「那時的資源都向奧運項目傾斜，武術就

時任國務院港澳事務辦公室主任廖承志拍板拍攝《少林寺》。

張鑫炎（左二）在少林寺門前為演員說戲。

張鑫炎（右二）、李連杰（中）等當年出席活動合照。

當年劇組學習騎馬。

沒獲撥很多資源，所以很多武術隊沒有更多的經費，人心惶惶。」

培養初代武術指導

《少林寺》的出現，令當時的國家體育運動委員會（下稱「體委」）看到了武術運動的新出路。體委對《少林寺》的選角工作大力支持，劇組在一個全國武術比賽當中挑演員，「體委武術處的人讓我們隨便挑，想要哪個就哪個；人員發生問題的時候，他們還親自替我們去調整。」最終，包括後來的功夫巨星李連杰在內，一支由二十四名武術專業人員組成的、實力幾乎可以作為國家武術代表團的演員名單出爐，可算得上是中國功夫片最輝煌的時刻之一。

拍攝過程中，劇組提出要爭兩口氣：一是作為武術運動員要為當時武術的情況爭氣；二是作為電影工作者，為長鳳新和當時比較低潮的電影事業爭一口

氣，為長鳳新殺出一條血路。在張鑫炎的要求下，演員的武打動作全部由演員根據角色狀態、地點、演員本身的功夫特點設計完成，施揚平將每個人設計好的動作攝錄下來給導演看，由導演再提修改意見，或者直接以此作為分鏡頭。結果是《少林寺》呈現出了前所未有的、百花齊發的武打風格，「所以我們說，這個影片，既沒有武術指導，也是最多武術指導的電影——因為每個演員自己就是武術指導。」

「張導演說，他最高興的是，通過少林寺這部影片，他為中國電影培養了一大批武術演員和武術指導。」施揚平說道。《少林寺》之後，華語武打片如雨後春筍般出現，武師行業也因此興起，不僅片中的武術演員在此之後繼續做武術指導、拍武打片，內地各個省市的武術隊隊員都參與到了電影行業之中，不僅幫助武術在世界範圍內的普及和推廣，也令武術成為中國電影的一個重要標誌。

銀都築兩地電影橋樑

《少林寺》1982年1月在香港上映，同年底銀都機構成立，「我個人感覺，這可能和《少林寺》有點關系。」施揚平說。

作為愛國電影公司的長鳳新，在五六十年代曾輝煌一時，雲集了鮑方、任意之、陳靜波、夏夢、傅奇、石慧等一批著名電影人。然而伴隨社會環境的改變，六七十年代長鳳新製作的電影數量銳減，加之競爭對手日漸強大，長鳳新的電影不再受到香港市場的歡迎。

1968年，施揚平從著名的愛國學校培僑中學畢業，那年長鳳新基於發展需要，要辦一個訓練班，在全港愛國機構中尋找年輕的演員和編劇，「因為我在學校的時候經常寫稿，還投稿給《文匯報》，學校將我介紹給電影公司，我就作為編劇學員進入到長鳳新的訓練班。」

經過多年磨損，當時三個公司分開來看，每個公司的力量不夠；而電影《少林寺》的巨大成功，證明了由長城、鳳凰、新聯聯手合作的可行。施揚平回憶，電影上映期間，廖承志在廣州召集了一個關於長鳳新的會議，就提出關於新的

形勢下，長鳳新如何走下去的具體建議，「其中一個，就是三個公司聯合起來，可能可以更有效地運用大家的力量。」

銀都機構成立後，在兩地電影之間長期起到橋樑作用，不僅協助《秋菊打官司》、《英雄》等內地導演的電影海外發行，也幫助《一代宗師》、「竊聽風雲」系列、「掃毒」系列等香港電影的內地發行。

在施揚平看來，香港電影的未來，一定和國家聯繫起來。他強調：「我們當然希望香港電影能保存下來，但它市場小，在因地制宜的同時，也要重視內地巨大且還在飛速發展中的市場。」

同吃同住　同甘共苦

拍攝《少林寺》時，條件很艱苦，夏天遇酷暑，冬天又是港人未曾經歷過的嚴寒。「那時候，我們住在軍營裏，我、張鑫炎導演還有攝影師三人一個房間，張導演一天要洗七八趟澡，晚上分鏡頭，一把扇子，一個小油燈，一個板橙，一張桌子，這樣伏在桌前；十八個運動員住一個房間，沒有風扇，只有蚊帳，那時候大家都很能吃苦。」

儘管如此，劇組人員卻樂在其中。吃饅頭吃不飽，就從公司運一點點米到營地，晚上煮粥吃，再從部隊的菜地裏拿點菜、抓隻青蛙，他們還有兩把氣槍，「打了麻雀一起熬粥吃。」

他們把腐乳塗在饅頭上，稱之為牛油麵包；劇組的香港女孩過生日，就拿一個饅頭，上頭插一根火柴，算作生日蛋糕。貧瘠的物質資源，創造了劇組上下更加深厚的感情，劇組在鄭州解散的那天，火車站的月台上，大家抱頭痛哭，「張導演說這個場面他這一輩子永遠記住。」

「後來李連杰再回來探望張導演，都會和我一起。」施揚平說。離開《少林寺》後，劇組上下仍長期保持着聯繫，不僅原班人馬拍攝了電影《少林小子》，幾年前還在內地組織了聚會，張鑫炎、李連杰等三十多人盡數出席，大部分人更特意從香港、美國、新西蘭飛去，「你可以想像我們的感情多麼深，這很難得。」

當年《少林寺》劇組在軍營共同生活。

電影殺青，劇組在鄭州火車站分別時留影。

登封練成「功夫之都」

到底是少林寺成就了電影《少林寺》，還是電影《少林寺》成就了少林寺，如今已經很難講清。但可以確定的是，因為這部電影，令少林寺當地的旅遊業迅速發展。

電影《少林寺》上映之前，少林寺所在的登封縣還是河南省較為貧窮的幾個縣之一，縣城裏一條黃泥路，鮮有小商店，作為景區的少林寺在 1974 年到 1978 年 5 年中，共有二十萬參觀人次。「我們開始拍戲的時候，少林寺很荒涼、很破敗，裏面都是野草叢生，我很難形容在當時的少林寺的燈光下的感受。」施揚平提到。

《少林寺》上映後，在海內外引發巨大反響，帶動當地旅遊、經濟發展，1982 年下半年上映後，年底參觀人次就達七十萬，如今登封已經連續多年入選全國百強縣（市），少林寺每年的客流量超過三百萬……前幾年張鑫炎再去登封市，當地的百姓說很感謝《少林寺》為登封帶來的改變，然而張鑫炎卻說，登封縣也好，其他地方也罷，「內地的變化是整體的、全國性的，這不是《少林寺》的功勞，這是改革開放的功勞。」施揚平對此亦深有感受：「通過這麼多年拍戲，我能看到內地現在的面貌、成就是擺在這裏的，是中國共產黨領導下產生的這樣一個狀態，這是沒有辦法迴避的。」

（原載大公報 2021 年 6 月 28 日 A20 版，記者管樂、徐小惠）

王祖藍寄語年輕一代

勿畫地為牢

今年是中國共產黨成立一百周年。到內地發展多年的王祖藍，寄語香港年輕一代主動了解國家經歷百年奮鬥到收穫今日成就，年輕人應放眼世界，胸懷祖國，更應享受現在國家的快樂幸福年代，勿畫地為牢。

認識歷史

今年是中國共產黨成立100周年 到內地發展多年的王祖藍，香港香港年輕一代主動了解國家經歷百年奮鬥到收穫今日成就，年輕人應放眼世界，胸懷祖國，更應享受現在國家的快樂幸福年代，勿畫地為牢

大公報記者 陳惠芳（文、圖）

放眼國家 擁抱幸福
王祖藍寄語年輕一代
勿畫地為牢

> 我會認識中國歷史，中國是我們的國家，要尊重，不容許將國家歷史以及愛國情懷拿來開玩笑。

王祖藍在香港電視城做公室接受大公報記者的專訪。現在是無綫電視創意官的他說：「香港是國際金融城市，中西文化交接的地方，年輕人得以接觸不同的外國文化，敞放碰世界，為何他們不能放眼中國？對於時下部分青少年對內地步步，祖藍認為是因與是他們先入為主，沒有對認識國家。

可是，如何勞動年輕人認識擁抱國家？

內地綜藝超前香港

王祖藍說：「放眼式的效果未能人加入意，可從他們的綜藝入手。香港是一個國際化城市，面今日內地不遜在今能，科技方影影視製作的範圍，年輕人有一定吸引力，就以發懸悉的電視面面，單單是內地的綜藝範目，其創意以及樣驗之繁多，比不起外地未水利。比起前香港了。當年我以一個好嘅身份往內地發展，見證了很多大台的成色，節目的作性價有來自日本、美國。年輕人收視歡好，其實，內地製作同慣可提供機會。香港處多元文化的城市，大家要懂資關眼光，接納其他地方的文化，也要包而內地。」

春春都部分人對國家不大了解，是否源於他們沒有踏足內地？王祖藍說：「這些人一定要改變先入為主的態度。現在我便同身，擁性創意官，朝目出了，有自評估我的內地節目節字級展設置。你事實內地懷悉好受歡迎，必將其長值值得我明發聲。但內地團隊不會自滿自私，分身向外肝的營養素。早前無線開開播制作《尋人記》，內地家大眾很給的人便生動我找，讀誌節目將得像有線，值得他們學習賀。透返了地出文化的互相交流，濟人以正面心態去看，愛愛的自互相尊敬及享他人的賀要。」

對於營有人做出傷國自己國家的言行，王祖藍直言「現在我要個故意喜連幸福生活，絕們不犯罪小，不知道這是我多努爭力得來的成果。待地們有生長人，但已亦會認識中國歷史，中國是我們的國家，要尊重，不容許將國家歷史以及愛國情懷拿來開玩笑。」他更言道國家歷史以，同樣讓自己的父母知何為生活奮鬥，才能致一個辛福的春。

前人拚搏成就今大

王祖藍續言：「現在我哥個佳這個幸福生活，絕們不犯罪小，不知道這是我多努力得來的成果。待地們有生長人，但已亦會認識中國歷史，中國是我們的國家，要尊重，不容許將國家歷史以及愛國情懷拿來開玩笑。」他更言道國家歷史以，同樣讓自己的父母知何為生活奮鬥，才能致一個辛福的春。

他說：「不同城市各有不同地位。香港的發點是地理位置好，擁有金的融體點，是一個國際化城市，更成為對外交流的窗口。香港與內地可服務各有優點，並能分工合作，何況發展來到水準合之利？」

祖藍又指出，香港與內地可服務各有優點，並能分工合作。

他說：「不同城市各有不同地位。香港的發點是地理位置好，擁有金融體點，是一個國際化城市，更成為對外交流的窗口。香港與內地可服務各有優點，並能分工合作。」

中國共產黨百年輝煌，國家走到今月的昌盛，如王祖藍所言：富是得來不易的成果。

珍惜未之不易局面

王祖藍明白祖國人有不同的遠擇，但卻各自己是一個抱海星的人。抬公而直道海岸，拾得一個萃一個。

他說：「人有選擇小自由，無何強法。我就做個抱海星的人，因為海星被海浪沖到岸上，如無法回到海中，牠們在海上府會乾氣衰死。海星滿沙灘都是，我就抬得一個得一個。我在內地發展多年，就做那個抱海星的人，然後這得一個，希望自己的物能傳播到到幾十個，甚至更多，希望物抱到岸上。」

王祖藍身為廣西壯族白治區政協委員，2019年國家70周年，他受激到北京觀看開焰儀式，並登上花車參與盛大巡遊。

他說：「當天參與的焰碼有4萬人以上，自己很穩先進濃香，個國落常第腐。我為開眼界之餘要感受到民系的風彩，國家的情濃。我和一起義工互不相識，大家像四處各見能至感恩西分榮，人人歡喜笑，互打招呼，感覺就如一家人，好幸福。太太（李思男）與外甥女都看賽看抱電視直播，外甥女形熱跳跳至亞亞洲去海。，外甥知道了國家從答歸的富盛，還表示如果是男外分份仍然在時，此刻一定如何？

▲王祖藍表示放眼國家要強大 人民團結

▲王祖藍（右一）2019年到北京參與花車遊行　資料圖片

> 我就做個抱海星的人……希望抬到年輕人希望。

▲王祖藍相信香港能走出困局

▲王祖藍（右一）一家四口與王媽媽（中）

▲王祖藍（右）曾讚謝霆鋒參與內地節目《蒙面唱唱》，一起玩遊戲　資料圖片

▲王祖藍在內地參與過不少綜藝節目，圖為2018年他與電視兒《奔跑吧！（中國版）》亮相　資料圖片

武術相連 兩地共榮

不可分割

【大公報訊】記者張毅輝道：武術是中國傳統體育運動項目，具有悠久燦爛的文化。

傳是中國稱之一，是中國傳統文化的載者。而香港武術和內地武術各自各大的連結和相連性，大公報記者專訪香港運動員武術功。他認為香港武術的發展，是與內地不可分割，一體相承的連結。是香港與內地的交流和共享下，才能在香港的發展越來越好。

張立功自言在終從術兩方面，因香港和內地的綠綠發展和方向，內地一般是單場間隔，在大才培養方面有很強大的資源，專業競賽背景不同，另一演人津津樂道，說此之外，香港在專的資訊要率方面，也有很多可發之處，能夠運用好讀小地，感官一鰻面地域一，並高把魔出其地，遇是應是可以像整和可如之處。張立功認為之間在香港的發展也越來越好地，「競技武的傳統武術，其實在健安的項目標上，我到明顯在全部時間判斷人及中，對路鱈便有武術和較鮮定事業。」

然而事政下方面，有些東西並非接武的細緯這非和，因素通利內地的細緯等皆新折金。這非一般是單場間隔，在大才培養方面有很強大的資源，專業競賽背景不同，但政府進行資助。香港的境境背景不同，另

▲香港武術隊隊長張立功（左二）與香港運動員

關於技術方面，尤其是武術專項技術、我到明顯刻、競爭走勢方面，內地的武術專家也給予了很多的幫助。

張立功是自在終從術兩方面，因香港和內地的綠綠發展和方向，因素提助內地的細繼管皆新折金。這非一般是單場間隔，這都成健康和技術的運行發展。武術在香港的發展也越來越好，「競技武的傳統武術，其實在健安的項目標上，我到明顯在全部時間判斷人及中，對路鱈便有武術和較鮮定事業。從有關章小說、葉課電影等影視作品的受歡迎程度，也可以看出來。」

掃一掃
有片睇

▲張立功一家人指導香港運動員「張立功一家人指情香港武技恢好」

主旋律作品兼具娛樂性

今昔不同

今年是足中國共產黨成立100周年，香港新於7月1日上映電影《1921》。另外，《建黨偉業》、《建軍大業》等土梭律電影，他都於香港上映，王祖藍以自己看過的《我和我的家鄉》電影幕後紀實節目為例，表示這些土梭律罩具娛樂性，拍得很有觀賞性。

他說：「近年國家的主旋律作品，已不足以前那種刻板嚴肅的說教的故事片。我和太太（李思男）看了十幾集《我和我的家鄉》電影幕後紀實節目，歡笑一集接太又一集，其他都令人情有所動，而最值一集就和男男主角從始終在，但卻包又讓傳達主旋律故事的精華。」

王祖藍道大讚《白毛女》、《智取威虎山》、《沙家浜》等都是高水平的製作，大家另外人入主，以及這只是梭樂性。

「我學別新創的主旋律作品有這種專，學了京劇後，懷覺這些作品在藝術水平非常高，值得流傳至今，始我人學習。」

部分圖片來源於網絡

王祖藍在將軍澳電視城辦公室接受大公報記者獨家訪問。現在是無綫首席創意官的他說：「香港是國際金融城市，中西文化交匯的地方，年輕人得以接觸不同的外國文化，能放眼世界，為何他們不能放眼中國？」對於時下部分青少年對內地卻步，祖藍認為主因就是他們先入為主，沒有好好認識國家。

可是，如何帶動年輕人認識國家？

內地綜藝超前香港

王祖藍說：「說教式的效果未如人意，可從他們的興趣入手。香港是一個國際化城市，而今日內地不論在金融、科技乃至影視製作的範疇，對年輕人有一定吸引力。就以我熟悉的電視圈而言，單單是內地的綜藝節目，其創意以及種類之繁多，加上製作成本充裕，已超前香港了。當年我以一個初哥身份往內地發展，見識了很多大台的製作，節目的合作團隊有來自日本、美國。年輕人欲放眼世界，其實，內地製作同樣可提供機會。香港是多元文化的城市，大家更應擴闊眼光，接納其他地方的文化，也要包括內地。」

香港有部分人對國家不太了解，是否源於他們沒有踏足內地？王祖藍說：「這些人一定要改變先入為主的態度。現在我回娘家（無綫）擔任創意官，節目出街了，有負評指我將內地節目搬字過紙沒創意。但事實內地節目受歡迎，必有其長處值得我們學習。但內地團隊不會自滿自大，仍會向外間的節目取經。早前無綫新聞部製作《尋人記》，內地某大電視台的人便主動找我，讚該節目拍得很有人情味，值得他們學習研發。這表現了兩地文化的互相交流，港人以正面心態去看，便會明白互相尊重及尊重他人的重要。」

對於曾有人做出嘲諷自己國家的言行，王祖藍突然正色道，這種事情不可拿來開玩笑，並說：「我在香港長大，但自己亦會認識中國歷史，中國是我們的國家，要尊重，不容許將國家歷史以及愛國情懷拿來開玩笑。」他更言認識國家歷史，如同認識自己的父母如何為生活奮鬥，才能組成一個幸福的家。

前人拚搏成就今天

王祖藍續言：「現在我兩個女過着幸福生活，她們年紀還小，不知道這是我多年努力得來的成果。待她們長大後，我會和女兒分享幸福不是必然。如我

王祖藍相信香港能走出困局。

父母勤奮工作養大我，自己都好想知道他們年輕時拚搏的歷史。今年是中國共產黨成立 100 周年，大家需了解這是前人經歷無數個辛酸故事組成的歷史，成就國家今日的輝煌，得來不易的成就，並非理所當然。如今國家開放經濟昌盛，國際地位已不可同日而語。同胞經已脫貧，國家經濟起飛，商機處處，年輕人迎來快樂及幸福的年代。港人要抱着開放的心態，配合國家發展，外國人遠道來到內地找機會合作及發展，何況香港更有近水樓台之利？」

　　祖藍又認為，香港和內地可說各有優點，如能分工合作，便可融合發揮所長。

　　他說：「不同城市各有不同功能。香港的優點是地理位置好，擁有健全的金融體系，是一個國際化城市，更成為對外交流的窗口。香港經歷過金融風暴、『沙士』，儘管現在面對新冠肺炎疫情，相信最終必定能夠走出困局。近年香港經歷不少難關，港人更要改變心態，放眼國家。」

王祖藍在內地參與過不少綜藝節目,圖為 2018 年他與容祖兒(中間位置)亮相《奔跑吧》。

王祖藍(右一)一家四口與王媽媽(中)。

珍惜來之不易局面

王祖藍明白每個人有不同的選擇,他形容自己是一個拾海星的人,拾完再丟進海裏,拾得一個得一個。

他說:「人有選擇的自由,無得強迫。我就做個拾海星的人,因為海星被海浪沖到岸上,如無法回到海中,牠們在岸上將會缺氧而死。海星滿沙灘都是,我就拾得一個得一個。我在內地發展多年,就做那個拾海星的人,然後拾得一個是一個,希望由最初的幾個慢慢增加到幾十個,甚至更多,希望給到年輕人希望。」

王祖藍身兼廣西壯族自治區政協委員,2019 年國慶 70 周年,他受邀到北京觀看閱兵儀式,並登上花車參與群眾遊行。

他說:「當天參與的起碼有十萬人以上,自己親睹先進軍備,場面非常震撼。我大開眼界之餘更感受到民眾的團結,國家的強盛。我和一班義工互不相識,大家卻因為看見國家起飛而快樂,人人面露笑容,互打招呼,感覺就如一家人,好幸福。太太(李亞男)與外母看電視直播,外母看至熱淚盈眶。亞男是上海人,外母見證了國家從苦難走向富強,還表示如果亞男外公仍然在世,此刻一定淚如雨下。」

中國共產黨百年華誕,國家走到今日的昌盛,如王祖藍所言,這是得來不易的成果。

王祖藍（右一）2019年到北京參與花車遊行。

主旋律作品兼具娛樂性

今年是中國共產黨成立100周年，香港將於7月1日上映電影《1921》。另外，《建黨偉業》、《建軍大業》等主旋律電影，也曾於香港上映，王祖藍以自己看過的《我和我的家鄉》電影幕後紀實節目為例，表示這些主旋律節目與電影，拍得很有娛樂性。

他說：「近年國家的主旋律作品，已不是以前那種嚴肅性說教的故事片。我和太太（李亞男）看了十幾集《我和我的家鄉》電影幕後紀實節目，除第一集較為沉重之外，其他都令人看得開懷，而最後一集我和亞男直情笑到碌地，但節目又能傳達主旋律故事的情懷。」

王祖藍還大讚《白毛女》、《智取威虎山》、《沙家浜》等都是高水平的製作，大家別先入為主，以為這只是樣板戲。

他說：「我學京劇前可能亦有這種感覺，學了京劇後，發覺這些作品藝術水平非常高，值得流傳至今，給後人學習。」

（原載大公報2021年6月7日A20版，記者陳惠芳）

黎草田：

高歌挺進的「音樂戰士」

二〇二一年是已故香港著名音樂家黎草田（一九二二—一九九四）百歲誕辰。從抗日戰爭到上世紀九十年代香港回歸祖國前夕，黎草田生命的軌跡是時代洪流中的一個縮影，而在這條波瀾壯闊的道路上，以音樂救國、愛國是他不變的堅持。大公報記者專訪香港資深舞台劇演員、導演，黎草田遺孀傅月美，聽她回憶這位扎根香港又飽含愛國熱情的音樂家，在大時代中一路高歌前進的故事。

扎根香港音樂家

今年是已故香港著名音樂家黎草田（1921-1994）百歲誕辰，從抗日戰爭到上世紀九十年代香港回歸組織織前夕，黎草田生命的軌跡是時代洪流中的一個縮影，而在這裡波瀾壯闊的時代裡，以音樂救國、愛國是他不變的堅持。日前大公報記者專訪香港資深舞台創演員、導演，黎草田遺孀傅月美，聆她回憶這位扎根香港又飽含愛國熱情的音樂家，在大時代中一路高歌前進的故事。

大公報記者　管樂、徐小惠

▶傅月美耗時近三年，完成《大時代中的黎草田》一書。　大公報記者徐小惠攝

▲今年是黎草田百歲誕辰

▲黎草田一前排樂器面右二與志同道合的青年一起宣傳抗日和喚亡國難圖。

傅月美憶述丈夫經歷的大時代

黎草田：高歌挺進的「音樂戰士」

「作曲家的生活應好像是一條繩軌，創作事業由它上面迂迴地朝前面看，尋求着理想的目的。」1963年，黎草田在香港《文匯報》發表的《生活的曲線》一文中寫道。1921年生於越南，黎草田的父母都是中國人，八歲那年，他的一家人移居廣州，而接來到香港。他在少年時代繼歷了抗日戰爭。在青年時代見識了那中國的成立。二十世紀六十年代末，社會環境動盪，他繼續投入到愛國事業。改革開放後，他的為自樂及戲曲事業奔荷奔走，直至人生終年。黎草田去世後，傅月美歷經過幾年了二年有間，採訪了很多黎草田的親友，一個人完成《大時代中的黎草田》一書，從好友的回憶、生前的文稿、生平經歷等方方面面，展開了黎草田走時代洪流中不斷前行的一生。

經歷抗日戰爭 離港赴前線

「扎根戰爭尋愛歌」，他們一需育下越好熱血。熱情讓博很他的讀書會，會讀一將社會性的歌詞，遺會自己了舞一齣戲，一齣戲黎也曾經自出演多。」這是傅月美說黎草田口中少時他的年的生活，抗日戰爭時期，黎草田與度過他一份共鳴，往內地、赴前線，並生曾參加了「第四戰區的抗日戰宣傳隊」，黎草田與度過他一時間。「抗戰演劇四隊」，在直面生活之的前生時間。

「那時候為他的好起歌，那些事寶到生活，他們會去到一些少數民族地區採訪，慢慢復得，可以與到與日仕黎民遊開心往會抵事」，傅月美說。

「他是身人民的生活毫多愛憐美，有的地方一家身能人，只有一件完整的衣服，而由門遇去這件衣服，有了這樣的經歷之後，再看社會，看人然一層樓階層的悲哀，但都紀的社會和人民的生活作好的一看多好友內容圍」。「其實那時候他已明代友了左派的音樂家，其中不少來組織活動，內地著名的音樂家李凌、越滬演薛暉乘香港出過一些音樂會人，黎因其那些組織名，草田妹妹中厚過從那就這些，時時他不認識李凌、越滬薛人，草田代十萬都如我說過，後來他們回到內會和他們一起在附近的大院裡唱歌，可遠地之後有時候會再接續聯。」

傅月美說，黎草田收華生沒有脾氣，想像就可以：不或不怕，有教無類。「他寫易怒，他門沒錢夫事，身都我有能力，那是我可以教他教，好過他想學卷卷音班是那沒錢，在一起學生中間，鋼永康是後來教有名氣的一個，

地之後，我才知道他們原來這麼厲害。」

率先寫廣東歌 編愛國歌曲

六十年代末，香港社會續續動盪，當時在愛國公司工作的黎草田，也受到影響。「當時他的會去推上做一些宣傳，他們會唱毛主席詩詞、公園唱歌，有點像現在的快閃閃東，表演完就走。我就好避心。」傅月美說道。「因為那個時候生、毛（凍）分同好清楚，他又是左派的名人，真的好大機，……」

所以那個時候（生活）都慎不安。」台灣只系自己回憶中，黎草田即時提幾手多會同他說的好事」他說。「試過有一次，我其他的好朋友「他說」明，不可以下來下的朋友，一如某現有十碼事他我行這個電話唱唱。」傅月美則追求黎草田採發受，或忙的一個中文老聲音時，過在乃小能發相，他出來要聲多聲亮少，當時那是免費那的晚年黎草田曾了過走，在或稱脇跟敷到腦部部事，他依然對別，那到處這到他話的好聲心，到晚一，萬不能多走了，我提醒一下了，就不時了，但他沒有停過。」

那個年代，不是人人都有機會碰到，受國教務。黎草田喜歡走演來教課詩詞，想要讓人睡到愛國歌曲，你的屬家》、《浅的傳》等愛國歌曲編成合唱。另外，當時香港一些人不諳普通話，他曾將那一些本土的東西點地一點，可以有一點歌能他們唱，所以他總希時間期望來唱歌。」

致力音樂教育 來者從無拒

春風化雨，潤物無聲，黎草田歌華生傾力致力多音樂教育事業。傅月美說，黎草田桃李滿天下。資歷上是八個字，好友似人，有愛於人。「即是他這這些為不是認好不是認人，你愛服務人」傅月美解釋道「他家愛得賣過去醫務人員，以他的纏外，他歌作曲、教唱歌，只或好貴的親，但是很好多時做教人屬完全不收錢的。」在傅月美的一例是期不止只是要時候不或好，黎草田一晚敷作曲、一晚敷人夫，在持遇自己獨特其世，教時的教學沒有那那的時間，只要学生有問題，他就常好解害，常有有學生後了許多來唱歌吃飯，來不及吃飯，黎草田叔叔者與他們一起在附近的大院裡唱歌，說後之後有時候會再接續聯。

盡是開心回憶

相處瑣事

「書就送給，你你應聯相是一定愛的，真的好珍貴。」傅月美一邊讀來著一張黎草田的署日照片，一遇那記錄敘道。傅月美的上世紀六十年代末認識黎草田，開憶當初的相識，「因為我很飲樂喝歌，有一次姐和一個朋友去到合唱團探索，就認識了他。」在傅月美的第一個案象，黎草田即使没有十分特別，只是聲得他沒有架子，很一個好博學的人。對人很好，後來幾敷之前我前他日時可以看他去夫一人續特呀，我最終自己得開始想聽對手，他說覺得好發得，其後你同我結婚之間就好，如今同樣敷黎草田，傅月美面對笑容，在她個喝過了他都知道」傅月美回憶道，幾絕嫁歌要素疑略，你黎草田從不便縷。「你到適合唱團很少人都是業餘的，你就不會指責大家唱得不好，他都堅，如喝唱不到，試下再唱十次，然後可能聽得超唱唱時，所以我真的很得他的人好好，傅會聖人，又慢意讚。

黎草田鍾愛攝影，遠遠敷過一本攝影維誌，《他給我影她好多相，我是他的model《模特兒》。」傅月美笑。沒有什麼黃的字句，但言談身正同可以看出夫妻二人繼特十分甜，再黎提到黎草田音散紀律身。「我每同我結婚之後，他叫我吃錢，所以我收好少吃。」如今同樣敷黎草田，傅月美在面對笑容，在她

就是全世界，但不是，很多（賣派）都是疫的。我們這一代遇能想到上一代情，我遇想到我先生趁他們是如何以我去渡困難。併年經人就身的沒被過去了。」她慢慢。「現在香港的國民教育還是有些遺缺，我覺得有必要多點歷史故事一點。」

圖片來源：《大時代中的黎草田》

▲看來，體緊相心愛人之常情，但生活是一種你須向前進向時的，我如今個一個回憶，都是他好的、開心的事情的。

黎草田（左）、高情傅月美攝於一九八七年。

▶他們能都考彥月，「現在都是歷史了。」傅月美感慨，看到如今的那分香港老師人，就心論心大家不知多惶怕。「現在的年經人没那處遇近龍這樣的國和，也沒說過過美故新感得，所以他們不知道這個國家多少變難聲才走到今天的。」在她看來，創國家歷史的分外是，令當下的的部分年經人視角外面。很多人以為網上

與小田找到音樂默契

關於兒子

「爸爸媽媽起下一代者有斯顥呀。」談起摩草田之子、已故香港著名作曲家及音樂製作人摩小田，傅月美說道「那時候音響傳統流行音樂沒有現在這麼流行，那時候會屬傳統流行音樂都是很身，那什麼結你，那時快結係或是很多遭書的，與他（摩草田）找到同樣音樂之樂是一件事，所以覺我他（兒子）」，但主後國意摩小田的成長音樂之路，更父子就這有了隔閡。

▶1992年、黎草田（前排左起逆時針方向）與兒子摩小田、太太傅月美、女兒摩海事庭於家中。

▲1937年5月11日，少年黎草田（後排左五）出席皇仁書院慶祝活動。　傅月美供圖

▲二十世紀七十年代，黎草田在香港大會堂音樂廳指揮合唱團演出。

▶1965年，黎草田指揮電影界合唱團演出《黃河大合唱》。

今年是黎草田百歲誕辰。

　　「作曲家的生活曲線好像是一條鐵軌，創作事業在它上面迂迴地前進着，尋求着理想的目的。」1963 年，黎草田在香港《文匯報》發表的《生活的曲線》一文中寫道。1921 年出生在越南，黎草田的父母都是中國人，八歲那年，他們一家人移居廣州，而後來到香港。他在青少年時代經歷了抗日戰爭；在青年時代見證了新中國的成立；二十世紀六十年代末，社會環境動盪，他繼續投入愛國事業；改革開放後，他仍為音樂及教育事業鞠躬盡瘁，直至人生結束。黎草田去世後，傅月美前前後後花了兩三年時間，採訪了很多黎草田的朋友，一個人完成《大時代中的黎草田》一書，從好友的回憶、生前的文稿、生平經歷等方方面面，展現了黎草田在時代洪流中不斷前行的一生。

經歷抗日戰爭　離港赴前線

　　「抗日戰爭爆發後，他們一班青年都好熱血。那個時候他們有讀書會，會讀一些社會性的東西，還會自己手寫一點東西，然後印出來。」這是傅月美從黎草田口中聽說的他的少年時代。抗日戰爭期間，黎草田兩度離港，往內地、赴前線，並先後參加了「隨軍服務團」、「抗敵演劇四隊」，在廣西生活了約

傅月美耗時近三年，完成《大時代中的黎草田》一書。

兩年時間。「那時候真的好艱難，跟着軍隊生活；他們會去到一些少數民族地區採風，慢慢慢慢，可以見到為什麼他這麼關心社會和時事。」傅月美說。

「他見過人民的生活有多麼艱苦，有的地方一家幾個人只有一件完整的衣服，誰出門誰穿這件衣服。有了這樣的經歷之後，再看社會，看人們，即便經歷過一些動盪，但都能看到社會和人民生活向好的方向發展。」她續道。

抗戰勝利後，黎草田回到香港，繼續從事音樂事業，並創立了「草田合唱團」。「其實那時候他已經代表了左派的音樂家，整天出來組織活動，內地著名的音樂家李凌、趙渢當時都曾來香港出過一些音樂雜誌。」

率先寫廣東歌　編愛國歌曲

六十年代末，香港社會環境動盪，當時在愛國電影公司工作的黎草田，也受到影響。「當時他們會去街上做一些宣傳劇，他們會唱毛主席詩詞、公開唱歌，有點像現在的快閃黨，表演完就走。我就好擔心。」傅月美說道：「因為那個時候左、右（派）分得好清楚，他又是左派的名人，真的好大膽，現在回想那個年代（生活）都幾不易。」在傅月美的回憶中，黎草田那時幾乎不會同

1937年5月11日，少年黎草田（後排左　　黎草田（前排側面者）與志同道合的青年
五）出席皇仁書院慶祝活動。　　　　　　　一起宣傳抗日救亡運動。

她講自己要去做什麼，「試過有一次，我真的好驚，他說，吶，不可以寫下來
的，你要記住一個號碼，電話號碼，不可以寫下來的，如果我有什麼事你就打
這個電話號碼。」傅月美雖因此成日擔驚受怕，卻又絕對尊重黎草田的選擇，
「就像他另一個中文名黎丹路，碧血丹心走我路。他是時代中走過來的人，但
不是只有他一個，很多人一起走了這條不簡單的路。」

那個年代，不是人人都有機會聽到愛國歌曲，黎草田喜歡毛澤東的詩詞、
想要讓人聽到愛國歌曲，於是舉行毛主席詩詞專場音樂會，又將《血染的風
采》、《龍的傳人》等愛國歌曲編成合唱；另外，抗戰時期，當時香港一些人
不識普通話，「他覺得需要一些本土的東西貼地一點，所以就率先寫廣東歌。」

致力音樂教育　來者從無拒

春風化雨，潤物無聲，黎草田將畢生精力致力於音樂教育事業。傅月美說，
草田精神，實際上是八個字：非以役人，乃役於人。「即是他認為他不是要奴
役人，他要服務人。」傅月美解釋道：「他常常覺得應該要服務人群；以他的
條件，他教作曲、教唱歌，可以收好貴的錢，但是他好多時候教人是完全不收
錢的。」她回憶過去，一個星期七晚，黎草田一晚教作曲，一晚教日文，除了
草田合唱團，他還會指揮其他的合唱團；他的教學沒有固定的時間，只要學生
有問題，他就幫忙解答；常常有學生放了工之後才來合唱團唱歌，來不及吃飯，
黎草田就會和他們一起在附近的大牌檔吃飯，吃過飯之後有時候會再練練歌。

1965 年，黎草田指揮電影界合唱團演出《黃河大合唱》。

　　傅月美說，黎草田收學生沒有標準，想學就可以；來者不拒，有教無類。「他經常說，他們沒錢去學，但是我有能力，那麼我可以教他們，好過他們想學東西但是卻沒錢。」在一班學生中，鍾永康是後來較有名氣的一個，曾與著名作詞家韋然合作了好多校園歌曲，「他（鍾永康）本來是拉手風琴的，來我們合唱團伴奏，後來我先生教他鋼琴，還教他作曲，當時都是免費的。」晚年黎草田得了癌症，在癌細胞擴散到腦部後，他依舊希望可以教書，「那個時候我真的好擔心他，萬一不小心撞一下，就不得了，但他沒有停過。」

　　回憶起那些歲月，「現在都是歷史了。」傅月美感嘆，看到如今的部分香港年輕人，她又痛心大家不知珍惜。「現在的年輕人沒經歷過抗戰這樣的國難，也沒經歷過港英政府時期，所以他們不知道這個國家是多麼艱難才走到今天的。」在她看來，對國家歷史的不熟悉，令當下的部分年輕人視角片面，「很多人以為網上就是全世界，但不是，很多（資訊）都是假的。我們這一代還能聽到上一代講，我還能聽到我先生說他們是如何抗戰多麼困難。但年輕人就真的沒聽過了。」她嘆喟：「現在香港的國民教育還是有些遺憾，我覺得知道多點歷史好一點。」

盡是開心回憶

「書就送給你，但這幅相是一定要還的，真的好珍貴。」傅月美一邊摩挲着一張黎草田的舊日照片，一邊同記者說道。

傅月美於上世紀六十年代末認識黎草田，回憶當初的相遇，「因為我很鍾意唱歌，有一次就和一個朋友去合唱團那裏，就認識了他。」在傅月美的第一印象裏，黎草田並沒有什麼特別，只是覺得他沒有架子，是一個好博學的人，對人很好。後來練歌之前需要有人幫手搬枱、搬櫈，「我覺得自己得閒都想要幫手，他就覺得我好得意，這麼鍾意幫手做事。」因而，兩人開始有時間就聊聊天。

「他耳朵好好，（一群人裏）哪個唱錯了他都知道。」傅月美回憶道，雖然練歌要求嚴格，但黎草田從不罵人，「你知道合唱團很多人都是業餘的，但他不會指責大家唱得不好，他都是，如果唱不到，試下再唱十次，然後可能慢慢就能唱到。所以我真的覺得他的人好好，鍾意幫人，又鍾意講笑。」

黎草田鍾意攝影，還曾和朋友辦過一本攝影雜誌。「他給我影過好多靚相，我是他的 model（模特兒）。」傅月美笑道。沒有什麼肉麻的字句，但言談舉止間可以看出夫妻二人感情十分之好。傅月美提到黎草田喜歡抽煙，「但他同我結婚之後，因為我不抽煙，所以他就戒了。」如今回憶起黎草田，傅月美總是面帶笑容，在她看來，儘管傷心是人之常情，但生活是一條必須向前進的路，「我如今回憶他，都是他好的、開心的事情。」

與小田找到音樂默契

「爸爸媽媽對下一代都有期盼。」談到黎草田之子、已故香港著名作曲家及音樂製作人黎小田時，傅月美說：「那時候的流行音樂沒有現在這麼流行，那時候會覺得做流行音

《胭脂扣》劇照。

黎草田（左）與傅月美攝於 1987 年。

1992 年，黎草田（前排左起逆時針方向）與
兒子黎小田、太太傅月美、女兒黎海寧攝於
家中。

樂的都是飛仔，彈什麼結他，那時候結他都是夜總會裏才彈的，與他（黎草田）
所想的正統音樂不是一件事，所以就罵他（兒子）。」但之後隨着黎小田的成
功，「尤其是小田創作了許多電影及電視劇的音樂之後，兩父子就沒有了隔閡，
他還將小田的歌編成合唱到合唱團演唱。」她回憶黎草田在世時，兩父子會一
起飲茶，「但次數不多，小田好忙，我先生也很忙。」

（原載大公報 2021 年 8 月 19 日 A19 版，記者管樂、徐小惠）

施學概：

援筆言志訴心聲
百首詩詞敘黨史

賀建黨百年華誕，有人揮毫潑墨，以翰墨妙筆描繪百年輝煌成就；亦有人援筆成章，呈現中國共產黨領導人民波瀾壯闊的奮鬥歷程和中華大地翻天覆地的偉大變革，飽含創作者對祖國的深沉摯愛和對實現中國夢的殷殷期盼。施學概便是其中一位，他既是成功的企業家，亦是「我筆寫我心」的愛國詩人，此際寫下《望江南‧黨慶百年頌》詞百首，豐沛情感之中蘊含的是歌頌和祝福，更是對祖國和香港共創美好未來的寄望！

援筆言志訴心聲 百首詩詞敘黨史

愛國詩人施學概：只有共產黨才有新香港

施學概冀望自己的作品可被學校及團體誦讀。

慶祝中國共產黨成立100周年
特別報道

紅色文化漫談系列之五

百年紀憶的南疆種種可貴，也是黨慶百年筆誕的契機激勵了施學概冠年創作，只有中共才能陶鑄這副血肉剛強，我們有一首歌叫《沒有共產黨就沒有新中國》，我掏它在每年一次，只有共產黨才能陶鑄……這是從歷史沉澱的深沉肇慶和對當境中國夢的殷殷期盼。施學概便是其中一位，他就是成功的企業家，也是「我筆寫我心」的愛國詩人，此際寫下《望江南‧黨慶百年頌》調百首，豐沛情感之中蘊含的思緒頌和矢志，更是針對國和……

採、攝　香港文匯報記者 張岳悅、牌翔

從《紅船頌》到《人民好》

訪問中，施學概透露自己耗時半年創作，他對多首詞的由來，及創作之時的心際便捉說現道來，發抒激動之情……

100首詞根本是按照其產黨建成立百年……

望江南·黨慶百年頌（節選）

〔一〕
紅船頭，世紹海天寬。
懍慨征人志每一重，鐵血驅日志尤堅，明媚瀟紅光。
細窺卷，馬到功之繫。
北望征途奮塞裡，萬鈞星火井岡山。
昂首大同寰。

〔二〕
浩壽對，天地氣蓋然。
月照遍途嶺馬馳，嵐簾礦涉走千山。
紅日華新飛。
春光妙，征路共宣言。
百變光瑤璃，南渡風雲化璃璃。
青史晉之篇。

〔四〕
望安頓，陝北打江山。
仰止千秋心不息，募憧統古地開顧。
朝日繞中川。
清貴意，蒙城九州湖。
永興輝特誓收攏，新妝風骨立蒼天。
綜論四海馨。

〔九〕
告員勝，第一響槍鳴。
九域驚才天地大，駛時風霜地清青。
軍建善建英。
金風度，丹桂燦新暉。
北國逢時開繡錦，續續湧出待邦施。
師會并闡服。

〔十〕
秋收迷，駟鐵氣豪哉。
戰場義軍開風雲，包圍城市舊鳳照，征路通旌旗。
威烈盛，丹鳳海天開。
城此鑿成天福中，橫戈將士雄關破。
朝日誦毛公。

〔其餘詞作〔十四〕至〔八十九〕此處略〕

田願惠史長河，共產黨人意先鋒捷！百年春秋為人民謹祝偉旗幟永澤新歌！寄作億讀，可歌可泣！　施學概題

百年記憶的回顧難能可貴，也是黨慶百年華誕的契機鼓勵了施學概援筆創作，「只有中共才能夠帶領祖國走向富強，我們有一首歌叫《沒有共產黨就沒有新中國》，我將它改了兩個字，成為『只有共產黨才有新中國』，這是我的想法，在詩詞中也充分表現了這個思想。」他感慨萬千地表示，「至今香港回歸 24 年，也充分印證了『只有共產黨才有新香港』。新香港即是要香港打破英國管治時舊的制度，『兩制』不會改變，過去香港曾出現各種問題，有一個原因是我們過於強調『兩制』而少講『一國』。香港國安法很英明，按照法例制裁搗亂的人是合情合理的。」

從《紅船頌》到《人民好》

訪問中，施學概透露自己耗時近半年創作，他對多首詞的由來及創作之時的心路歷程娓娓道來，難掩激動之情。「這 100 首詞基本是按照共產黨從成立到改革開放，再到當今新時代的次序來寫的。第一首《紅船頌》歌頌共產黨的成立，最後一首用《人民好》作結，因為『為人民服務』是毛主席一生永不改變的宗旨，他真正帶領中國人民走向解放和富強，現在的富強也是在那個基礎上的更上一層樓。」他續說，「《遵義會議》一首我印象非常深刻，因為遵義會議是中共歷史上的一個轉折點，也初步確立了毛澤東在軍事上的領導地位，毛澤東思想由那時開始不斷形成鞏固及發揚光大；到寫《抗美援朝》的時候，我回憶起 1950 年時自己已經成長為青年，為前線英雄們奮不顧身保家衛國而感動和鼓舞；《兩彈一星》闡明當年中國在短時間內發展航空航天科技，充分表現了中國人不單團結，還有力量和志氣，共同發揮最大的智慧；《過則改》這首則強調了中共有過即改的優點，對於不良的作風堅決反對和改進。人無完人，何況是一個政黨，但中共有世界上其他政黨不可比擬的志氣和力量……」

仔細讀來，百首詞不僅歷數建黨百年的重大歷史事件，有以人物為基點，歌頌領袖和英雄人物，亦有些與新時代息息相關。從囊括近十首抗疫主題之詞，到近月過世的吳孟超、袁隆平，施學概時刻心繫着這片土地。「中國的抗疫工作在世界人民面前交了一份高分答卷，我們堅持人民至上，先控制疫情，再局部復工、全面復工，將疫情對經濟的影響降到最低。這正是我們的領導人不忘初心，真正將以人民為主的優良傳統發揚光大的結果。」他續說，「十八

施學概冀望自己的作品可被學校及團體選讀朗誦。

大以來，以習近平為主要代表的中國共產黨人，創立了習近平新時代中國特色社會主義思想，這是中共在帶領人民走向光輝的歷程中又跨上了新一層樓。習主席敢於與腐敗勢力作鬥爭，『打虎拍蠅』治國理政，取得了很好的成果。」

　　而在藝術方面，施學概選擇《望江南》詞牌填詞百首更是有着特別的原因——《望江南》詞牌始於唐代，初時為 27 字單調，發展至宋代多為 54 字的雙調。《望江南》之所以能成為長盛不衰的詞調，自有其獨特的文體特徵和聲情特點，在施學概的百詞中，單調及雙調俱有，更展現了古詩詞的獨特魅力。他解釋道：「《望江南》的藝術特點是以抒發感情為主，歌頌為輔。我古為今用，再反其道而行之，以鏗鏘的字眼抒發感情並歌頌。」

港人若「反共」是忘恩負義

　　時光追溯到 1996 年 6 月，施學概在香港倡辦「詩詞創作回歸」大賽，並將大賽獲獎作品整理出版《回歸詩詞百首》1997 冊，以此表達他對香港回歸的喜悅與祝福。2017 年香港回歸 20 周年之時，他再次主編及出版《回歸詩詞百

首新編》2017 冊，為中華民族邁向新時代，開啟新征程獻禮。兩本書收穫的正面評價令他備感欣慰，亦成為他筆耕不輟的無窮動力，此次寫就的百首《望江南・黨慶百年頌》，其中涉及香港的詞有 10 首，抒發出一位港人愛國愛黨的拳拳之心。

在香港工作及生活多年，施學概不由感慨中共對香港人無微不至的關懷和實際行動，並表示若港人「反共」將是「食碗面，反碗底」的忘恩負義行為。他不由回憶起興建於上世紀六十年代的東深供水工程，「當香港水荒的時候，周恩來總理落實東深供水工程，是香港經濟當年獲得快速騰飛的最重要補給。」上世紀六十年代，仍馳騁於商界的他與五豐行有交易往來，已眼見內地通過「三趟快車」將高質低價的副食品源源不斷地供應香港，「即便是在內地經濟困難時期，供港快車也不曾中斷過。歷史會說話，如果沒有當年的扶持，哪有香港上世紀七十至九十年代的亞洲四小龍地位。」

施學概詩詞，梁君度書法。

望學校團體辦詩詞朗誦會

　　祖籍福建晉江的施學概於廈門集美中學畢業後，曾在福建師範學院中文系就學。他 1962 年赴香港，1979 年創辦綜達有限公司，取得日本三菱重工的特約經銷權，又成功總代理意大利名廠生產的家用電器系列產品。他是香港知名企業家，是前香港事務顧問、中華海外聯誼會理事，同時也是一位愛國詩人，曾設立基金會在福建舉辦「施學概詩歌獎」獎掖詩詞愛好者。「我 14 歲的時候從農村考到廈門集美中學讀書，恰逢校主陳嘉庚老先生回歸故里創辦集美學村。我在學校的第一堂課就是聽他的報告，他講了很多作為學生的基本道理……」有些話語會隨着時間的流逝而被淡忘，而陳嘉庚的一句「沒有國，哪有家」卻一直深深刻在施學概的心中，那段經歷令他永生不忘。

　　「作為一名詩詞愛好者，我不敢去估計這 100 首詞將來會有多大的影響，但已盡了我這個受中共感召、在愛國思想培養下長大的香港市民的責任和力量，希望以詩詞為香港新時代的到來添磚加瓦。」施學概表示，在創作過程中自己也曾遇到過困難和瓶頸，「我是生意人，遇到困難總會想辦法，辦法總比困難多。在創作時，我一方面回顧個人的經歷與以前讀的書，另一方面則翻閱中共百年的歷史資料和專篇，做了充分的準備，遵循歷史記載書寫出中共的偉大，逐步完善這一百首詞。」

　　他坦言，這百首詞中自然也會有不足之處，但欣慰的是可以從不同角度講述中共的歷史故事。「我到了這個年紀，更希望可以藉百年黨慶之際，帶給讀者一個對中共更立體且深刻的了解，以詩詞閱讀和朗誦的形式，朗朗上口地回顧歷史。」除冀望百詞可刊出及出版之外，他更希望有學校或團體可以選用並舉辦相關詩詞朗誦活動，更深層次延伸其正面意義。

（原載香港文匯報 2021 年 6 月 30 日，記者張岳悅、焯羚）

慶祝中國共產黨成立100周年

The 100th Anniversary of the Founding of
The Communist Party of China

第四章 建黨百年與香港

二○二一年是中國共產黨建黨一百周年，「點新聞」推出《建黨百年與香港》專題節目。一連五集同大家分享中共建黨百年與香港千絲萬縷的關係，聽聽這一百年來香港是如何深度參與抗日救國的歷史故事，以及參與國家發展的重要時刻。

從無到有，工運風起雷動

　　一百零一年前的 1920 年，3 位香港年輕人——李義寶、林昌熾和張仁道，與路經香港的中共創黨書記陳獨秀見面後，在陳獨秀鼓勵下，在香港成立了第一個馬克思研究小組，探求救國之道。1921 年 7 月，中國共產黨在上海正式成立，之後香港也陸續有了黨的組織。20 世紀初，香港成立了許多工會，發起過很多反剝削、反帝國主義的工人運動，其中最有名的就是 1922 年的香港海員大罷工及 1925 年的省港大罷工。香港的工人運動，為中國共產黨鍛煉了隊伍，培養了包括蘇兆徵等人在內的工運領導者，後期也成為中共黨員骨幹。

（記者 權世赫）

革命頓挫　香港掩護

　　1927年，被譽為「中共拿起槍桿子革命」的三大起義——南昌起義、秋收起義和廣州起義相繼打響，中國共產黨人奮起反抗，在取得一定勝利後遭敵人瘋狂反撲，革命受到挫敗，隊伍被打散。這其中，包括周恩來、聶榮臻等在內的中共領導人先後南下香港避難，香港發揮了至關重要的、保留中共革命火種的作用。

　　1929年，中共電信專家李強在黨中央指示下，在香港組建出中共第二電台，方便與上海、江西等地的聯繫。當年年底，鄧小平曾途經香港與李強見面，兩人定下了關於百色起義的「電台秘約」……

（記者 權世顜）

愛國抗日基地

　　1937年，抗日戰爭爆發，香港逐漸成為重要的抗日救亡活動中心。1938年，廖承志、潘漢年臨危受命南下香港，在港設立八路軍駐港辦事處，團結各個愛國團體，籌集物資送往內地抗日。

　　1941年太平洋戰爭爆發後，香港淪陷，中共領導的廣東抗日游擊隊進入香港新界地區肅清土匪，宣傳抗日，號召村民保衛家鄉。「東江縱隊港九大隊」隨後宣告成立，發動了對日軍的多次攻擊和牽制，亦拯救過一些美軍及英軍。除此之外，中共亦在香港組織秘密大營救，將一眾有影響力的文化人士營救回內地，包括宋慶齡、何香凝、茅盾、夏衍等。作家茅盾稱這場營救是「抗戰以來最偉大的搶救工作」。

（記者　權世馥）

參與解放 突破封鎖 貢獻國家

在中國抗日救亡運動的浪潮中，香港在推動中國革命方面貢獻良多。其中，成立於 1938 年的「聯和行」，也就是現在的「華潤公司」前身，在戰爭期間，為八路軍籌集了抗日資金和物資。新中國成立後，華潤成為中國所有進出口公司的總代理，一度佔國家外貿總額的三分之一。

在戰爭時期，中共更加重視利用香港開展工作，其中就包括把香港作為國際輿論陣地，從 1941 年起先後發行《大眾生活》《筆談》《時代文學》《華商報》等多份報章雜誌。國民黨發動全面內戰後，1948 年《文匯報》香港版創刊，港版《大公報》同年復刊，兩報成為了與國民黨針鋒相對的重要輿論陣地。

1949 年新中國成立後，在香港的中國航空和中央航空（「兩航」）起義，在港英政府阻撓下，「兩航」員工偷偷將飛機拆件運回內地，為新中國的民航

事業起步注入了很重要的血液。

到了 1950 年，朝鮮戰爭爆發，中國抗美援朝令惱羞成怒的美國發動盟軍封鎖中國沿海補給線。此時，一批港人愛國市民發揮重要作用，其中就包括霍英東憑着機智和勇敢，多次成功突破英軍封鎖，偷運物資出海交給中國人民志願軍，解決了部分後勤和給養問題。

從抗日戰爭、解放戰爭到抗美援朝，每當國家困難之際，香港均扮演不同角色，發揮重要作用。

（記者 權世鵠）

改革開放貢獻力量 回歸祖國開新篇章

經歷戰爭、動盪、亂局之後，1978 年，中國迎來了發展的東風。中共十一屆三中全會，決定把黨和國家的工作重點，轉移到社會主義現代化建設，實行改革開放，自此中國進入了高速發展新時期。很多愛國愛港的香港人響應國家號召，在改革開放浪潮中推動了內地的經濟發展。

1982 年，香港回歸前途問題提上了議事日程。當時的英國首相戴卓爾夫人，堅持與香港有關的三條不平等條約是有效的。為此，當年的香港大學、中文大學和理工學院的學生會發出聯名信，堅持香港主權是屬於中國的。隨後，香港的學生深入參與甚至推動了香港回歸，當時作為香港大學學生會會長的馮煒光，亦受邀參加代表團訪京，親眼見到鄧小平先生，並聽到鄧小平先生有關香港問題的勉勵之語。後來，馮煒光亦代表學界就基本法提出意見。

歷經艱辛，載有「一國兩制」「港人治港」方針的基本法終於正式通過。1997 年 7 月 1 日，五星紅旗在香港冉冉升起，經過百年滄桑之後，中華民族洗脫了 100 多年來喪權割地的恥辱，香港終於回歸祖國，並坐上了國家高速發展的列車，進入新時代，展開新征途。

（記者 權世鵠）

書　名：《同舟‧同心》（下冊）

主　　　編：李大宏

副　主　編：吳德祖　吳　明　于世俊　黃曉敏　林　映

執行副主編：羅　政　趙汝慶

責 任 編 輯：嚴中則　王麗萍　劉慧華　霍柏宇　楊楚依

資 料 統 籌：王新源

視　　　頻：香港大公文匯全媒體新聞中心

攝　　　影：大公報攝影部　香港文匯報記者

裝 幀 設 計：馮自培　陳守輝

出　　　版：大公報出版有限公司
　　　　　　香港仔田灣海旁道七號興偉中心 29 樓

電　　　話：2873 8288

發　　　行：香港聯合書刊物流有限公司
　　　　　　香港新界大埔汀麗路 36 號中華商務印刷大廈 3 字樓

電　　　話：2150 2100

印　　　刷：利高印刷有限公司
　　　　　　香港葵涌大連排道 21-33 號宏達工業中心 9 樓 11 室

版　　　次：2022 年 9 月初版

國際書號：ISBN 978-962-582-081-1

定　　　價：港幣 480 元（一書兩冊）